Sylke Bartmann · Axel Fehlhaber
Sandra Kirsch · Wiebke Lohfeld (Hrsg.)

„Natürlich stört das Leben ständig"

Sylke Bartmann
Axel Fehlhaber · Sandra Kirsch
Wiebke Lohfeld (Hrsg.)

„Natürlich stört das Leben ständig"

Perspektiven auf
Entwicklung und Erziehung

VS VERLAG FÜR SOZIALWISSENSCHAFTEN

Bibliografische Information der Deutschen Nationalbibliothek
Die Deutsche Nationalbibliothek verzeichnet diese Publikation in der
Deutschen Nationalbibliografie; detaillierte bibliografische Daten sind im Internet über
<http://dnb.d-nb.de> abrufbar.

1. Auflage 2009

Alle Rechte vorbehalten
© VS Verlag für Sozialwissenschaften | GWV Fachverlage GmbH, Wiesbaden 2009

Lektorat: Monika Mülhausen

VS Verlag für Sozialwissenschaften ist Teil der Fachverlagsgruppe
Springer Science+Business Media.
www.vs-verlag.de

Das Werk einschließlich aller seiner Teile ist urheberrechtlich geschützt. Jede Verwertung außerhalb der engen Grenzen des Urheberrechtsgesetzes ist ohne Zustimmung des Verlags unzulässig und strafbar. Das gilt insbesondere für Vervielfältigungen, Übersetzungen, Mikroverfilmungen und die Einspeicherung und Verarbeitung in elektronischen Systemen.

Die Wiedergabe von Gebrauchsnamen, Handelsnamen, Warenbezeichnungen usw. in diesem Werk berechtigt auch ohne besondere Kennzeichnung nicht zu der Annahme, dass solche Namen im Sinne der Warenzeichen- und Markenschutz-Gesetzgebung als frei zu betrachten wären und daher von jedermann benutzt werden dürften.

Umschlaggestaltung: KünkelLopka Medienentwicklung, Heidelberg
Druck und buchbinderische Verarbeitung: Rosch-Buch, Scheßlitz
Gedruckt auf säurefreiem und chlorfrei gebleichtem Papier
Printed in Germany

ISBN 978-3-531-16609-4

Inhalt

Einleitung

Sylke Bartmann, Axel Fehlhaber, Sandra Kirsch und Wiebke Lohfeld
Natürlich stört das Leben ständig 7

I. Methodologische Perspektiven

Klaus Kraimer
Wenn man das Fremde verstanden hat, ist es nicht mehr fremd
Über Zugänge zum methodischen Verstehen 15

Ulrich Oevermann
Biographie, Krisenbewältigung und Bewährung 35

II. Sozialisations- und entwicklungstheoretische Perspektiven

Wolfgang Althof
Scheinlösungen. Vom Nutzen und vom Schaden des Konzepts
‚Selbstsozialisation'
Sozialisationstheoretische und pädagogische Überlegungen 57

Mark Tappan
Masculinity as Mediated Action
Implications for Boys' Development and Education 87

Franz Hamburger
Erziehung als Gewalt.
Wohin Bernhard Bueb die Pädagogik führen will 101

Fritz Oser
Das Darüberhinausgehende:
Detlef Garz und die Idee der vertikalen Bildung 117

III. Historisch-biographische Perspektiven

Micha Brumlik
Vom Scheunenviertel nach Hasorea
Deutsch-jüdische Jugendbewegung als Avantgarde
sozialistischer Kollektiverziehung 127

IV. Universalistische Perspektiven

Stefan Müller-Doohm
Der Intellektuelle, seine Kritik und die Öffentlichkeit:
Benjamin, Adorno, Habermas 137

Hauke Brunkhorst
Menschenrechtspolitik in der globalen *res publica* 145

V. Professionstheoretische Perspektiven

Uwe Raven
Zur Bewältigung der ‚Seneszenzkrise' –
Bedingungen einer professionalisierten Hilfe für Menschen
im ‚Vierten Lebensalter' 159

Autorinnen und Autoren 183

Einleitung: Natürlich stört das Leben ständig

Sylke Bartmann, Axel Fehlhaber, Sandra Kirsch, Wiebke Lohfeld

Der vorliegende Band ist – umstandslos formuliert – das Produkt der Nicht-Anerkennung eines Wunsches, nämlich der Hinwegsetzung über den Wunsch von Detlef Garz, anlässlich seines 60. Geburtstages keine Jubilars-Ehrungen in Empfang nehmen zu ‚müssen'. Als seine langjährigen Mitarbeiter(innen) hatten wir umgekehrt jedoch den Wunsch, ihm ein besonderes Geschenk zu bereiten. Daher respektieren wir zwar insofern dieses ‚Gebot' der Bescheidenheit, als wir uns dafür entschieden haben, auf die Ausrichtung einer offiziellen Feier zu verzichten, unterlaufen es aber mit unserer Entscheidung, ihm als Ausdruck unserer Wertschätzung diesen Band, in dem Beiträge langjähriger, in manchem Falle ihm auch freundschaftlich verbundener Kollegen versammelt sind, zum Geschenk zu machen.

Mit dem ursprünglich vorgesehenen thematischen Schwerpunkt, nämlich dem Zusammenhang von Biographie, Krise und Entwicklung in der erziehungswissenschaftlichen Forschung, sollte weniger ein Thema denn eine bestimmte Perspektive fokussiert werden, die sich seit der ‚Neuentdeckung' und Weiterentwicklung früher, vor allem sozialwissenschaftlicher Theorietraditionen und Forschungsansätze seit den 1970/80er Jahren in der Erziehungswissenschaft fest etabliert und an deren Ausarbeitung Detlef Garz maßgeblichen Anteil hat.

Dass der Zusammenhang von Krise und Entwicklung für ihn auch von biographischer Bedeutsamkeit gewesen ist, lässt sich nicht zuletzt an seinem eigenen, insbesondere akademischen, Werdegang ablesen, der sich zunächst eher über ‚Umwege' vollzog; insgesamt ist er, so meinen wir erkennen zu können, von einem Wechselspiel zwischen Verbundenheit und Treue den eigenen Wurzeln gegenüber einerseits und steter Neugier dem Unbekannten gegenüber andererseits geprägt.

„Das Leben stört natürlich ständig" – dieser, den Dramatiker Heiner Müller zitierende, meist stoßseufzerhaft, bisweilen auch heiter-gelassen intonierte Ausruf begleitet uns seit Jahren in der gemeinsamen Arbeit mit Detlef Garz. So war von Anfang an klar, dass es für einen Festschriftband gar keinen treffenderen Titel geben könne[1]. Er ist bezeichnend für Detlef Garz' (ironisch-gebrochenes)

---

[1] Unter der Überschrift dieses Zitats erschien auch ein Aufsatz von Detlef Garz zu „Qualitativ-biographische[n] Verfahren als Methoden der Bildungsforschung" im Band „Die Fallrekonstruktion"

Selbstverständnis als Wissenschaftler und berührte zugleich das ausgewählte Thema der (unvermeidbaren) Krisen und ihrer Bedeutung für Entwicklung und Biographie. Aber auch hier kam es – honi soit qui mal y pense – anders: ‚Das Leben...'

Im Folgenden wollen wir einen Überblick über die bisherigen Arbeitsschwerpunkte von Detlef Garz geben, um dann die jeweiligen thematischen Verbindungen zu den in diesem Band versammelten Beiträgen aufzuzeigen.

Detlef Garz, der sich nach einer kaufmännischen Ausbildung und dem Studium der Betriebswirtschaft ab 1973 in Mainz dem Studium der Diplom-Pädagogik zuwandte, gehört einer Generation an, die für sich noch behaupten kann, bei den Vertretern bestimmter ‚Schulen' studiert zu haben. Dies gilt im strengen Sinne hinsichtlich seines Pädagogikstudiums in Mainz, wo zu dieser Zeit zum Beispiel Otto Friedrich Bollnow lehrte, sicherlich nicht; durchaus jedoch für die von ihm in Frankfurt am Main besuchten Habermas'schen Seminare und Vorlesungen. Das Beheimatetsein in einem ausgearbeiteten ‚Theoriegebäude', ohne sich in diesem einzusperren, ist wohl – dies zeigt besonders der Beitrag von Klaus Kraimer – für alle bisherigen Arbeiten von Detlef Garz von großer Bedeutung gewesen. Die Arbeitsschwerpunkte ‚Entwicklung' und ‚Erziehung' werden somit nicht nur im Sinne Heinrich Roths anthropologisch betrachtet und begründet bzw. im Sinne Deweys (‚Entwicklung als Ziel der Erziehung') in Zusammenhang gebracht, sondern immer auch empirisch anhand konkreten Fallmaterials mit elaboriert begründeten sozialwissenschaftlichen Methoden in ihrer jeweiligen historisch-biographischen Gestalt rekonstruiert und auf ihre erziehungswissenschaftliche Bedeutung hin interpretiert.

Am Beginn stand dabei die intensive Auseinandersetzung mit soziokognitiven Ansätzen der Entwicklungs- und Sozialisationsforschung und deren Bedeutung für die Erziehungswissenschaft, insbesondere mit den Theorien Piagets und Kohlbergs zur Frage des Zusammenhangs von moralischer Entwicklung und erzieherischem Handeln, der Detlef Garz in seiner Dissertation nachgegangen ist.

In seiner Habilitation führte er diese Thematik weiter, indem er nicht nur einen Überblick über die Vielfalt der Ansätze sozialpsychologischer Entwicklungstheorien und ihrer methodischen Vorgehensweisen gab, sondern diese damit – wiederum – als überhaupt pädagogisch relevant ins erziehungswissenschaftliche ‚Bewusstsein' rückte.

In der gemeinsamen Arbeit mit nicht nur wissenschaftlich signifikanten anderen – für die Auseinandersetzung mit den strukturgenetischen Ansätzen war vor allem die Zeit bei Fritz Oser in Fribourg und bei Lawrence Kohlberg in Harvard von Bedeutung – wie Wolfgang Althof, Stefan Aufenanger, Michael Zuta-

---

(Kraimer 2000). Um Urheberrechte nicht zu verletzen, wurde auf die wörtliche Verwendung des Müller-Zitats für den Titel unseres Bandes verzichtet.

Natürlich stört das Leben ständig   9

vern und eben auch Fritz Oser, entstanden zahlreiche Veröffentlichungen, die
erstens zur Etablierung der Berücksichtigung strukturgenetischer Entwicklungs-
modelle und ihrer Bedeutung für erzieherisches Handeln in der deutschsprachigen Erziehungswissenschaft beigetragen (vgl. z.B. Aufenanger/Garz/Zutavern
1981; Oser/Althof/Garz 1986) und zweitens auch mit darauf aufbauenden bzw.
integrativen Perspektiven bekannt gemacht haben, wie zum Beispiel im Falle der
Herausgeberschaft der Bücher von Robert Kegan ‚Entwicklungsstufen des
Selbst' (1986) und Lawrence Kohlberg ‚Die Psychologie der Lebensspanne'
(2000).

Auf der anderen Seite war es vor allem Klaus Kraimer, mit dem er dann die
Etablierung und fruchtbare Nutzung rekonstruktiver sozialwissenschaftlicher
Forschungsmethoden in der Erziehungswissenschaft vorantrieb (vgl. Garz/
Kraimer 1986, 1991 u. 1994).

Dabei wurde ihm auch die forschungspraktisch-einübende Vermittlung von
Methoden ein wichtiges Anliegen, so dass ihn nicht nur nostalgisches Erinnern
an die Kolloquien mit Gadamer und Habermas am Inter University Centre Dub-
rovnik im Jahr 2000 dazu veranlasste, dort regelmäßig bis heute den Workshop
‚Interpretieren und Verstehen' zu veranstalten sowie eine Partnerschaft mit der
südkoreanischen Kangnam-University zu initiieren, die einen regelmäßigen Stu-
dierenden-Austausch mit Methoden-Workshops und Praxis-Exkursionen beinhaltet.

Ab wann genau Detlef Garz sich selbst intensiver der praktisch empirischen
Arbeit auf diesem Gebiet widmete, verliert sich jedoch für uns im Nebel der
Geschichte(n). ‚Paderborn' ist ein Stichwort, aber nur ein Anhaltspunkt, ebenso
wie die frühen Interpretationssitzungen bei Ulrich Oevermann.
Anfang der neunziger Jahre jedenfalls sind erste Veröffentlichungen im Bereich
rekonstruktiver erziehungswissenschaftlicher Forschung zu verzeichnen. So
wurden zum Beispiel Ansätze zur Theorie der moralischen Entwicklung konkret
angewendet auf die Erforschung von Entwicklungsprozessen im Zuge der ‚Wende'.

Die stete neugierige, richtungsoffene Umtriebigkeit und auch das spätestens
mit dem ersten Harvard-Aufenthalt geweckte Interesse für erziehungswissenschaftlich relevante Themen der US-amerikanischen Forschung führten dann
1996 zur ‚Hebung eines Schatzes', dessen Erforschung bis heute einen Schwerpunkt in der Arbeit von Detlef Garz darstellt: Die ‚Entdeckung' von über 250
autobiographischen Manuskripten deutschsprachiger Emigranten im Archiv der
Houghton Library in Cambridge/Mass., im Jahre 1940 unter dem Titel ‚Mein
Leben in Deutschland vor und nach dem 30. Januar 1933' verfasst für ein wis-
senschaftliches Preisausschreiben der Harvard-Wissenschaftler Allport, Hart-
shorne und Fay.

Die Auseinandersetzung mit diesem historisch einzigartigen Material initiierte nun, bisherigen theoretischen Ansätzen treu bleibend, aber die Frage von biographischen (Entwicklungs-)Krisen und ihrer Bearbeitung aufgrund des spezifischen Materials neu stellend, eine Reihe von Forschungsprojekten, die methodische Fragen der (historischen) Biographieforschung mit erziehungswissenschaftlich und/oder entwicklungstheoretisch relevanten Fragestellungen verknüpften, so zum Beispiel die nach der Bedeutung von An- und Aberkennungserfahrungen für die Identitätsentwicklung und -konstitution, nach moralischen und politischen Sozialisationsprozessen.

Zugleich wandte sich Detlef Garz dem Zusammenhang von Biographie, Krise, Entwicklung und Bildung in gegenwärtigen Lebenszusammenhängen zu in dem Projekt ‚Qualitativ-empirische Untersuchung der Lebenswelten Studierender. Bedeutung von Studienphase und Hochschule heute (QUEST)' (vgl. Bülow-Schramm/Garz 2004; Garz 2004).

In seine Oldenburger Zeit (ab 1990) fällt dann auch der Beginn unserer Zusammenarbeit mit Detlef Garz, in der uns über stete Einbeziehung in die verschiedenen Projekte und Arbeitszusammenhänge Entwicklungsmöglichkeiten eröffnet wurden, für die wir ihm sehr dankbar sind.

Unser Überblick über seine bisherige wissenschaftliche Vita kann und soll nur eine Skizze sein, die durch die in diesem Band versammelten Aufsätze insofern angereichert wird, als in ihnen Felder erziehungswissenschaftlicher bzw. sozialwissenschaftlicher Forschung thematisiert werden, die Detlef Garz mit den Autoren verbinden.

Der Beitrag *Wenn man das Fremde verstanden hat, ist es nicht mehr fremd. – Über Zugänge zum methodischen Verstehen* von *Klaus Kraimer* würdigt im Anschluss an einen persönlich gehaltenen Rückblick auf die gemeinsamen Stationen im akademischen Werdegang den Beitrag von Detlef Garz zur Herausarbeitung der Bedeutung methodisch-angeleiteten Verstehens in der Erziehungswissenschaft und exemplifiziert anschließend die Notwendigkeit und Möglichkeiten zur Einnahme eines professionellen Habitus über stellvertretende Krisenbewältigung am Beispiel Sozialer Arbeit.

In seinem Beitrag *Biographie, Krisenbewältigung und Bewährung* knüpft *Ulrich Oevermann* zunächst an Detlef Garz' Analysen von Biographien zumeist jüdischer Emigranten an, die während des Nazi-Regimes aus Deutschland fliehen mussten. In der Betrachtung biographischer Verläufe unter dem Aspekt der Krisenbewältigung sieht Oevermann ein ‚besondere(s) pädagogische(s) Potential', da in ihnen, entlang des Gegensatzes von Krise und Routine, Bildungsprozesse als Ergebnisse von Krisenlösungen rekonstruiert werden können. Im Hinblick auf die Möglichkeiten positiver Krisenlösungen stellt Oevermann im Folgenden ‚Sozialisation als Krisenbewältigung' und – im Anschluss an Mead – als ‚Prozess der Erzeugung des Neuen' dar, in dem sich zugleich ein Bildungsprozess vollzieht, der mit dem Ende der Adoleszenz dann seinen vorläufigen Abschluss erreicht, ‚wenn der Adoleszent sich grundsätzlich dem Problem der Bewährung gestellt und es sich zu eigen gemacht hat.' Diese krisenhaft verlaufende Ablösung aus der Adoleszenzphase wird von Oevermann im Weiteren in ihren unterschiedlichen Aspekten entfaltet. Überlegungen zu zwei ‚Blickrichtungen der Biographieanalyse' schließen sich an: die eine, die, von einer ‚jeweils gegebenen Ausgangskonstellation' einer Lebensgeschichte ausgehend, diese als einen mit ‚Chancen und Restriktionen' verbundenen Prozess der Krisenbewältigung in eine offene Zukunft hinein rekonstruiert, die andere, die von den ‚tatsächlich eingetretenen Verläufen' ausgehend nach einer Erklärung für deren Zustandekommen fragt. Es folgen weitere Kapitel, in denen Oevermann einige für die Biographieforschung relevante Aspekte aus rekonstruktiver Perspektive kritisch beleuchtet.

Wolfgang Althof gibt in seinem Beitrag *Scheinlösungen. Vom Nutzen und Schaden des Konzepts ‚Selbstsozialisation'. Sozialisationstheoretische und pädagogische Überlegungen* einen umfassenden Überblick über Perspektiven auf das Konzept der ‚Selbstsozialisation' und diskutiert diese hinsichtlich ihrer pädagogischen Tragfähigkeit. Dabei setzt er sich sehr differenziert mit den einzelnen Ansätzen zur Selbstsozialisation auseinander und setzt ihnen ein Bekenntnis zur Unverzichtbarkeit von Erziehung gegenüber, die gerade nicht einfach auf ‚Fremdbestimmung' zu reduzieren sei.

Mark Tappan, Professor für ‚Education and Human Development' am Colby College in Maine/USA, verweist in seinem Beitrag *Masculinity as Mediated Action* auf den im US-Amerikanischen zunehmenden Diskurs über Konzepte von Männlichkeit und deren mediale sowie soziokulturelle Einwirkung auf Selbstkonzepte heranwachsender Jungen. Ausgehend von Konzepten der Identitätsbildung im Rahmen überformender sozialer, kultureller und medialer gesellschaftlicher Prozesse im Zusammenspiel mit innerpsychischen Dispositionen, skizziert Tappan die Notwendigkeit, Jungen z.B. in Form von ‚Media Literacy'-Ansätzen in Boys' Groups, bei der Ausbildung einer unabhängigeren maskulinen Identität zu begleiten. Seine Befunde aus einem mehrjährigen Forschungsprojekt zeigen, dass die Arbeit mit Jungen an deren Herausbildung männlicher Identität, die nicht nur rein als Geschlechtsidentität zu sehen sei, sondern als gesellschaftliches Konstrukt einer sozial-kulturell vermittelten und inkorporierten Identität, als eine sinnvolle pädagogische Aufgabe anzusehen ist, die sich in jedem Falle lohne.

Franz Hamburger beschäftigt sich in seinem Beitrag *Erziehung als Gewalt – Wohin Bernhard Bueb die Pädagogik führen will* mit einer aktuell gewordenen und auch medial inszenierten Auffassung von Erziehung als Disziplinierungsmaßnahme. Zunächst geht der Autor der Frage nach, wieso die Vorstellung von einer hierarchisch strukturierten Erziehung (wieder) Konjunktur erfährt, um dann

Bernhards Buebs Verständnis von Erziehung kritisch zu hinterfragen. Zur Ausgestaltung und Konkretisierung seiner Argumentation bezieht sich Hamburger insbesondere auf die Heimerziehung zwischen 1945 und 1968 – ebenfalls eine Thematik des aktuellen medialen Interesses. Schwerpunkt des Beitrages ist dabei die Fokussierung und teilweise Rekonstruierung damaliger Bestrafungspraktiken zur Disziplinierung, die in einem letzten Schritt mit der von Bueb geforderten Haltung zur Erziehung konfrontiert wird.

Mit dem Beitrag *Das Darüberhinausgehende – Detlef Garz und die Idee der vertikalen Bildung* zeigt *Fritz Oser* mit großer Klarheit, dass eine Bildung, die ihren Grund in Prozessen der Ermöglichung von Entwicklung – sowohl strukturgenetisch als auch biographisch – hat, in den Arbeiten von Detlef Garz über die Jahre hinweg systematisch begründet wird. Aktuelle Debatten um einen angeblichen Niedergang der Bildung kritisch diskutierend, zeigt Oser Möglichkeiten auf, auch unter den gegenwärtigen Bedingungen Bildung, von ihm strukturgenetisch verstanden als das Darüberhinausgehende, zu ermöglichen und betont hier die von Garz verschiedentlich herausgehobene Bedeutung der Entwicklung einer Gemeinwohlorientierung.

Ausdrücklich nimmt *Micha Brumlik* in seinem Beitrag *Vom Scheunenviertel nach Hasorea. Deutsch-jüdische Jugendbewegung als Avantgarde sozialistischer Kollektiverziehung* Bezug auf Forschungen von Detlef Garz über Biographien von Juden und anderen Verfolgten des Nationalsozialismus. Insbesondere geht er auf die daraus hervorgegangene Beschäftigung mit An- bzw. vielmehr Aberkennungserfahrungen und deren Bewältigung ein. Über den Schritt einer Einordnung der jüdischen Jugendbewegung in den Kontext ihres ideologischen Rückgriffs auf Martin Buber und den Dichter Stefan George, verweist Brumlik auf das Potential, welches die Jugendbewegung für die Bewältigung von Aberkennungserfahrungen bot. Anhand der Entstehungsgeschichte des Kibbuz Hasoera, das Brumlik zufolge als direkter ‚Spross der in Deutschland um die Jahrhundertwende entstandenen jugendbewegt–bündischen Subkulturbewegung' anzusehen ist, wird deutlich, dass der Zusammenschluss zu einer Gemeinschaft zwar eine Entgegnung auf Erfahrungen gesellschaftlicher Aberkennung darstellt, die jedoch – in the long run – nicht widerspruchslos in einer gelungenen Praxis einer demokratisch-sozialistischen Lebensführung aufgegangen ist.

Stefan Müller-Doohm skizziert in seinem Artikel *Der Intellektuelle, seine Kritik, und die Öffentlichkeit: Benjamin, Adorno, Habermas* Möglichkeiten und Spielräume intellektueller Praxis. Der Autor wendet sich der Frage zu, welche gesellschaftliche Funktion und Relevanz den drei genannten Intellektuellen – auch als Stellvertreter ihrer Zeit – zugewiesen werden kann und welche Form von Kritik jeweils kennzeichnend ist. Auf diesem Weg entwickelt der Autor eine Skizze idealtypischer Modelle des Intellektuellen.

Natürlich stört das Leben ständig   13

In 13 Thesen entwirft *Hauke Brunkhorst* in seinem Beitrag *Menschenrechtspolitik in der res publica* eine Agenda heutiger Menschenrechtspolitik, die sich in einer globalen Welt einbringt und sich ihr doch gleichzeitig entzieht. Die realistische Skizze einer ‚Weltgesellschaft', die ihr kulturelles Gedächtnis nicht mehr in einer durchgängigen Geschichte versteht, sondern generell überall fragmentarisch oder als Ganzes abrufbar weiß, bildet den Ausgangspunkt für seine Überlegungen. Dabei kristallisiert sich ein für den Zusammenhang dieses Buches bedeutsamer Punkt heraus: Demokratische Prozesse – und damit die Durchdringung der ‚Weltstaatlichkeit' mit Menschenrechtspolitik – bedürfen nach wie vor so etwas wie lawmaking in the streets. Damit sind jene Menschen gemeint, die aufgrund einer demokratischen Gesetzgebung ihre kommunikative Macht praktizieren können im Sinne eines ‚acting in concert and conflict' (Hannah Arendt). So wird gezeigt, dass ‚Weltstaatlichkeit' zwar strukturell skizziert werden kann, sich die Entwicklungsaufgaben aber weiterhin auch auf kleinere Einheiten beziehen müssen.

Uwe Raven setzt sich in seinem Beitrag *Zur Bewältigung der ‚Seneszenzkrise' – Bedingungen einer professionalisierten Hilfe für Menschen im ‚Vierten Lebensalter'* mit den Perspektiven professionellen Handelns in der Altenpflege auseinander. Abseits des landläufigen Ansatzes eines technokratischen ‚Qualitätsmanagements' versucht er, Oevermanns strukturale Theorie professionellen Handelns und das von Detlef Garz entwickelte Konzept der Aberkennung nutzend, Möglichkeiten und Grenzen eines menschenwürdigen Umgangs mit der Seneszenzkrise aufzuzeigen.

Literatur

Ackermann, Friedhelm/Blömer, Ursula/Garz, Detlef (1995): 'Schimanski! Schimanski ist toll!' Identitätsentwicklung in einer Individualität verneinenden Gesellschaft. Rekonstruktion einer Bildungsgeschichte. In: Krüger/Marotzki (1995): 158-174
Aufenanger, Stefan/Garz, Detlef/Zutavern, Michael (1981): Erziehung zur Gerechtigkeit. Unterrichtspraxis nach Lawrence Kohlberg. München: Kösel
Bülow-Schramm, Margret/Garz, Detlef (2004): DFG-Abschlussbericht „Qualitativ-empirische Untersuchung der Lebenswelten Studierender – Bedeutung von Studienphase und Hochschule heute (QUEST)". Hamburg
Garz, Detlef (1984): Strukturgenese und Moral. Wiesbaden: Verlag für Sozialwissenschaften
Garz, Detlef (1989): Sozialpsychologische Entwicklungstheorien. Von Mead, Piaget und Kohlberg bis zur Gegenwart. Opladen: Westdeutscher Verlag (2. u. 3. Auflage 1994/2006 im vs-Verlag)

Garz, Detlef: 'Das Leben stört natürlich ständig'. Qualitativ-biographische Verfahren als Methoden der Bildungsforschung. In: Kraimer, Klaus (Hrsg.): Die Fallrekonstruktion. Hermeneutische Ansätze sozialwissenschaftlicher Forschung. Frankfurt/M.: Suhrkamp

Garz, Detlef (2004): Studium als biographische Entwicklungschance. In: sozialer sinn 3/2004, 387-412

Garz, Detlef/Kraimer, Klaus (Hrsg.) (1983): Brauchen wir andere Forschungsmethoden? Beiträge zur Diskussion interpretativer Verfahren. Frankfurt/M.: Suhrkamp

Garz, Detlef/Kraimer, Klaus (Hrsg.) (1991): Qualitativ-Empirische Sozialforschung. Konzepte, Methoden, Analysen. Opladen: Westdeutscher Verlag

Garz, Detlef/Kraimer, Klaus (Hrsg.) (1994): Die Welt als Text. Frankfurt/M.: Suhrkamp

Garz, Detlef/Oser, Fritz, Althof, Wolfgang (Hrsg.) (1999): Moralisches Urteil und Handeln. Frankfurt/M.: Suhrkamp

Kegan, Robert (1986): Die Entwicklungsstufen des Selbst. Fortschritte und Krisen im menschlichen Leben. Herausgegeben von Detlef Garz. München: Kindt

Kohlberg, Lawrence (2000/2007): Die Psychologie der Lebensspanne. Herausgegeben von Wolfgang Althof und Detlef Garz. Frankfurt/M.: Suhrkamp

Krüger, Heinz-Hermann/Marotzki, Winfried (Hrsg.): Erziehungswissenschaftliche Biographieforschung. Opladen: Leske + Budrich

Oser, Fritz/Althof, Wolfgang/Garz, Detlef (1986): Moralische Zugänge zum Menschen – Zugänge zum moralischen Menschen: Beiträge zur Entstehung moralischer Identität. München: Kindt

Wenn man das Fremde verstanden hat, ist es nicht mehr fremd – Über Zugänge zum methodischen Verstehen

Klaus Kraimer

1. Einleitung

> „Ein Philosoph, der den Gang durch viele Gesundheiten gemacht hat und immer wieder macht, ist auch durch ebensoviele Philosophien hindurchgegangen: er *kann* eben nicht anders als seinen Zustand jedes Mal in die geistige Form und Ferne umzusetzen, – diese Kunst der Transfiguration *ist* eben Philosophie" (Friedrich Nietzsche, Gedanken aus unserem Schmerz geboren).

Mit diesem Text sollen Wege des Verstehens knapp aufgezeigt werden, um damit gleichzeitig einen bescheidenen Beitrag zu der Hommage für den Jubilar Detlef Garz zu leisten. Dieser vollendet im Jahre 2009 sein 60. Lebensjahr. Mit ihm verbindet mich eine Freundschaft, für die ich sehr dankbar bin und die mir Wege des Verstehens eröffnet hat – im praktischen Verstehen wie im Theorieverstehen. Zunächst war mir sein Gedankengut zur moralischen Erziehung mit dem Ziel der Entwicklung, welches ich zu der Zeit unseres Zusammentreffens an der Universität in Osnabrück kennenlernen konnte, noch fremd – späterhin wurde es mir vertraut. Besonders beeindruckt hat mich seine Orientierung an Lawrence Kohlberg und an dessen Auffassung, „dass die Trennung von Wissenschaft und Philosophie kontraproduktiv ist, weil sie den Zugang zur Wirklichkeit restriktiv handhabt und auf eine Wahrnehmungs- und Erkenntnisform allein beschränkt" (Garz 1992). Aus den Gedanken, die während unserer gemeinsamen Zeit geboren sind, möchte ich einige in dem folgenden Text vortragen. Neben den furchtbaren Momenten, die wir auch gemeinsam durchlebt haben, sind diese ‚fruchtbaren Momente im Bildungsprozess' hervorzuheben. Dieser Bildungsprozess ist Teil der Biographie, wenn „Wissenschaft als Beruf" das Leben ‚stört'. „Wissenschaft als Beruf" charakterisiert Oevermann in seiner revidierten Version der Professionstheorie so, dass dieser fachübergreifend durch eine Einheit eines Forschungsethos und eine Hingabe an die Sache konstituiert ist. Dieser Beruf zeichnet sich durch die Aneignung, Erprobung und Weiterentwicklung fachspezifischer Methoden, Theorien und Wissensbestände aus und hat über diese Spezialisierung hinaus Geltung – wie dies in den Schriften und Handlungen von Detlef Garz zum Ausdruck gelangt.

Ein 60. Geburtstag ist im akademischen Milieu der Universität ein wichtiges Datum zur Bilanzierung einer Berufung und von Ereignissen, in denen Tradition und aktuelles Geschehen sich zu einer Einheit zusammenfügen.

2. Auf den „Schultern von Riesen" – Zur Idee des Verstehens

Die Universität, so, wie sie heute funktioniert, steht vor der Frage, ob sie als Alma Mater, als fruchtbringende Mutter noch ihrer Aufgabe gerecht werden kann, geistigen Segen zu spenden. Das dafür einst gültige Symbol des elfenbeinernen Turmes, der die Unberührbarkeit des Materials von hohem Wert mit der Unberührtheit von Erkenntnissen zum Schutz vor den drohenden Verunreinigungen durch dreist vorgetragene (gesellschaftliche bzw. dafür gehaltene) Verwertungsinteressen bedeutet, ist heute obsolet geworden. Als Symbol von Macht und Männlichkeit, als Symbol des Aufstiegs, als Symbol des Sich-Abschließens aber auch des Eingesperrt-Seins ist dieses Symbol der Universität seit je her ambivalent. Wie Freud lehrt, stehen Symbole als Kennzeichnung für Einstellungen, die latent wirksam und dem Bewusstsein zumeist entzogen sind.

Auch wenn das elfenbeinerne Material heute eher auf die Ausrottung einer Tier- oder Denkungsart hindeutet und der Bau des Turmes überdies Risse aufweist, die innerhalb und außerhalb der Universität für Reibung sorgen, hat die Idee der Universität als Hort der Rationalität und Freiheit von Lehre und Forschung Bestand. Als Modell gilt die Überzeugung zur Wahrheitsliebe, die ihren Ort in der Universität hat, für die Einnahme einer Perspektive, die der Gewinnung und Sicherung unvoreingenommenen Wissens dienlich ist. Dies bildet sich in der Idee der Universität ab, wie sie Hans-Georg Gadamer in seiner „Idee des Guten" (1978) und in seinem „Lob der Theorie" (1983) eindrücklich zeigt.

Sicher ist die Sorge um die Substanz und um das Material ein Beweggrund, der Frage nachzugehen, ob die Universität den nötigen Anforderungen gewachsen bleibt und inwieweit sie der Parsonsschen Vorstellung einer „überprägnanten Attrappe" entspricht. Innerhalb dieses ambivalenten Geschehens der Entwicklung der Universität steht die wissenschaftliche Biographie des Jubilars, der seit langer Zeit in der akademischen Lehre und Forschung äußerst fruchtbringend tätig ist, was sich nicht nur an der Zahl und Qualität seiner Veröffentlichungen und Doktorandinnen und Doktoranden ablesen lässt, sondern vor allem an der Art seines Forschungsstils, der die sozialwissenschaftliche Operationalisierung von Forschungsfragen engagiert mit pädagogischen Ambitionen verbindet. Auf diese Weise zeigt er ein Bild von Lehre und Forschung, das stets auf die Lebenspraxis und auf die Personwerdung des Einzelnen als ein soziales und ein moralisches Wesen bezogen ist.

So, wie der „Zwang zur Personwerdung" (Micha Brumlik) zur Lebenspraxis gehört, zählt zur akademischen Realität die Tatsache, dass ein jeder, der sich mit dem gültigen Ideenleben ernsthaft befasst, auf den „Schultern von Riesen" (Robert K. Merton) steht. Dies zeigt auch die intensive Auseinandersetzung von Detlef Garz mit dem Ideenleben in der Nachfolge Piagets. Insbesondere sind dies die Arbeiten, die in den sechziger Jahren im Bereich der sozial-kognitiven Entwicklung in der Rekonstruktion moralischer Urteile durch empirische Studien entstanden sind. Zu den „akademischen Riesen", die Ideen geboren haben, die wiederum im Zeichen weiterer überzeugender Denkentwürfe stehen, zählt hier insbesondere Lawrence Kohlberg (vgl. z. B. Garz 1996, zu der pädagogischen Wirkungsgeschichte z. B. Kuhmerker u. a. 1996). Zu nennen sind zudem die herausragenden Theoretiker der Chicago School (vgl. Plummer 1997), ohne dass auf deren Einfluss auf die Denkungsart und den Forschungsstil des Jubilars hier näher eingegangen werden kann. Aktuell ist in seinem Einfluss auf die Forschungsarbeiten von Detlef Garz der Frankfurter Soziologe und Begründer der Methodologie der objektiven Hermeneutik Ulrich Oevermann als ein weiterer akademischer Riese hervorzuheben. Mit ihm besteht eine intensive Zusammenarbeit und von ihm gehen für die Lehre und Forschung wesentliche Impulse aus. Dies wird in den nächsten Abschnitten deutlich werden.

„Ist das Verstehen die Methode der Pädagogik?" – dieser Frage geht Micha Brumlik in einem Essay nach, den er anlässlich der ersten gemeinsamen Herausgeberschaft (1983) von Detlef Garz und mir zur Verstehensproblematik verfasst und als Zugang aufgezeigt hat. Unser damaliges Interesse galt der Entwicklung verstehender Methoden im Kontext unseres Bestrebens zur Etablierung qualitativ-empirischer Sozialforschung. In diese Zeit der frühen achtziger Jahre, in der wir uns kennen lernten, fiel auch der 8. 12. 1980, der Tag an dem John Lennon starb. Wir trafen uns am Morgen nach dessen Ermordung wie jede Woche in unserem gemeinsamen Büro an der Universität Osnabrück, um unsere wöchentliche Forschungswerkstatt vorzubereiten. Das Geschehen erwies sich als ein nicht unerhebliches Datum für die Berührung mit der Biographieforschung durch den Jubilar – etwa um Künstlerbiographien aus der populären Kultur sowie deviante Biographien wie die des als geisteskrank geltenden Mörders Mark David Chapman zu untersuchen. Qualitative Methoden der Sozialforschung waren noch kaum etabliert, sie keimten aber insbesondere in der Erziehungswissenschaft auf, wenn auch nur vereinzelt (eine Arbeitsgruppe anlässlich des 6. Kongresses der Deutschen Gesellschaft für Erziehungswissenschaft in Tübingen befasste sich mit der „wissenschaftlichen Erschließung autobiographischer und literarischer Quellen für pädagogische Erkenntnis" Fröhlich 1997; vgl. auch Baacke/Schulze

1979) sie litten jedoch insgesamt unter Aberkennungsprozessen. Zwar stand uns der Begriff bzw. das Konzept der Aberkennung noch nicht in seinem heutigen Bedeutungshof vor Augen (vgl. Garz 2007b), wohl aber war uns bewusst, dass ein Defizit Bestand hatte, welches die erziehungswissenschaftliche Forschung in ihren Erkenntnisbemühungen über die Erziehungstatsache und damit über die Bedeutung der Qualität der sozialisatorischen Interaktion für die Ausbildung von Fähigkeiten, Fertigkeiten (bzw. für die Bildung einer Habitusformation, die biographisch markant wird), methodisch behinderte.

Dies fiel uns insbesondere in einer Situation auf, in der sich unser Fachgebiet, die Allgemeine Pädagogik, befand, aus der neben Unterstützungswille ebenso Widerstand wach wurde, der sich auch gegen die Logik sozialpsychologischer Entwicklungstheorien richtete, die Detlef Garz schon früh in seiner wissenschaftlichen Laufbahn mit aktuellen Fragen der Pädagogik, der Methodologie und der Empirie verbunden hat, wie dies in seiner Schrift mit Darlegung der „Sozialpsychologischen Entwicklungstheorien" (zuerst 1989) zum Ausdruck gelangt.

Unser Vorhaben stellt sich aus heutiger Sicht als berufsbiographisches Projekt dar, das wir begannen, systematisch nach und nach zu entfalten (vgl. z. B. Garz/Kraimer 1991, 1994) und bei dem die Freundschaft mit Wolfgang Althof, mit Stefan Aufenanger und mit Michael Zutavern wesentliche Impulse gesetzt hat (vgl. z. B. Garz/Kraimer/Aufenanger 1983, Althof/Garz/Zutavern 1988). Mit der Verstehensproblematik, die hier anlässlich der Würdigung der Leistungen meines langjährigen Kollegen Detlef Garz seit unserer gemeinsamen Zeit an den Universitäten Osnabrück und Fribourg (Schweiz) und darüber hinaus in einer jahrzehntelangen Kooperation ein wenig näher betrachtet werden soll, ist die Pädagogik insbesondere seit der Veröffentlichung der Schriften des Philosophen und Kunsthistorikers Wilhelm Dilthey (1833-1911) befasst. Insbesondere spielt sie in der Biographieforschung eine tragende Rolle, wenn es darum geht, ein Leben als Abfolge in der Chronologie der laufenden Ereignisse zu verstehen (vgl. Garz 2007). Hinweise auf den Weg zu der „Kunstlehre der Auslegung von Schriftdenkmalen" Diltheys und den Weg des Verstehens, der sich durch unsere Auffassung von der „Welt als Text" ergibt, beschreibt Detlef Garz im Jahre 2000. Überdies ist die Verstehensproblematik in Form des praktischen Verstehens stets virulent im „wirklichen Leben", das „natürlich ständig stört" (vgl. Garz 2000, Müller 1990).

„Das Leben stört natürlich ständig" – diese Aussage, die treffend vielfach unseren Erfahrungsschatz charakterisiert, geht auf den Dramatiker Heiner Müller (1925-1995) zurück, mit dem Andreas Tostek ein Interview durchgeführt hat, das im „Freibeuter" (43, 1990: 91-98) veröffentlicht wurde. Für den „politischen" Müller (vgl. die Heiner-Müller-Gesamtausgabe) hat die Akademie der Künste in

Berlin, deren Präsident er war, im Januar 2009 eine Ehrung anlässlich dessen 80. Geburtstag durchgeführt. U. a. hat die österreicherische Literaturnobelpreisträgerin Elfriede Jellinek Texte eigens für diesen Anlass beigetragen und der Filmbeitrag „Ich will nicht wissen wer ich bin – Heiner Müller" von Christoph Rüther in Zusammenarbeit mit Thomas Irmer verbildlicht Teile der Wirkungsgeschichte Müllers.

Demgegenüber spielt im Organismus der Universität das Wissen darüber, wer jemand ist, und welche Wege des Verstehens dieser geht, eine große Rolle. In einer eigenartigen Mischung aus Selbst-, Fremd- und institutioneller Wahrnehmung wird dies beispielsweise deutlich, etwa wenn es gilt, über das praktische Verstehen hinaus z. B. bezogen auf die Konkurrenz, den Neid oder die Furcht vor dem Besseren durch Methodenalternativen (vor der selbst Isaak Newton nicht gefeit war, der die ähnlichen Ideen des Gottfried Wilhelm Leibnitz mit Argwohn verfolgt haben soll) das methodische Verstehen zu kultivieren und in die empirische Forschung hineinzutragen. Zu dieser Inszenierung des methodischen Verstehens hat der Jubilar einen entscheidenden Beitrag geleistet – schon in einigen der erwähnten theoretischen Arbeiten und noch vermehrt durch seinen Zugang, den er glücklicherweise auf Grund seiner Berufsbiographie, die er aktiv in die Hand genommen und auf die Reise gebracht hat. In Rede steht das Forschungsmaterial, das es ihm ermöglichte, systematisch einen Theorie-Empirie-Verbund zu schaffen, der ausgehend von den biographischen Dokumenten, die ihm durch seine Studien an der Harvard-Universität zugänglich wurden, seine heutige Wirkung im deutschsprachigen Raum zu entfalten (vgl. u. a. die charakteristischen Beiträge in der Zeitschrift für Qualitative Forschung, Heft 2, 2007). Bevor darauf Bezug genommen wird, sollen einige der Leitpunkte der Forschung hier zu Systematisierungszwecken aufgeführt werden.

3. Wege zum Verstehen des methodischen Verstehens

Die Konzentration auf die Darlegung von Wegen des methodischen Verstehens erfolgt für diesen kurzen Beitrag mit knappen Seitenblicken auf methodologische und methodische Ausgangspunkte, die gangbare Wege markieren, um das Verstehen methodisch zu ermöglichen (vgl. Garz/Kraimer 1991: 13). Hier gilt:

1. Dass ein verstehender Zugang zu dieser Wirklichkeit unumgänglich ist.
2. Dass diese Wirklichkeit wie „ein Fall" bzw. „ein Werk" zu untersuchen ist.
3. Dass Fälle in der Logik der Fallrekonstruktion im Kern erschließbar sind.

Für diesen verstehenden Zugang zur Wirklichkeit bietet die objektive Hermeneutik – die Garz insbesondere mit Blick auf den Grundbegriff der Lebenspraxis (vgl. z. B.: Garz/Ackermann 2006: 324) in seine Forschung integriert und nutzbar gemacht, Zugangswege an. Auf diesen lässt sich methodisch gültig erschließen, wie ein Fall der Lebenspraxis in seiner Transformationsdimension untersucht werden kann und wie die Logik der Rekonstruktion sich gestaltet, wenn es um die Entschlüsselung von charakteristischen Strukturen und um die hinter den Erscheinungen gültigen Gesetzmäßigkeiten geht: „In der Regel gibt man sich in der Forschung, zumal in der Grundlagenforschung, mit der Rekonstruktion eines einzelnen Falles nicht zufrieden, obwohl sofort zu betonen ist, dass entgegen den vorherrschenden Vorurteilen auch auf der Basis der Rekonstruktion eines Falles schon erhebliche Generalisierungsmöglichkeiten im Hinblick auf Typen- und Modellbildung bestehen. Ganz selten ist selbst bei komplexeren Untersuchungsfragen der Variationsspielraum interessierender Phänomenalität bei der Rekonstruktion von zwölf bis vierzehn Fällen nicht befriedigend ausgeschöpft" (Oevermann 2000b: 99). Auf diese Weise lassen sich Fallrekonstruktionen – je nach Untersuchungsform und Forschungsinteresse – durchführen z. B. als:

a) abgekürzte Version der Objektiven Hermeneutik (Oevermann 2000b),
b) extensive Version der Objektiven Hermeneutik (Oevermann 2000b),
c) Fallrekonstruktion in der Sozialen Arbeit (vgl. Kraimer 2000),
d) Biographierekonstruktion (Garz 2007a).

In diesen Anwendungsformen kommt dem Verstehen als Methode in der Grundlagenforschung sowie in der klinischen und pädagogischen Praxis eine Schlüsselfunktion zu (vgl. Oevermann 2000b).

Dass Ulrich Oevermann einer der „Riesen" ist, der als bedeutende wissenschaftliche Einzelgestalt auf die Forschung und Lehre von Detlef Garz einwirkt, ist in vielen seiner Schriften spürbar, wenn er beispielsweise zeigt, dass es möglich ist, mit dem Konzept der Erzeugungs- und Auswahlparameter (vgl. Oevermann 2000b, 2004) das Strukturmuster einer biographischen Entwicklung zu verstehen (Garz 2007a). In seiner Darstellung, wie sich die Rekonstruktion autobiographischer Texte im Methodenvergleich darstellt, kommt die von Oevermann vorgelegte zentrale Unterscheidung in fallverstehende und in rekonstruktive Verfahren zum Tragen. Im Anschluss an dessen grundlegende und detaillierte Begründung dieser Unterscheidung Oevermanns (z. B. die Beiträge aus 2000) und an unsere Darstellungen theoretischer und empirischer Verfahren (Garz/ Kraimer 1983, 1991) lässt sich vereinfacht sagen (vgl. Kraimer 2006), dass es aufs Ganze gesehen und stark pointiert darauf hinaus läuft, zu unterscheiden zwischen dem Verstehen

a) des Stoffs des subjektiv Bedeutsamen (in Form von Fallstudien)
b) des Stoffs des objektiv Bedeutsamen (in Form der Fallrekonstruktion)

Zu a) Fallstudien zielen als fallverstehende Ansätze (auch qualitativ, oder ethnographisch genannt) auf den Nachvollzug subjektiv vermeinter Sinnzusammenhänge. Sie gehen subsumtionslogisch vor und fassen individuell-konkrete Erfahrungen unter allgemeine Begriffe.

Zu b) Die Fallrekonstruktion zielt auf die methodologisch sachhaltige Fallerschließung objektiv gegebener Sinnzusammenhänge der erfahrbaren Wirklichkeit. Sie geht rekonstruktionslogisch vor und erfasst Erscheinungsformen humaner Praxis in der Logik der Sequenzanalyse.

Die „Begegnung mit dem Fremden" (Straub/Garz/Krüger 2001) und das „Verstehen des Fremden" führen dazu, dass sozialwissenschaftliche Modelle entstehen, in denen das methodische Verstehen systematisiert wird. Für Oevermann (2001: 68) geht es darum, deutlich werden zu lassen, dass für das methodische Verstehen eine Umkehrung der Problemlage des praktischen Verstehens notwendig ist, um „soziale Gesetzmäßigkeiten ans Licht" zu bringen. Dies bedeutet Erkenntnisfortschritte erzielen: Oevermann entwickelt sein Verfahren der objektiven Hermeneutik – dies kommt in seiner Beschreibung aus dem Jahre 1996 prägnant zum Ausdruck – als Methodologie, die erprobte Methoden und Techniken der Sozial- und Kulturforschung bereitstellt, „die sich vor allem dazu eignen, auf wenig erforschten Gebieten und bei neuen, noch wenig bekannten Entwicklungen und Phänomenen, die typischen, charakteristischen Strukturen dieser Erscheinungen zu entschlüsseln und die hinter den Erscheinungen operierenden Gesetzmäßigkeiten ans Licht zu bringen". Diese Option eröffnet sich in der empirischen Sozialforschung, wenn konkrete Analysen sozialer Realität auf Lebensäußerungen bezogen werden, um sie wie ein Gesamtwerk zu betrachten. Eine solche Verstehensleistung beweist Detlef Garz u. a., wenn er die Biographie der 1897 im russischen Ekaterinoslav geborenen Olga Joffe (später Olga Lang-Wittfogel) untersucht und deren Biographie als Werk der Bewährung im Angesicht von Aufgaben im Übergang zum Erwachsenenalter in der Dimensionierung der Gestaltung des privaten, des beruflichen und des öffentlichen Lebens zeigt. Hier eröffnet Detlef Garz einen originären Beitrag zum Verstehen des Fremden, indem dieser Zugang allein anhand der objektiven Daten erfolgt. So ergibt sich eine Raffung, eine Verdichtung des Fremden, die alle biographisch bedeutsamen Elemente eines fremden Lebens in das methodische Verstehen dieser Lebensäußerungen transformieren. Hier zeigt sich der Zusammenhang, den Oevermann (2001: 74 ff.) in seiner Unterscheidung des *methodischen* Verstehens zum *praktischen* Verstehen markiert:

„Noch in scheinbar von der Verstehensproblematik weit entfernten Bereichen wie der Kriminalistik und der medizinischen Diagnostik sind letztlich die Leistungen des Sinnverstehens für den praktischen Erfolg konstitutiv. Dem Kriminalisten nützt das exakteste Ergebnis der kriminaltechnischen Untersuchung, was dann den sogenannten objektiven Sachbeweis ausmacht, nichts, wenn er es nicht sinnvoll in eine Rekonstruktion des Sinns möglicher Tat- (bzw. Handlungs-) Abläufe einordnen kann, und der medizinische Diagnostiker bringt seine Messergebnisse aufschlussreich erst wirklich zum Sprechen, wenn er sie in eine auf die Lebensgeschichte des Patienten bezogenen Sinnrekonstruktion des Symptomtextes integriert. Erst recht natürlich ist – für jedermann sofort nachvollziehbar – die Verstehensleistung abgefordert, wo ohnehin – wie in Kunst, Musik, Recht, Literatur, etc. – bewusst hergestellte Texte und Werke den Gegenstand der Betrachtung bilden, oder wo die Überreste vergangener Epochen an die Pragmatik der der Überlieferung gewidmeten Textproduktion bzw. Produktion von Ausdrucksgestalten gebunden sind".

Für Schwierigkeiten in der Begründung eines methodischen Verstehens in der Wissenschaft sieht Oevermann im wesentlichen vier Gründe, die der Übersicht wegen nur knapp angeführt werden:

„Die Gegenstände des Sinnverstehens, ob dem Alltäglichen zugehörig oder herausgehoben, drücken immer historisch konkrete, einzigartige Ereignisse und Sachverhalte aus.

Die Gegenstände des Sinnverstehens sind Ausdruck von Prozessen, für die Bewertungen und Wertbezüge konstitutiv sind, weil die menschliche Praxis als solche immer zugleich ein Vorgang der Bewertung und bewertenden Stellungnahme ist. Deshalb scheint das Sinnverstehen selbst nicht frei von Wertbezügen durchgeführt werden zu können. Das wirft das Problem auf, wie die von jeglicher Methode geforderte Unvoreingenommenheit gegenüber dem Gegenstand und gegenüber Geltungsfragen aufrechterhalten werden kann, erst recht natürlich dann, wenn es um das Fremde geht, das anderen Wertprämissen folgt.

Die Gegenstände des Sinnverstehens sind Ausdrucksgestalten der Tätigkeit des menschlichen Geistes. Damit haben sie immer eine subjektive Seite, nämlich die der Geistestätigkeit als einer wirklichen, inneren Bewegung, also die Seite des subjektiven Geistes, der Seele und Psyche, und eine objektive Seite, die der Ausdrucksgestalt als solcher. Das wirft die Schwierigkeit auf, zwischen den beiden kategorial inkommensurablen Sphären des Geistes stabil unterscheiden zu müssen – ein Problem, das bis heute m. E. nicht recht gesehen wird und das sich hinter den geläufigen Dualismen von Geist und Materie sowie von Seele und Leib als das eigentlich für die Sozial-, Kultur- und Geisteswissenschaften zentrale Problem verbirgt".

Diese von Oevermann benannten Problemaspekte bündeln sich in einem vierten, für den er das Verhältnis von Theorie und Praxis nennt.

Der Erfolg der Arbeiten von Detlef Garz liegt – in diesem hier nur knapp aufgezeigten komplexen Problemzusammenhang – vor allem darin, dass er für die historische Emigrationsforschung ein Musterbeispiel dafür vorlegt, wie das Fremde in ein verstandenes Strukturmuster überführt und zur weiteren Überprüfung vertraut gemacht werden kann.

In dem anschließenden Teil meines kurzen Beitrages möchte ich auf Gemeinsamkeiten eingehen, die wir in vielen Gesprächen geteilt haben und die mich in meinem Beitrag zu der empirischen Forschung zur Entwicklung einer Theorie und Praxis der Sozialen Arbeit inspiriert haben.

4. Wege zum Verstehen – Soziale Arbeit als Ort gesellschaftlicher Reflexion und Intervention

Die Ausdifferenzierung der Sozialpädagogik/Sozialarbeit steht unter dem Oberbegriff ‚Soziale Arbeit' in den zehner Jahren des 21. Jahrhunderts – und weit darüber hinaus – vor einer Bewährungsprobe und einer Herausforderung in Theorie und Praxis.

Bewähren muss sich die im Zeichen des 20. Jahrhunderts entwickelte Praxis als Professionalität, die beispielsweise von Mary Richmond in der „Social Diagnosis" (1917) für die sozialen Berufe eingefordert und seit dem kontinuierlich weiter entwickelt wird. Dies gilt ebenso für die wissenschaftliche Theoriebildung der Sozialen Arbeit als empirischer Erfahrungswissenschaft, die ‚Praxis' zum Gegenstand hat und diese im Lichte der Philosophie bzw. Ethik des Sozialen reflektiert. Beides, Theorie als Erfahrungswissenschaft von der Lebenspraxis, und Praxis als – rational begründbares – professionelles Handeln in der Lebenspraxis steht im Zeichen der geschichtlichen Dynamik von Ökonomisierung und Globalisierung. Im Kern geht es um die gerechte Gewährungsleistung individueller Hilfen und sozialer Reformprojekte – ebenfalls ein zentrales Anliegen bei Detlef Garz.

Soziale Arbeit ist eine gesellschaftliche Institution der Krisenbewältigung und eine wissenschaftliche Institution der methodisch kontrollierten Rekonstruktion des ‚Gegebenen' sowie eine Konstruktion des ‚Möglichen' – im Sinne regulativer Ideen. Lebenspraxis soll als individuelle in der Idee der Mündigkeit und kollektiv als Demokratisierung der Lebensverhältnisse ermöglicht werden. Dieses Projekt bildet eine ‚widersprüchliche Einheit' ab, die durch den Theorie-Empirie-Verbund auf der einen und den Praxis-Kunstlehre-Verbund auf der anderen Seite charakterisiert ist.

Abbildung 1: Das Theorie-Praxis-Verhältnis bildet als ‚widersprüchliche Einheit' die Freiheit von Zwecken und die Leidenschaft für Zwecke ab.

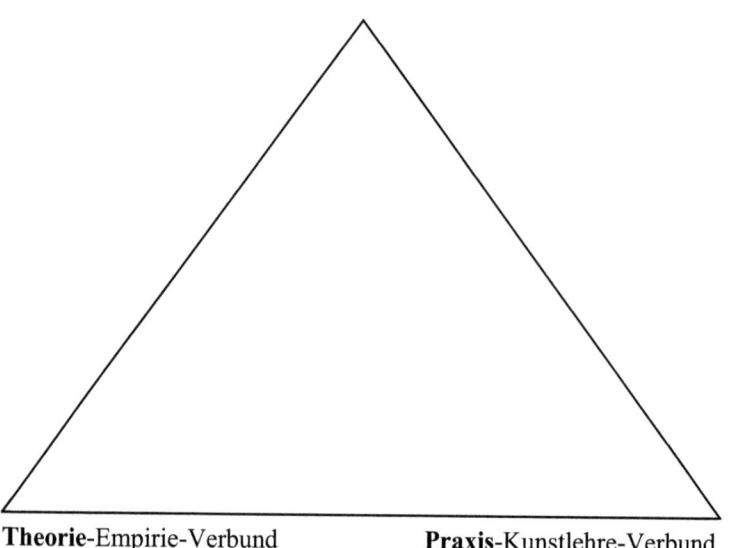

Begriffsphilosophisch differenziert die Unterscheidung von ‚Theorie' und ‚Praxis' nach dem praktisch ‚Richtigen' – als Vorrang des ‚Guten' – und dem theoretisch Gültigen – im Sinne des Vorranges der Wahrheit. Im Unterschied zu Fragen des ‚guten Lebens', die legitime Sache der Betroffenen sind, erweisen sich Fragen des ‚gerechten Lebens' als generell wahrheitsfähig (vgl. Blanke 2000).

Das, was gleichermaßen im Interesse aller liegt – das ‚Weltbeste' bei Kant – stellt eine genuin kosmopolitische Sache dar. Was ‚gut' ist, können Einzelne, Familien oder Völker selber entscheiden. Der (evaluative) Wahrheitsgehalt beschränkt sich in diesen Kontexten auf historisches oder ‚biographisches' Recht. Dies schließlich führt zu der vieldiskutierten Unterscheidung in evaluative und deontologische Urteile bei Jürgen Habermas und zu dessen bekanntem Einwurf, dass die empirisch-analytischen Wissenschaften lediglich technische Empfehlungen erzeugten (vgl. Garz 2000, Oevermann 2000b). „Evaluative Urteile sind bedingt durch die Wechselfälle kontingenter Ereignisse (…) nur in begrenztem

Umfang kritikfähig und kritikbedürftig. Sie haben keinen Wahrheitsanspruch außer demjenigen eines historischen oder biographischen Rechts, das einer notwendig singulären Form erfahrungshaltiger Lernprozesse individueller und kollektiver Subjekte zukommt" (Blanke 2000: 491). Grundlegend anders verhält es sich bei moralischen Urteilen, die wahrheitsfähig und kosmopolitisch sind.

Die Idee des theoretischen Lebens (bei den alten Griechen) ist eine menschliche Grundmöglichkeit, die in erster Linie bedeutet, Distanz zu sich selbst zu haben. Dies eröffnet den Weg zur Bildung, die – wie es bei Hegel heisst – die Fähigkeit ist, auch die Gesichtspunkte anderer denken zu können. Beides bedeutet Freiheit. Hegel weist auf die sich nachträglich vollziehende und gestalterische Arbeit der Wissenschaft für praktische Fragen in dem bekannten Bild von der Eule der Minerva hin, die ihren Flug erst in der Abenddämmerung beginnt (vgl. Oevermann 2000b: 416): Wenn sich die tätige Praxis zur Ruhe begibt, beginnt – wie der Nachtvogel – die Theorie ihr Werk als Rekonstruktion der Praxis um nachträglich Fragen der Begründetheit und Bewährtheit methodisch zu prüfen. Dies ist keine Bevormundung der Praxis sondern zielt darauf ab, praktische Fragen theoretisch begründet von (zu engen) Zwecken zu befreien. Die Hingabe an eine solche zweckfreie Wahrheitsforschung ist die berühmte Erziehung zur Objektivität, die den Forscher charakterisiert.

„Erziehung zur Objektivität und zur Wissenschaft, das ist ein Ziel, das auch von der Gesellschaft akzeptiert werden kann, und daraus lässt sich die Folgerung ziehen, dass die Erziehung zu solcher zweckfreien Wahrheitsforschung gar nichts so Ausgefallenes ist. Mit Vergötzung von Wissen und Können hat das nichts zu tun. Es ist ein unentbehrliches Moment im Prozess der ‚Sozialisation' des Menschen, dessen der Praktiker, auch der ‚Verwalter' ebenso teilhaftig ist wie der Forscher" (Gadamer 1983: 85).

Daraus ergeben sich Konflikte zwischen denen, die verwalten, denen, die anwaltlich praktisch handeln und denen, die frei forschen. Überall, wo Verwaltung funktioniert, wird der Weg des platonischen Wächters gegangen, der anderes lieber täte als das, wozu er bestellt ist.

Er kennt etwas Schöneres als Macht – die das Verwaltungshandeln mit sich bringt – weiß also um die Notwendigkeit der Distanz zu seiner Macht, die liberales Handeln im Umgang mit wissenschaftlichen Institutionen erst ermöglicht und diese nicht zur Verzweckung herabwürdigt. Überall da, wo der Schlendrian in der Praxis nicht einkehrt – also da, wo Praxis funktioniert – weiß der praktisch Handelnde um die Partikularität seiner Erfahrung, die ihn auf die Notwendigkeit der unabhängigen Forschung stößt und überall da, wo Theoriebildung funktioniert, weiß der Forscher – insbesondere wenn er durch Max Webers Charismatheorie inspiriert ist – um die Problematik von Entscheidungen, die allein dem zweckrationalen Modell der Empirie folgen. Charisma ist die Befähigung zum Vertrauen in eine gelingende Krisenlösung, für die man sich entscheiden kann, ohne dass eine in der Logik des besseren Argumentes geprüfte und durchgearbeitete Begründung zur Verfügung steht. Diese jedoch kann späterhin mit Gründen erfolgen.

Abbildung 2: Die Bedeutung der Empirie Sozialer Arbeit für die Vermittlung methodischer Kompetenzen (Vorbildung eines professionellen Habitus)

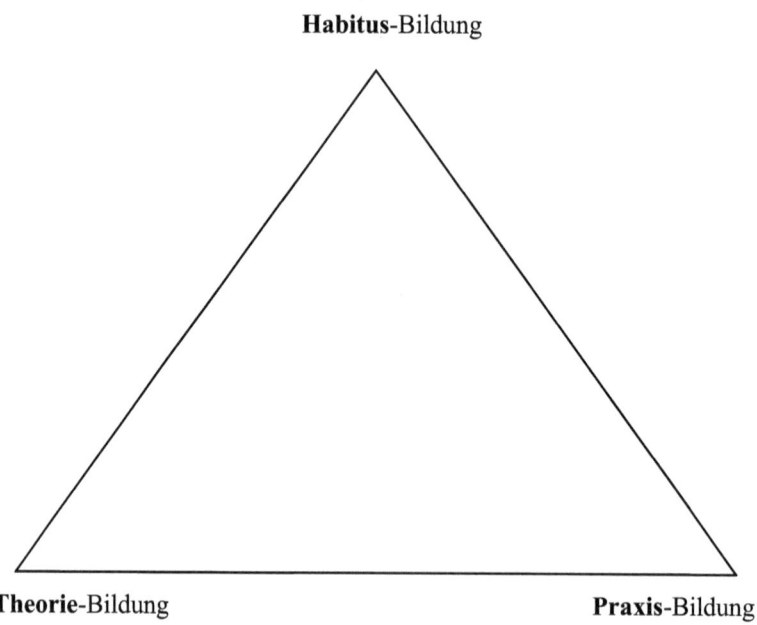

Die empirische Forschung ist unabdingbar, um die methodische Kompetenzen zu schulen. Die Methode der Fallrekonstruktion – die für diese Aufgabe qualifiziert – schreitet hier von Fall zu Fall (vgl. Kraimer 2004b) methodisch kontrolliert voran. Von Oevermann (vgl. z. B. seine Beiträge aus 2000) wirkmächtig inspiriert, stellt sie in ihrer speziellen Ausgestaltung für die Soziale Arbeit (vgl. Kraimer 2000) eine Integration spezifischer Methoden und Techniken der Sozial- und Kulturforschung bereit, die an einen zu untersuchenden Fall angepasst werden. Vor allem eignet sich dieses Forschungsdesign – das von Fall zu Fall arrangiert wird, sich dazu, Neues und Unbekanntes als Grund-Folge-Beziehung in sozialen Zusammenhängen aufzudecken und Veränderungen begründet zu initiieren. Die Operationalisierung von Fällen ist konstitutiv für die wissenschaftliche Untersuchung als methodisch kontrollierte Datensammlung und Interpretation, die an dieser Stelle in der folgenden Logik dargelegt wird:

1. Zunächst als Fall-Bestimmung, um eine Eingrenzung vorzunehmen.
2. Sodann als Fall-Beobachtung in der Focussierung der zentralen Fall-Angelegenheit.
3. In der Konzentration auf die Fall-Angelegenheit durch die gezielte Fallerhebung. Diese resultiert aus dem Methodenkanon der empirischen Sozialforschung.
4. Die Falldarstellung beschreibt Abläufe, Situationen und Vorgänge, die den Fall determinieren, sie ist eine erste Dokumentation objektiver Daten und eigens erhobener Daten z. B. zur subjektiven Sichtweise. Sie bildet das Forschungsdesign ab.
5. Die Datenrekonstruktion ermöglicht – im Erkenntnisfeld zwischen Theorie, Empirie und Philosophie – das methodisch kontrollierte Verstehen eines existenziellen Fall-Modus.
6. Die Sequenzanalyse (von Transkripten) erzeugt detaillierte und verdichtete Erkenntnisse im Rahmen der Gesamtdatenlage.
7. Schließlich ergibt sich eine Dokumentation z. B. in Form einer Typen- oder Modellbildung.
8. Weiterführende Deutungsoptionen können in Konzepte integriert werden, die die Fallrekonstruktion in eine innovative Praxis überführen.

Das methodische Verstehen kann in dieser Logik eingeübt werden – etwa in Form einer Projekt- bzw. Forschungswerkstatt (vgl. z. B. Kraimer 1999). Charakteristisch ist die konsequente Orientierung am Fallmaterial, das zur Aufschließung einer Fragestellung gewonnen und mit Hilfe der angeleiteten Sequenzanalyse erschlossen wird. Die Verbindung des methodischen Fallverstehens ergibt in der Folge des Projektkonzeptes ‚wünschenswerte Lösungen' (vgl. Kraimer 2006). Das methodische Vorgehen ist in die klassische Orientierung derjenigen höheren Berufe eingebettet, die als Professionen Leistungen erbringen, die auf bedrohte, gefährdete oder gestörte Zentralwerte wie Gesundheit, Wahrhaftigkeit, Recht oder im Falle der Sozialen Arbeit auf selbstbestimmte und gemeinwohlorientierte Lebensformen bezogen sind.

Abbildung 3: Die Profession der Sozialen Arbeit als Ort der Realisierung methodischer Kompetenzen für die Ausbildung eines professionellen Habitus

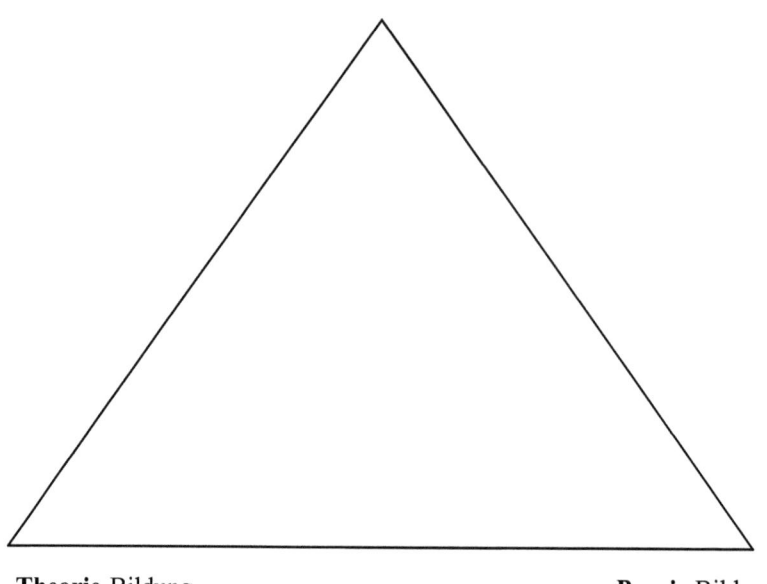

Als Profession hat die Soziale Arbeit eine stellvertretende Krisenbewältigung zu leisten (vgl. Oevermann 2002), die der Fallförmigkeit des Gegenstandsbereichs selbst geschuldet ist. Eine zentrale Aufgabe der Disziplin ist es, die Struktur der sozialarbeiterischen Praxis im Kern ihres Geschehens und in der Art und Weise ihrer ‚Operation' mit Blick auf die erreichten Ziele zu rekonstruieren und zu zeigen. Letzteres geschieht in Form von Lehrtexten, die Modelle bilden, welche wiederum in der Praxis operieren können (vgl. Kraimer 2007a).

Der Theorie-Praxis-Verbund kann für die Profession auf diese Weise sachhaltig intensiviert werden, was einer ‚rollenden Reform' gleichkommt. In der theoretischen Reflexion soll anschaulich werden, was für die kommende Praxis unabdingbar ist. Für den Sozialarbeitsforscher, der angesichts dieser Herausforderung auf die Beschaffenheit seiner Forschung besonnen ist gilt es, ‚Form',

'Stoff' und 'Gehalt' so zu arrangieren, dass das 'richtige' Maß entsteht, um diese Sache angemessen abzubilden (vgl. Kraimer 2007a, b, 2009c).

Schlussbemerkung

Durch fallrekonstruktive Forschung, die in den Arbeiten von Detlef Garz beispielsweise in der Perspektive sozialisations- und entwicklungstheoretischer Fragen vollzogen wird, lässt sich eine der Sache angemessene Unterstützung für das Projekt der Systematisierung des methodischen Verstehens sicherstellen und stabilisieren. In der Tradition der kritischen Theorie verfolgt dieses das Programm der 'Sichtbarmachung des Unsichtbaren' und der 'Veränderung des Möglichen'. Hierin liegt vor allem die Option, Studierende und Novizen des Fachs, aber auch fortgeschrittene Anfänger und fortschreitende Routiniers, die sich mit Fragen der Entwicklungslogik befassen, systematisch in die professionsbezogene Veralltäglichung des methodisch kontrollierten Verstehens einzubinden. Dies kann mit der Lektüre und Verbreitung des Wissens, dass Detlef Garz beim Schreiben seiner Texte u. a. über Mead, Piaget und Kohlberg bis zu den heutigen empirischen Studien in der Explikation der menschlichen Entwicklung in den sozialpsychologischen Entwicklungstheorien (2006) beginnen und in seine methodischen und methodologischen Ideen führen, die es ermöglichen, fremde Biographien in vertraute Weisen des Verstehens von Lebensäußerungen in den gelebten Zeiten, in denen man blüht, gedeiht oder welkt, zu überführen (vgl. z. B. Garz 2007).

Möglicherweise ist dazu ein zweiter Blick notwendig, der das Verständnis der entwicklungsbezogenen Thematik erhellt. Dieser wird sich zunehmend auf die mediale Kultur richten müssen (vgl. Garz/Ackermann 2006) und auf die Schaffung von möglichen Freiräumen – den Zeiten und Krisen der Muße – in denen man wächst. Für diese Zeit der Reflexion unseres Verhältnisses zum Ästhetischen und zum Letztgültigen wünsche ich Detlef Garz eine weiterhin irritierende Fülle der bildenden Erfahrung. Darin aufgehoben ist die unendliche Realität des Professor-Seins, die der des Kind-Seins (vgl. Mühle 1970: 36) insofern ähnelt, als es einem freisteht – im ersteren Falle hoffentlich vermehrt und mit größeren Graden der Freiheit – Abschnitte zu machen.

Literatur

Althof, Wolfgang/Garz, Detlef/Zutavern, Michael (1988): Heilige im Urteilen – Halunken im Handeln? Lebensbereiche, Biographie und Alltagsmoral. In: Zeitschrift für Sozialisationsforschung und Erziehungssoziologie 9, 162-181

Andresen, Sabine/Pinhard, Inga/Weyers, Stefan (Hrsg.) (2007): Erziehung, Ethik, Erinnerung. Pädagogische Aufklärung als intellektuelle Herausforderung. Weinheim: Beltz

Ayaß, Ruth/Bergmann, Jörg (Hrsg.) (2006): Qualitative Methoden der Medienforschung. Reinbek bei Hamburg: Rowohlt

Baacke, Dieter/Schulze, Theodor (Hrsg.) (1979): Aus Geschichten lernen. Zur Einübung pädagogischen Verstehens. Weinheim/München: Juventa

Becker-Lenz, Roland et al. (Hrsg.) (2009): Professionalisierung und Professionalität in der Sozialen Arbeit. Standpunkte – Kontroversen – Perspektiven. Wiesbaden: VS Verlag (im Druck)

Bittner, Günther/Fröhlich, Volker (Hrsg.) (1997): Lebensgeschichten. Über das Autobiographische im pädagogischen Denken. Zug/Schweiz: Die Graue Edition.

Blanke, Thomas (2000): Theorie und Praxis. Der Philosoph im Handgemenge. In: Müller-Dohm (2000): 486-521

Felden, Heide von (Hrsg.) (2007): Methodendiskussion in der Biographieforschung. Klassische und innovative Perspektiven rekonstruktiver Forschung. Mainz: Logophon

Fikfak, Jurij/Adam, Frane/Garz, Detlef (eds.): Qualitative Research. Different Perspectives – Emerging Trends. Ljubljana: ZRC Publishing

Friebertshäuser, Barbara/Prengel, Annedore (Hrsg.) (2009): Qualitative Forschungsmethoden in der Erziehungswissenschaft. Weinheim/Basel: Juventa (im Druck)

Fröhlich, Volker (1997): Lebensgeschichten verstehen. In: Bittner/Fröhlich (1997): 165-185

Gadamer, Hans-Georg (1983): Lob der Theorie. Frankfurt/M.: Suhrkamp.

Garz, Detlef (1992): Die Diskussionen um eine höhere Stufe der Moral. In: Oser/Althof (1992): 256-292

Garz, Detlef (1996): Lawrence Kohlberg zur Einführung. Hamburg: Junius

Garz, Detlef (1999): Also die Annahme, dass die Welt gerecht ist, das wäre sehr irrational. In: Garz/Oser/Althof (1999): 377-405

Garz, Detlef (2000): Kritik, Hermeneutik, Rekonstruktion. Über den Stellenwert der Methode bei Jürgen Habermas. In: Müller-Doohm (2000): 201-217

Garz, Detlef (2007a): Olga-Lang-Wittvogel – eine objektiv-hermeneutische Biographieanalyse. In: Zeitschrift für Qualitative Forschung. Heft 2, 8. Jg., 207-224

Garz, Detlef (2007b): Wie wir zu dem werden, was wir sind. Über Anerkennungs- und Aberkennungsprozesse in der sozialisatorischen Interaktion. In: Andresen/Pinhard/Weyers (2007): 34-50

Garz, Detlef (2007c): Zur Rekonstruktion autobiographischer Texte – Methoden im Vergleich. In: von Felden (2007): 13-24

Garz, Detlef/Kraimer, Klaus (Hrsg.) (1983): Brauchen wir andere Forschungsmethoden? Beiträge zur Diskussion interpretativer Verfahren. Frankfurt/M.: Suhrkamp
Garz, Detlef, Kraimer, Klaus/Aufenanger, Stefan (1983): Rekonstruktive Sozialforschung und objektive Hermeneutik. Annotationen zu einem Theorie- und Methodenprogramm. In: Zeitschrift für Sozialisations- und Erziehungsforschung. Heft 1, 126-134
Garz, Detlef/Kraimer, Klaus (Hrsg.) (1991): Qualitativ-Empirische Sozialforschung. Konzepte, Methoden, Analysen. Opladen: Westdeutscher Verlag
Garz, Detlef/Kraimer, Klaus (Hrsg.) (1994): Die Welt als Text. Theorie, Kritik und Praxis der objektiven Hermeneutik. Frankfurt/M.: Suhrkamp
Garz, Detlef/Oser, Fritz/Althof, Wolfgang (Hrsg.) (1999): Moralisches Urteilen und Handeln. Frankfurt/M.: Suhrkamp
Garz, Detlef/Ackermann, Friedhelm (2006): Objektive Hermeneutik. In: Ayaß/Bergmann (2006): 324-349
Geulen, Dieter/Veith, Hermann (Hrsg.) (2004): Sozialisationstheorie interdisziplinär. Stuttgart: Lucius & Lucius
Giebeler, Cornelia/Fischer, Wolfram et al. (Hrsg.) (2007): Fallverstehen und Fallstudien. Interdisziplinäre Beiträge zur rekonstruktiven Sozialarbeitsforschung. Opladen/Farmington Hills: Barbara Budrich
Habermas, Jürgen (1986): Moralität und Sittlichkeit. Treffen Hegels Einwände gegen Kant auch für die Diskursethik zu? In: Kuhlmann (1986): 16-37
Harrach, Eva-Marie von/Loer, Thomas/Schmidtke, Oliver (Hrsg.) (2000): Verwaltung des Sozialen. Formen der subjektiven Bewältigung eines Strukturkonfliktes. Konstanz: UVK
Kraimer, Klaus (1998): Sozialpädagogisches Fallverstehen, Forschungswerkstatt, professionelles Handeln. In: Archiv für Wissenschaft und Praxis der Sozialen Arbeit, H. 3, 170-189
Kraimer, Klaus (1999): Sozialpädagogisches Fallverstehen, professionelles Handeln, Forschungswerkstatt. URL: http://www.klauskraimer.de/sozialpaedagogisches_fallverstehen.pdf (08.03.2009)
Kraimer, Klaus (Hrsg.) (2000): Die Fallrekonstruktion. Sinnverstehen in der sozialwissenschaftlichen Forschung. Frankfurt/M.: Suhrkamp
Kraimer, Klaus (2000): Die Fallrekonstruktion – Bezüge, Konzepte, Perspektiven. In: Ders. (2000): 23-57
Kraimer, Klaus (2003): Zwischen Disziplin und Profession – Ein Beitrag zur fallrekonstruktiven Erforschung der professionalisierten Praxis am Beispiel der ‚Hilfen zur Erziehung'. In: Schweppe (2003): 167-183
Kraimer, Klaus (2004a): Mündigkeit im Fadenkreuz einer fallrekonstruktiven sozialpädagogischen Diagnostik oder: Das ‚Einleben' des hermeneutischen Fallverstehens in die Praxis der Jugendhilfe. In: Schrapper (2004): 181-186
Kraimer, Klaus (2004b): Von Fall zu Fall. Die Fallrekonstruktion in der Sozialen Arbeit. In: Blätter der Wohlfahrtspflege. Deutsche Zeitschrift für Sozialarbeit, Jg. 151, Heft 2, 50-52

Kraimer, Klaus (2006): Das Projektkonzept. Ein Modell für wünschenswerte Lösungen. In: Blätter der Wohlfahrtspflege. Deutsche Zeitschrift für Sozialarbeit. Jg. 153, Heft 2, 61-63

Kraimer, Klaus (2007a): ‚Form&Stoff' der Fallrekonstruktion. In: Giebeler et al. (2007): 35-51

Kraimer, Klaus (2007b): Stichworte Fallverstehen, Professionalisierung. In: Fachlexikon der sozialen Arbeit, hg. vom Deutschen Verein für öffentliche und private Fürsorge e. V. Frankfurt/M.: Nomos, 309 f., 726 f.

Kraimer, Klaus (2009a): Narratives als Erkenntnisquelle. In: Friebertshäuser/Prengel (2009): im Druck

Kraimer, Klaus (2009b): Objektive Hermeneutik. In: Miethe/Bock (2009): im Druck

Kraimer, Klaus (2009c): Soziale Arbeit im Modus autonomer Erfahrungsbildung. Überlegungen im Anschluss an modellbildende Paradigmen zur Professionalisierung. In: Becker-Lenz et al. (2009): im Druck

Kramer, Helgard (Hrsg.): Die Gegenwart der NS-Vergangenheit. Berlin und Wien: Philo

Kraul, Margret/Marotzki, Winfried/Schweppe, Cornelia (Hrsg.) (2002): Biographie und Profession. Bad Heilbrunn/Obb.: Klinkhardt

Kuhlmann, Wolfgang (Hrsg.) (1986): Moralität und Sittlichkeit. Das Problem Hegels und die Diskursethik. Frankfurt/M.: Suhrkamp

Kuhmerker, Lisa (1991): Lawrence Kohlberg. Seine Bedeutung für die pädagogische und psychologische Praxis. München: Kindt

Mannheim, Karl (1923): Beiträge zur Theorie der Weltanschauungsinterpretation. Wien: Hölzel

Miethe, Ingrid/Bock, Karin (Hrsg.) (2009): Qualitative Forschung in der Sozialen Arbeit. Opladen/Farmington Hills: Barbara Budrich (im Druck)

Mühle, Günther (1972): Entwicklung. In: Historisches Wörterbuch der Philosophie. Darmstadt, Bd. 2, 557-560

Müller, Heiner (1990): Das Leben stört natürlich ständig. Ein Gespräch mit Andreas Tostek. In: Freibeuter 43, 91-98

Müller-Doohm, Stefan (Hrsg.) (2000): Das Interesse der Vernunft. Rückblicke auf das Werk von Jürgen Habermas seit „Erkenntnis und Interesse". Frankfurt/M.: Suhrkamp

Nagel, Ulrike (2000): Professionalität als biographisches Projekt. In: Kraimer (2000): 360-387

Oevermann, Ulrich (2000a): Dienstleistungen der Sozialbürokratie aus professionalisierungstheoretischer Sicht. In: von Harrach et al. (2000): 57-77

Oevermann, Ulrich (2000b): Die Methode der Fallrekonstruktion in der Grundlagenforschung sowie der klinischen und soziologischen Praxis. In: Kraimer (2000): 58-156

Oevermann, Ulrich (2000c): Mediziner in SS-Uniform: Professionalisierungstheoretische Deutung des Falles Münch. In: Kramer (2000): 18-76

Oevermann, Ulrich (2000d): Das Verhältnis von Theorie und Praxis im theoretischen Denken von Jürgen Habermas – Einheit oder kategoriale Differenz? In: Müller-Doohm (2000): 411-464

Oevermann, Ulrich (2002): Professionalisierungsbedürftigkeit und Professionalisiertheit pädagogischen Handelns. In: Kraul/Marotzki/Schweppe (2002): 19-63

Oevermann, Ulrich (2004a): Sozialisation als Prozess der Krisenbewältigung. In: Geulen/Veith (2004): 155-181

Oevermann, Ulrich (2004b): Manifest der objektiv hermeneutischen Sozialforschung. In: Fikfak/Adam/Garz (2004): 101-133

Oser, Fritz/Althof, Wolfgang (Hrsg.) (1992): Moralische Selbstbestimmung. Modelle der Entwicklung und Erziehung im Wertebereich. Stuttgart: Klett-Cotta

Plummer, Ken (1997) (ed.): The Chicago School. Critical Assessments. London/New York: Routledge, 4 Vols.

Schrapper, Christian (Hrsg.) (2004): Sozialpädagogische Diagnostik und Fallverstehen in der Jugendhilfe. Anforderungen, Konzepte, Perspektiven. Weinheim/München: Juventa

Schweppe, Cornelia (Hrsg.) (2003): Qualitative Forschung in der Sozialpädagogik. Opladen: Leske & Budrich

Straub, Jürgen/Garz, Detlef/Krüger, Heinz-Hermann (2001): Begegnung mit dem Fremden. Einführung in den Themenschwerpunkt. In: zbbs Heft 1, 3-14

Biographie, Krisenbewältigung und Bewährung[1]

Ulrich Oevermann

1 Vorbemerkung

Detlef Garz hat in den letzten Jahren intensiv zum schweren Schicksal deutscher Juden geforscht, die vor dem Nazi-Regime fliehen mussten und ins Exil, großenteils, in die USA gingen. Wie schwer diese Entscheidung fiel, die den Verlust der gesamten vorausgehenden Existenz bedeutete, mag man daran ermessen, dass viele betroffene Juden sie trotz der objektiven Bedrohung durch die Rassenideologie und -politik der Nazis hinauszögerten, bis es zu spät war, weil sie sich nicht vorstellen konnten, dass die Herrschaft des Volkes, dessen Kultur sie häufig maßgeblich verkörperten, sie so gnadenlos verfolgen und brutal ermorden würde. Nachdem das unvorstellbare Ausmaß des Massenmordes an den Juden Europas durch die Nazis offensichtlich geworden war, musste das Exil in den USA nachträglich als glückliche Rettung erscheinen, für die man Dankbarkeit empfand. Gleichwohl blieb es ein schweres Schicksal, weil man in der Regel alles verlor, was man selbst sich bis dahin aufgebaut hatte und was einem aus Familienerbe und -tradition erwartungsgemäß zustand. Aber nicht nur diesen – vornehmlich materiellen – Verlust hatte man hinzunehmen. Schwerer ins Gewicht fiel häufig der radikale, plötzliche Ausfall aller früheren biographischen und sozialen Verwurzelungen. Von einem Tag auf den anderen musste man sich mit vollkommen neuen Lebensbedingungen konfrontieren. Ohne tradierte Rückgriffs- und Rückzugsmöglichkeiten, ohne haltende Bande und ohne Aussicht auf Anerkennung erworbener Verdienste musste man sich in einer fremden Wirklichkeit durchsetzen und bewähren, auf deren innere Logik man gar nicht oder wenig vorbereitet war, häufig nicht einmal auf deren Sprache.

Detlef Garz und seine MitarbeiterInnen haben diese dramatischen biographischen Verläufe detailliert auf der Basis eines reichhaltigen Materials studieren können und uns damit nicht nur eine wichtige Seite der deutschen Geschichte, sondern auch vor Augen geführt, was Menschen unter schwierigsten Krisenbe-

---

[1] Diesen Beitrag habe ich ohne die Möglichkeiten des Rückgriffs auf Bibliotheken oder bibliographische Hilfsmittel verfasst. Deshalb musste ich auf Zitate und Literaturhinweise leider weitgehend verzichten.

dingungen zu bewältigen vermögen und wie verschieden sie auf vergleichbare Krisenkonstellationen reagieren, vor allem unter dem dominanten Einfluss dessen, was sie in ihrer frühen familialen Sozialisation an grundlegenden Bewältigungsstrategien und Einstellungen erfahren und erworben haben (vgl. z.B. Bartmann 2006; Kirsch 2008).

Deshalb regen Garz' Analysen den Soziologen dazu an, biographische Verläufe unter dem Gesichtspunkt der Krisenbewältigung zu betrachten. Das besondere pädagogische Potential dieser Fragestellung sehe ich in dieser Verknüpfung. Denn mit Hilfe des grundbegrifflichen Gegensatzes von Krise und Routine lässt sich die grundlegende Differenz von Lernen und Bildung, die im ‚Mainstream' der gegenwärtigen Erziehungswissenschaft, für die der Slogan des lebenslangen Lernens Ausweis tiefster Erkenntnis geworden zu sein scheint, fixieren und analytisch fruchtbar machen, so dass die Pädagogik damit ihren ureigenen Gegenstand der Bildung zurückgewinnen kann, ohne das damit angedrohte Abseits idealistischer Schwärmerei fürchten zu müssen. Bildungsprozesse, darauf verweist schon der Bildungsbegriff von Humboldts, eröffnen sich immer unter der Bedingung und in der Logik der Bewältigung von Krisen, wohingegen Lernprozesse eine Angelegenheit der Routine, des routinisierten Einübens sind, wie beim Lernen von Vokabeln, beim Auswendig-Lernen von Texten, beim Aneignen kodifizierten Wissens. Schüler und – leider auch in zunehmendem Maße – Studenten sagen ihren Altersgenossen, sie müssen „heute Nachmittag lernen", wenn sie sich auf eine Klassenarbeit oder Klausur vorbereiten wollen, aber nicht, dass sie sich „bilden". Nicht zufällig war – und ist noch – die Lerntheorie das zentrale Theoriestück des Behaviorismus, eines Theorieprogramms der akademischen Psychologie, in dem ganz bewusst das, was Bildung als auf selbständigen Konstruktionstätigkeiten beruhende Transformationen der Strukturen von sich bildenden Subjekten ausmacht, also als geistige Entwicklung kennzeichnet, theoriesprachlich zugunsten der Modellierung von fremd bestimmenden Konditionierungen aus der Konstitution des Untersuchungsgegenstandes ausgeklammert wird. Dass Bildungsprozesse immer auch Lernprozesse einschließen und ohne diese nicht denkbar sind, liegt auf der Hand. Während aber der Begriff des Lernprozesses oder des Lernens überdehnt wäre, wenn er über das hinausginge, was die Aneignung und Beherrschung vorgegebener Praktiken und vorgegebenen Wissens, in sich selbst klassische Formationen der Routine, im Kern bedeutet, bleibt der Begriff der Bildung nicht beim kreativen und selbsttätigen Problemlösen stehen, sondern bezieht sich vor allem auf die Bewältigung welcher Krisen auch immer, seien es von außen unbeabsichtigt induzierte, in Gestalt von Entscheidungsalternativen selbst erzeugte oder in Muße selbst hergestellte. Die Autonomie des Subjekts konstituiert sich in der selbständigen Krisenbewältigung, und nur in der Krisenbewältigung konstituieren sich neue Erfahrungen. In der Routine macht man keine neuen Erfahrungen, man wendet sie darin nur an. Die These des lebenslangen Lernens erweist sich als vordergründig, sobald man im Sinne des eben Ausgeführten das Lernen auf die routinisierte Aneignung von Vorgefasstem bezieht. Hingegen ist es wenig sinnvoll, analog dazu wie selbstverständlich von einem lebenslangen Bildungsprozess auszugehen. Denn der primäre Bildungsprozess des Subjekts muss irgendwann im Verlaufe der Ontogenese zu einem relativen Abschluss der gelungenen Autonomisierung und Individuierung kommen, damit dieses Subjekt auf eine für die Gemeinschaft verlässliche Weise selbstverantwortlich in den Bereichen von Beruf, Elternschaft und Staatsbürgerschaft handeln kann. Es kann sich dann in der Konfrontation mit den entsprechenden Ansprüchen, Erwartungen und Zumutungen nicht darauf zurückziehen, es müsse sich als Subjekt noch weiter bilden, wenngleich ihm durchaus ein Weiterlernen abverlangt werden kann, damit es mit den Veränderungen seiner gesellschaftlichen Umgebung Schritt halten kann. Entsprechend sind die Anpassungen an die dramatischen Veränderungen durch die Informations- und Kommunikationstechnologie in der Regel nicht Induktionen von Bildungsprozessen, sondern vollziehen sich über ‚Weiterbildungsmaßnahmen' als ergänzendes Lernen. Das Ende dieses primären Bildungsprozesses fällt mit dem Ende des Moratoriums der Adoleszenzkrisenbewältigung zusammen, in sich gesellschaftlich außerordentlich variabel ausgeprägt.

Nach diesem Ende hören allerdings die Krisenbewältigungen, die das erwachsene Subjekt zu gewärtigen und zu leisten hat, nicht grundsätzlich auf. Aber es wird von ihm erwartet, dass es dazu gerüstet ist und dass es über die nötige Autonomie dazu verfügt. Auch diese Krisenbewältigungen lösen Bildungsprozesse aus, aber doch nur solche, die als Modulationen des grundsätzlich Gefügten anzusehen sind. Wirklich grundlegende Transformationen werden erst mit schweren oder gravierenden Krisen provoziert: z.B. bedrohlichen Krankheiten, tiefgreifenden Verlusten, solchen Krisen also, wie sie für ins Exil Vertriebene zweifelsfrei gegeben sind. Es wäre geradezu blasphemisch, hier bloß von Lernprozessen statt von Bildungsprozessen auszugehen. Insofern nun die von Garz untersuchten Biographien ausnahmslos die Voraussetzungen außergewöhnlicher Krisenbewältigungsanforderungen erfüllen, die zu Bildungsprozessen mit fallstrukturtransformierender Tiefenwirkung führen müssen, und sie darüber hinaus zu erkennen geben, in welchem Maße die so abgeforderte Krisenbewältigung im Erwachsenenleben von den bis zum Abschluss der Adoleszenzkrise durchlaufenen primären Bildungsprozessen in ihrem Erfolg abhängig ist, bieten sie gerade in dieser auf Dramatisierung beruhenden scheinbaren Ausnahme in der Zäsurierung zwischen Adoleszenz und Erwachsen-Sein hinreichend Anlass, das krisentheoretische analytische Instrumentarium für die Analyse von Biographieverläufen generell in Anschlag zu bringen. Im Folgenden möchte ich einige allgemeine Grundsätze zusammenstellen, die sich aus der fallrekonstruktiven Forschung mit den Verfahren der objektiven Hermeneutik dafür ergeben haben.

2 Sozialisation als Krisenbewältigung und als Prozess der Erzeugung des Neuen

Inwiefern generell der Sozialisationsprozess soziologisch als Prozess der Krisenbewältigung und der darin begründeten Erzeugung des Neuen par excellence anzusehen ist, habe ich an anderer Stelle systematisch auszuführen versucht (vgl. Oevermann 2004). Die Volksweisheit, dass man sich seine Eltern nicht aussuchen könne und sie insofern das Schicksal eines jeden Lebens ausmachen, lässt sich biologisch so ausdrücken, dass mit der Paarbildung der Eltern auf der Ebene der Gene die Spielräume für die Rekombination des Genoms des Nachwuchses und damit eine jeweilige Erzeugung einer neuen Konfiguration aus dem riesigen Spektrum von Möglichkeiten im Genom der Gattung Mensch, somit der biologische Unterbau der späteren Identität, schon festgelegt sind. Folgenreicher ist soziologisch gesehen, dass mit dieser Paarbildung lange vor der erfolgreichen Einnistung der Blastozyte die künftige soziale Identität des Nachwuchses in seinen Chancen und Restriktionen durch die Rekombination der „Meme", d.h. der Eigenschaften der kulturellen Milieus festgelegt ist, aus denen die beiden Eltern stammen. Wie diese biologisch und soziokulturell vorgegebenen Spielräume jeweils als Ausgangskonstellationen für eine offene Zukunft in den Bahnen dieser soziokulturellen „Rekombination" gefüllt werden, entscheidet sich nach der Logik der Krisenbewältigung vor allem in den frühen Verlaufsphasen der Ontogenese einschließlich der besonders kritischen Phase der Schwangerschaft. Dieser Prozess folgt generell einer Dialektik von Emergenz und Determination, die man sich wohl am besten in einer krisentheoretischen Umformulierung des Mead'schen Schemas der „I-me-relationship" klar macht. Die in der Leiblichkeit des Selbst situierte Spontaneitätsinstanz des „I" ist als die die Lebendigkeit des unmittelbaren Weltverhältnisses, die Gegenwärtigkeit des Hier und Jetzt konstituierende leibliche Positionalität anzusehen, auf der sich im Bildungsprozess sukzessive das seiner Leiblichkeit und seiner Selbst bewusst werdende Subjekt so aufschichtet, dass vermittelt über die Logik von Sprechakten mit der Prädikation der zunächst unbekannten, x-haften Sachwelt zugleich das auf diese unmittelbar reagierende „I" nachträglich als Subjekt einer ursprünglichen Stellungnahme ebenfalls als „Me" prädiziert wird, so dass mit jeder in einer Pro-Position sich artikulierenden Behauptung eine Selbstbehauptung vorgenommen wird. Das „I" ist als diese Spontaneitätsinstanz, in seiner eigentümlichen Paradoxie von Flüchtigkeit der unmittelbaren Reaktion und Stetigkeit des Lebensflusses, des Reagierens solange das Leben lebt, die Quelle der Emergenz, des unvorhergesehenen Neuen. Indem aber das Emergente, selbst noch Ausdruck der Krisenkonstellation, zu seiner Rekonstruktion zwingt, was sich schon in der nachträglichen Selbst-Prädikation des „I" zum „Me" zu vollziehen beginnt – nur muss man an die Stelle des Mead'schen Begriffs vom mentalen „Image" die objektive Ausdrucksgestalt setzen, in der sich die erste unmittelbare Reaktion protokolliert und schon als Vorläufer einer Pro-Position bildet – , transformiert es sich in das Determinierte, latent schon immer Motivierte. Diese Rekonstruktion führt, sofern das „I" tatsächlich krisenhaft jenseits bloßer Routine etwas „emergieren" ließ, zu einem Umschreiben der Vergangenheit des Selbst, aus dem sich wiederum zwingend eine veränderte Zukunftsprojektion ergibt, die ihrerseits Anlässe zur Emergenz von Krisenkonstellationen erzeugt.

Diese Logik der Dialektik von Emergenz und Determination bestimmt schon den biologischen Evolutionsprozess, sie steigert sich gewaltig unter der Bedingung der sprachlichen Kompetenz der menschlichen Gattung. Und sie wird innerhalb der je individuellen Sozialisation, gesehen als Prozess der Individuierung, je individuell amplifiziert nach Maßgabe der Dichte und Differenziertheit, mit der strukturell optimistisch in der bewussten Wahrnehmung der Herausforderung durch Krisen der Emergenz jeweils Raum gegeben und das Emergente jeweils nachträglich rekonstruktiv bearbeitet wird. Wer früh habitualisiert wurde, Krisenkonstellationen nicht ängstlich auszuweichen, sondern sich optimistisch mit ihnen auseinanderzusetzen, hat früh begonnen, jenseits der erzwungenen Krisenkonstellationen, denen man traumatisch ausgesetzt ist, Möglichkeiten der Emergenz neugierig zu erkunden. Das künstlerische Handeln kann als eine besondere, gesteigerte Weise dieser Dichte und Differenziertheit der dialektischen Transformation von Emergenz und Determination angesehen werden.

3 Die Zäsur zwischen Adoleszenz und selbstverantwortlichem Erwachsen-Sein

In der alten Sozialisationstheorie, in der einseitig, bezogen auf die Begrifflichkeit von Rolle, Institutionalisierung und Internalisierung von Normen, noch die ‚Vergesellschaftung' des Neugeborenen im Sinne der Entwicklung zu einem angepassten, gesellschaftlich brauchbaren Erwachsenen betont wurde und tendenziell die Gesichtspunkte von Autonomie und Individuierung des Subjekts aus der Soziologie herausgedrängt waren, war tatsächlich mit dem Ende der Adoleszenz auch der Sozialisationsprozess zu Ende. Er verlängerte sich allenfalls für die Soziologen noch auf dem Gebiete der beruflichen Sozialisation und dann – angepasst an die sich wandelnde Arbeitswelt – der Weiterbildung. Wir haben in der Vorbemerkung ebenfalls betont, dass die erfolgreiche Bewältigung der Adoleszenzkrise mit dem Ende des primären Bildungsprozesses zusammenfällt und es danach – im Erwachsenenleben – vor allem darum geht, auf der Basis dieses vorläufigen ‚Abschlusses' produktiv zu sein und sich als Subjekt zu bewähren: in den drei Bereichen von individueller Leistung, Elternschaft und Beitrag zum Gemeinwohl. Diese Übereinstimmung mit der traditionellen Sozialisationstheorie – in gemeinsamer Frontstellung gegen die Losung vom lebenslangen Lernen – ist aber nur eine oberflächliche; sie beruht auf gänzlich gegenläufigen Prämissen. Denn während in der traditionellen Sozialisationstheorie die sukzessive Anpassung an die Erwartungen der Gesellschaft, „the oversocialization of men" (Dennis H. Wrong), im Mittelpunkt stand, ist für die hier vertretene Auffassung einer am Begriff der Bildung als Krisenbewältigung orientierten Sozialisationstheorie die Frage zentral, wie sich das individuierte, autonome Subjekt sozial konstituiert. Und entsprechend wird hier von der Notwendigkeit des vorläufigen Abschlusses des Bildungsprozesses am Ende der Adoleszenz im Namen jener Autonomisierung ausgegangen.

Dieser Begriff der Autonomisierung, der seinerseits sich ableitet aus der Bestimmung von Lebenspraxis als einer widersprüchlichen Einheit von Entscheidungszwang und Begründungsverpflichtung, also einer spezifischen Ausformung der Dialektik von Emergenz und Determination, und bestimmt ist als Ergebnis einer erfolgreichen Krisenbewältigung, wird nun kombiniert mit dem Begriff der Bewährung, den wir aus unserem Strukturmodell von Religiosität beziehen. Darin ergibt sich aus dem sprachlich konstituierten Bewusstsein von der Endlichkeit des Lebens, dem eigentlich zentralen Strukturproblem biographischer Konstruktion, die nicht-stillstellbare Bewährungsdynamik und die darin eingeschlossene Knappheit von Lebenszeit, ein universelles Strukturproblem, für dessen Bewältigung es – im Diesseits und damit grundsätzlich – keine Lösung mit Aussicht auf Gewissheit, sondern nur eine Hoffnung geben kann, die in einem, wie auch immer inhaltlich bestimmten, Bewährungsmythos verbürgt ist, der seine Geltung in der Regel aus einer vergemeinschaftenden Befolgung bezieht. Ohne hier auf die Einzelheiten dieser Ableitung eingehen zu können, sind wir dennoch auf dieses Bewährungskonzept angewiesen. Denn die Adoleszenzkrisenbewältigung ist genau dann beendet, wenn der Adoleszent sich grundsätzlich dem Problem der Bewährung gestellt und es sich zu eigen gemacht hat.

Wir haben inzwischen in Interviews und Gruppendiskussionen mit hiesigen Adoleszenten und in der Analyse von Beschreibungen der Initiation in schriftlosen Kulturen bestätigt gefunden, dass diese verbindliche Verinnerlichung des Bewährungsproblems in drei Dimensionen sich vollziehen muss: hinsichtlich der individuellen Leistung, modern: qua Beruf; hinsichtlich der Elternschaft und

Biographie, Krisenbewältigung und Bewährung 41

hinsichtlich des Beitrags zum Gemeinwohl. Dieser Universalität steht die folgende Differenz zwischen schriftlosen, archaischen Kulturen und modernen, hoch arbeitsteiligen Gesellschaften gegenüber. Die zuvor aufgeführte Reihenfolge, in der die drei Dimensionen in der Adoleszenzkrisenbewältigung thematisch werden, dreht sich in archaischen Kulturen um. Wichtig ist noch, dass in archaischen Kulturen sich individuell eigentlich nur der mythische Held bzw. der jeweilige Führer oder Häuptling bewähren muss, während das ‚gemeine' Mitglied der durch einen gemeinsamen Mythos gebundenen Gemeinschaft sich vor allem dadurch individuell bewährt, dass es seinen Beitrag dazu leistet, dass möglichst alles so bleibt, wie es immer war. In modernen Gesellschaften dagegen bewährt sich das individuelle Subjekt in allen Statusbereichen in dem Maße, in dem es einen Beitrag zur Veränderung und zur Erneuerung leistet.

Wichtig für die hier in Rede stehende Argumentation ist, dass wir mit dem Bewährungsbegriff besser begründen können, warum die Zäsur zwischen der Adoleszenz und dem Erwachsenenleben so entscheidend ist und warum diese Zäsur durch die oberflächliche These vom lebenslangen Lernen verschleiert wird. Mit Bezug auf diese Zäsur ist es dann sinnvoll, den bis dahin verlaufenden Sozialisationsprozess als eine biographische Verlaufseinheit zu betrachten, die durchgängig als Krisenbewältigungsprozess zu kennzeichnen ist, der seinerseits durch vier große Ablösungskrisen geprägt ist:

1. Die mit der Geburt erfolgende Ablösung aus der primärsymbiotischen Phase der Schwangerschaft, ihrerseits eine Phase verschärfter Krisenbewältigung;
2. Die Ablösung aus der sozialen Mutter-Kind-Symbiose in die manifeste Lebensform der ödipalen Triade
3. Die Ablösung aus der familialen ödipalen Triade in die Latenzphase und die schulische peer-group
4. Die Ablösung aus der Adoleszenzphase am Ende des Moratoriums der Adoleszenzkrisenbewältigung.

Diese vier Ablösungskrisen teilen den Lebenslauf zwischen Empfängnis und Tod in fünf große Abschnitte. In vielen Hinsichten stellt dabei die vierte Ablösungskrise, mit der sich der endgültige Eintritt ins Erwachsenenleben vollzieht, eine Besonderheit dar. Zum ersten teilt sie das gesamte Leben in die Phase der Vorbereitung und Befähigung zu einer autonomen Existenz als Kulturwesen und die Phase des Vollzugs dieser Existenz. Man kann auch sagen: in die Probezeit und in die Bewährungszeit. Zum zweiten ist sie in sich eine ausgedehnte und in ihren Abgrenzungen wenig scharf konturierte Lebensphase, eine Übergangsphase mehr als eine Ablösungsgrenze. Und drittens variiert sie, damit zusammenhängend, von allen Ablösungskrisen wahrscheinlich am meisten zwischen den Kulturen, vor allem in Abhängigkeit von deren Grad der Komplexität und inneren Differenzierung. In archaischen Kulturen kann diese Ablösungskrise als institutionalisierte Initiation sehr scharf abgegrenzt, institutionell herausgehoben und manchmal von sehr kurzer Dauer sein, wohingegen sie in allen modernen Gesellschaften stark ausgedehnt ist und vor allem an ihrem Ende häufig wenig deutlich markiert ist. In der Bundesrepublik z.B. ist sie rein juristisch in sehr viele Unterabgrenzungen gegliedert: mit 12 Jahren darf man als Kind ohne Einwilligung der Eltern am Kiosk bestimmte Waren, wie Comic-Hefte beziehen, mit 14 Jahren wird man grundsätzlich strafmündig, mit 16 Jahren muss man in der Schule „gesiezt" werden und darf mit einer Sondergenehmigung einen Führerschein erwerben, mit 18 Jahren ist man volljährig und darf wählen, bis zum 21. Lebensjahr kann man grundsätzlich noch nach dem Jugendstrafrecht sanktioniert werden, bis zum 25. Lebensjahr, früher sogar bis zum 27. Lebensjahr, können die Eltern im Falle anhaltender Ausbildung oder Behinderung Kindergeld beziehen. Man kann diese Fristen als externe Indikatoren einer inneren Staffelung des gesellschaftlich institutionalisierten Moratoriums für die Adoleszenzkrisenbewältigung ansehen. In einer vierten Hinsicht stellt die Adoleszenzkrisenbewältigung eine Besonderheit insofern dar, als ihrem Krisencharakter in der jeweiligen Kultur institutionell bewusst Rechnung getragen wird. Jugendliche benötigen einen Spielraum der Erprobung, der auch abweichendes Verhalten zulassen muss, damit sie als autonome, belastbare Erwachsene mit einem stabilen, auf Erfahrungen aufruhenden Entwurf von Einzigartigkeit ausgestattet sind. Für die Adoleszenzkrise gilt, dass sie einerseits schwierig ist, andererseits aber – im Unterschied zu Qualifikationsprüfungen – im Prinzip von jedermann bewältigt werden kann. Deshalb müssen in archaischen Kulturen manchmal alle an der Initiationsphase Beteiligten explizit die Verpflichtung eingehen, über das während der Initiation in deren geschütztem Sozialraum Geschehene Stillschweigen zu bewahren. Dadurch wird verhindert, dass emotional instabile Reaktionen während der Krisenbewältigung der späteren Identität des Initianden als Erwachsenen sozial eingeschrieben bleiben. Schließlich stellt fünftens die Adoleszenzkrise eine besondere Kombination biologischer und soziokultureller Krisenbedingungen dar. Sie wird eingeleitet durch die biologisch einsetzende Geschlechtsreife bzw. deren soziokulturelle Antezipation. Dieser Eröffnung folgt dann aber eine je nach Kultur unterschiedlich komplexe Phase der Formation einer soziopsychischen Organisation, die am Ende die handlungspraktischen, je kulturspezifisch sehr unterschiedlich ausgeprägten Regelungen der Folgeprobleme jener Eröffnung in Hinsicht der Übernahme einer verlässlichen Position in Paarbildung und Elternschaft verinnerlicht zu haben verspricht. Damit diese schlagartige biologische Eröffnung der Adoleszenzkrise angesichts der außerordentlichen Folgen für das kulturelle Überleben der menschlichen Natur nicht im Chaos endet, muss dieses als Sinnlogik schon vorbereitet sein. Das geschieht im Normalfall im affektuellen Durchleben der sozialisatorischen Praxis der ödipalen Triade mit ihrer universellen Strukturlogik und Dynamik. Mit der Ablösung aus dieser manifesten ödipalen Phase wird, wie Freud gezeigt hat, der Primat der Genitalorganisation für eine erste Zeit der Entwicklung der Sexualorganisation als bloße Sinnstruktur ohne biologische Entsprechung errichtet. Mit der biologischen Geschlechtsreife folgt ihr dann die zweite Zeit der Errichtung des Genitalprimats, die in dem Maße ins Unglück führt, in dem jene Krisenbewältigung, die der ersten Zeit zugrunde liegt, misslungen ist. Zwischen diesen beiden Begrenzungspunkten der von Freud konstatierten und in dessen soziologischer Rezeption häufig unterschlagenen Zweizeitigkeit der Sexualentwicklung liegt die für den primären Bildungsprozess und seine Voraussetzung der Muße so entscheidende Latenzphase, in der die Stillstellung und tendenzielle Neutralisierung der mit der Geschlechtlichkeit verbundenen Identitätsfolgen Raum gibt für den Erwerb all des Wissens und der kulturellen Praktiken, die vorausgesetzt werden müssen, wenn eine mit der Kultur vereinbare und gleichzeitig möglichst wenig krank machende Praxis der Geschlechtsnatur je autonom gelebt werden können soll.

Schließlich verbindet sich jeweils mit der Adoleszenzkrisenbewältigung, insofern sie am Ende unerbittlich ins Erwachsenenleben entlässt, sei es im Falle relativen Gelingens mit dem einlösbaren Anspruch auf Autonomie oder sei es im Falle relativen Misslingens der In-Kaufnahme eines Bedingungsverhältnisses der In-Anspruchnahme von Fürsorge und der Autonomie-Einschränkung, die verbindliche Positionierung gegenüber dem allgemeinen Bewährungsproblem, und das schließt vor allem ein, im jeweiligen Krisendiskurs der politischen Vergemeinschaftung, der man als Staatsbürger angehört, eine eigene Position zu beziehen. Aufgrund dieser intrinsischen Verknüpfung von ontogenetischer Stufenbildung und makro-sozialer historischer Lage werden aus den statistischen Kohorten von jeweils ungefähr altersgleichen Adoleszenten die historischen Formationen von soziokulturell homogenen Generationen, die in sich eine auf anderes nicht reduzierbare gesellschaftliche und kulturelle Entität bilden. Deshalb ist für die Bestimmung der Lage von Migranten weniger bedeutsam, wo sie geboren sind, als wo sie ihre Phase der Adoleszenzkrisenbewältigung durchlebt haben. Für die jüdischen Emigranten, die vor den Nazis in die USA geflohen sind, folgt daraus, dass sie ihre Generationenzugehörigkeit, sofern sie weitgehend in Deutschland geprägt war, in Wirklichkeit nicht ablegen konnten, so dass sie in den USA auf der einen Seite als Opfer der Gesellschaft verstanden werden mussten, deren Kultur ihre durch Generationenzugehörigkeit geprägte Habitusformation nach wie vor angehörte, die sie andererseits innerhalb ihrer neuen Heimat bis zu einem gewissen Grade immer Fremde bleiben ließ. Sie wurden in dieser Ambivalenz als Intellektuelle häufig Träger eines Erneuerungs- und Veränderungsdiskurses in beiden Kulturen.

4 Die beiden Blickrichtungen der Biographieanalyse

Aus dieser Dialektik von Emergenz und Determination ergibt sich für die erfahrungswissenschaftliche Rekonstruktion von Biographien die Notwendigkeit, beide temporalen Blickrichtungen für den tatsächlichen Lebenslauf und für die Konstitution von Biographie gleichzeitig und in Beziehung aufeinander einzunehmen. Zum einen muss man, obwohl man es bei der Analyse insgesamt der Natur der Sache nach nur mit einer Vergangenheitsrekonstruktion zu tun hat, dem realen Verlauf der Lebensgeschichte als einem auf Krisenbewältigung beruhenden Prozess der Gestaltung einer offenen Zukunft folgen, indem man von der jeweils gegebenen Ausgangskonstellation eines sowohl biologisch als auch soziokulturell festgelegten Spielraums von Chancen und Restriktionen jeweils seinen Ausgang nimmt, und den tatsächlichen Verlauf auf dieser Folie in seiner jeweiligen Eigenart und seinem Beitrag zum Individuierungsprozess bestimmt. Die Sequenzanalyse der objektiven Hermeneutik schmiegt sich genau dieser Verlaufslogik an, sie ist ihr gewissermaßen methodologisch nachgebildet. Der Lebenslauf als Gestaltung in die offene Zukunft hinein bedeutet je nach dem Grad des Gelingens von Individuierung ein beständiges Überwinden von ursprünglichen Restriktionen und Erweitern ursprünglicher Chancen oder eben auch im Gegenteil eine sukzessive Verschüttung solcher Möglichkeiten. Gleichzeitig werden entlang der Zyklizität der biologischen und soziokulturellen Verlaufsgesetzmäßigkeiten von Biographien durch die Strukturtransformation in Gestalt des Bildungsprozesses kumulativ Strukturen verdichtet und indem immer mehr ‚points of no return' hinter sich gelassen werden, wird die Identität in ihrer Selektivität immer schärfer konturiert, so dass aufgrund dessen die Restriktionen und die Chancen mit dem Alter immer mehr zu- bzw. abnehmen, obwohl insgesamt, je individuell verschieden, der gesamte Bildungsprozess zu sehr unterschiedlichen Graden der Individuierung und d.h. letztlich des Ausmaßes der Nutzung von Potentialen mit dem Alterungsprozess führt.

Die gegenläufige zweite Blickrichtung folgt dem Moment der Rekonstruktion in der praktischen Biographiekonstruktion selbst: Man geht hier von den eingetretenen je aktuellen Ergebnissen bzw. tatsächlich eingetretenen Verläufen aus und fragt in die Vergangenheit unter dem Gesichtspunkt der Determination zurück, wie diese zustande gekommen sind und sich erklären lassen. Mit der

Beantwortung dieser Frage wird das je Emergente in ein Determiniertes überführt. Natürlich wiederholt man mit diesen beiden Blickrichtungen methodisch explizit nur, was im wirklichen Leben passiert. In der ersten Blickrichtung, die etwas von der Logik der Frage ‚was wäre gewesen, wenn...' an sich hat, versucht man, die realen, objektiven Möglichkeiten zu explizieren, die ein Leben offen hatte, aber nicht realisiert hat und kontrastiv dazu den objektiven Sinn des tatsächlichen Lebenslaufs zu bestimmen. Man folgt damit dem realen Lebensverlauf, von dem immer nur ganz wenig wirklich planbar und das Ergebnis rationaler Planung ist. Dieser Aspekt kommt in der Regel in den Biographieanalysen der Soziologen zu kurz, zum einen, weil sie, was dem Begriff der Biographie entspricht, zu sehr vom Blickwinkel der Rekonstruktion gefangen sind, zum anderen, weil in den dominanten Handlungstheorien und funktionalistischen Betrachtungen der Begriff und der Aspekt der Rationalität und der rationalen Planung im Zentrum steht. Hinzu kommt, dass – nicht zuletzt unter dem stetig zunehmenden Einfluss der Sozial- insbesondere der Wirtschaftswissenschaften – in der gesellschaftlichen Realität der Druck auf geplante Innovation und damit die Illusion der rationalen Planbarkeit immer mehr zunimmt. Aber unter dem Gesichtspunkt der Krisenbewältigung kommt es viel mehr auf die Souveränität der intuitiv richtigen bzw. ‚erfahrenen' Entscheidung an als auf die rationale Planung, die vor allem für Routinen taugt. So auch bei jenen Entscheidungen, vor die die von Garz erforschte Emigration gestellt war.

Die hier betonte Emergenz teilen die menschlichen Lebensläufe grundsätzlich mit den animalischen. Different ist lediglich auf dieser Ebene, dass diese Emergenz in der menschlichen Lebenspraxis ganz wesentlich durch die sprachlich bedingte Möglichkeit der Konstruktion von hypothetischen Verläufen, also von Alternativen erweitert wird. Und diese sind ihrerseits wiederum eine Funktion des Grades an Elaboriertheit der Rekonstruktion von Emergenzen und einer entsprechenden erfolgreichen Umwandlung in Determination. Während nun im realen Leben, ganz im Unterschied zur wissenschaftlichen Biographieanalyse, die sich – wie der in der Abenddämmerung, d.h. nach der Beendigung des Tagesgeschäftes der Praxis, beginnende Flug der Eule der Minerva – immer nur nachträglich, also grundsätzlich rekonstruktiv und nicht konstruktiv, äußern kann, weil sie erklären will und muss, praktisch gelebt werden muss und entsprechend die nachträglich gestellte Frage, ‚was wäre gewesen, wenn...' immer etwas Müßiges hat, versucht die erfahrungswissenschaftliche Analyse von Bildungsverläufen vor allem genau dies: zu rekonstruieren, vor welche Probleme objektiv die Lebenspraxis gestellt war und wie sie sie und ihre Lösung subjektiv konstruiert hat und welchen Motivierungen sie dabei zusätzlich objektiv gefolgt ist.

Zur Krisenbewältigung gehört wesentlich, wie schon ausgeführt, die erfolgreiche Rekonstruktion der ersten krisenbewältigenden Emergenz, jener Emergenz, für die Krisenindikation und Krisenbewältigung kaum zu unterscheiden sind, so nahtlos gehen Emergenz und Determination ineinander über. Diese rekonstruierende Frage nach dem Wie und Warum eines Geschehens stellt die Praxis selbst ebenso wie in ihrer zweiten Blickrichtung die wissenschaftliche Biographieanalyse. Darin gleichen sich also praktische Lebensführung und Biographieanalyse am ehesten. Hier ist an die Trivialität zu erinnern, die in der Biographieanalyse und -forschung dennoch leicht vergessen wird: dass Biographie nicht mit dem realen Lebensverlauf verwechselt oder in eins gesetzt werden darf, denn sie ist streng genommen nichts anderes als die Beschreibung dieses Verlaufs, und die kann immer nur nachträglich erfolgen. Sie wird mit dem Grad ihrer Elaboration, Explizitheit und Systematisierung zur Konstruktion, wie es mit Vorliebe von Biographieanalytikern auch gesehen wird, woraus sich ihre Neigung zum wissenssoziologischen Konstruktivismus erklären mag. Diesen Aspekt der Konstruktion teilt sie mit dem realen Leben, das ohne ihn nicht auskommt.

Aber das reale Leben ist in seinem Verlauf viel mehr und viel reichhaltiger, es geht seinem Wesen nach in dieser Konstruktion, die in Wirklichkeit immer eine Rekonstruktion ist, nicht auf. Aber eine Biographieanalyse ist, sofern sie sich auf diesen Aspekt der wissensmäßigen Festlegung einer Biographie als einer Konstruktion auch konzentriert, eben auch etwas künstlich vom realen Leben Abgeschiedenes. In dieser Hinsicht würde erst eine krisentheoretische Erweiterung um die ständige Verzahnung der rekonstruktiven und der spontan krisenbewältigend emergenten Anteile in der realen Lebensführung nicht nur diese in ihrer Totalität erfassen, sondern auch den eingeschränkten Prozess der Biographisierung angemessen einbetten.

Diese am Gesichtspunkt der Totalität von Lebenspraxis orientierte Lebenslaufanalyse verfährt dennoch gerade auch in der strengen Scheidung der vorausgehend behandelten Blickrichtungen und Gesichtspunkte als erfahrungswissenschaftliche Operation im Unterschied zum wirklichen praktischen Leben ausschließlich rekonstruktiv und retrospektiv, dem Gegenstand ihrer Untersuchung entsprechend. Die Zukunft im Sinne einer wissenschaftlichen Prognose ist gerade für diesen Gegenstand, so paradox es zunächst klingen mag, wenig erheblich, weil ihr Gegenstand als Totalität von Lebenspraxis wesentlich gerade durch das Potential der Autonomie einer zukunftsoffenen Lebensgestaltung bestimmt ist und damit jede Prognose im üblichen wissenschaftstheoretischen Verständnis tendenziell auf eine Dementierung dieser Autonomie hinausläuft. Entsprechend ist das Geschäft der Lebenslaufanalyse im Weiteren, der Biographieanalyse im engeren Sinne ein primär rekonstruktives, die genutzten und verpassten Möglichkeiten der Autonomisierung und Individuierung[2] nachträglich prüfendes. Die offene Zukunft der Lebenspraxis selbst allerdings nimmt in dieser rekonstruktiven Betrachtung eine zentrale Stellung ein.

5 Individuierung statt Individualisierung

Die Analyse von Lebensläufen unter dem Gesichtspunkt der Totalität des Subjekts als Lebenspraxis ist letztlich ohne den krisentheoretischen Bezugsrahmen nicht ernsthaft durchführbar. Totalität wird hier natürlich nicht auf der Ebene der deskriptiven, inventaristisch-klassifikatorischen Erfassung von Persönlichkeit wie etwa in der subsumtionslogisch verfahrenden Testpsychologie gebräuchlich, verstanden. In dieser Verwendung ist der Begriff irreführend und von Popper, z.B. in seiner „Poverty of Historicism" zu Recht kritisiert worden. Nie wird man ein Kriterium für die erschöpfende, totale Deskription eines konkreten Erfahrungsgegenstandes angeben können. Aber Popper hat nicht Recht, wenn er mit dieser Kritik den Hegelschen Totalitätsbegriff widerlegen will, wie er auch von Adorno zentral benutzt wurde, allerdings in einer zu engen Bindung an den Begriff der Gesellschaft, wenn er primär ideologiekritisch von der gesellschaftlichen Totalität sprach. Sobald man nämlich den inneren, bildungsgesetzlichen Zusammenhang begrifflich angemessen fassen will, den wir in der objektiven Hermeneutik methodologisch als Fallstrukturgesetzlichkeit bezeichnen und der methodisch und empirisch sich durch die sequenzanalytische Rekonstruktion der Struktur eines konkreten Falles nachweisen lässt[3], kann man auf diesen Totalitätsbegriff zumindest dem Sinne nach nicht verzichten. Erst mit ihm wird man

---

[2] Man kann nicht oft genug darauf hinweisen, dass diese für die Sozialwissenschaften konstitutionstheoretisch zentralen Begriffe wie Autonomisierung, Individuierung, Bewährung, Bildung, etc. einen wissenschaftslogisch eigentümlichen, bisher viel zu wenig beachteten Status haben: Man kann sie analytisch nämlich nur in einem gleichzeitig normativen und deskriptiv-analytischen Sinne verwenden. Deskriptiv-analytisch haben sie die Funktion, ein je für die reale Konstitution von menschlicher Lebenspraxis universale Strukturproblematik zu bezeichnen, der sich unhintergehbar jede Lebenspraxis, ob sie will oder nicht, stellen muss. Normativ verwendet, stehen nur diese Begriffe zur Verfügung, wenn der jeweilige Grad des Gelingens der Bewältigung dieser Strukturproblematik bezeichnet werden soll, wobei interessant und bezeichnend ist, dass dafür jeweils immer nur der positive Pol der von diesen Begriffen als Prädikaten bezeichneten Merkmalsdimension geeignet ist.
[3] Auf die systematische Differenz zwischen der subsumtionslogisch verfahrenden, auf Klassifikation von Einzelmerkmalen beruhenden Fallbeschreibung und der Fallrekonstruktion habe ich in den Schriften zur Methodologie der objektiven Hermeneutik immer wieder hingewiesen. Man sollte in diesem Zusammenhang nicht vergessen, dass der Begriff der Fallrekonstruktion inzwischen auch in den Bereichen der ‚qualitativen Sozialforschung' gebräuchlich geworden ist, die sich sonst von der objektiven Hermeneutik explizit aus welchen Gründen auch immer distanzieren. Das gilt analog auch für die Sequenzanalyse.

dem Umstand gerecht, dass die konkrete Formation einer Lebenspraxis nicht nur auf extern determinierende Gesetzmäßigkeiten zurückzuführen ist, sondern vor allem auf die Geschichte ihrer Bildung als einer Geschichte der beständigen Transformation ihrer jeweiligen Fallstruktur. Dieser Prozess ist zugleich der Prozess einer sich durch Krisenbewältigung vollziehenden Individuierung, so wie die Autonomie des Subjekts sich durch die selbständige Bewältigung seiner fallspezifischen Krisen konstituiert. Solange ein Handeln und eine Praxis sich in der Reproduktion von Routinen vollzieht, wie es beispielhaft der ‚Rational Choice'-Ansatz vorsieht, verdampft die Subjektivität als Subjektivität in der reellen Subsumtion unter diese Routinen und ist nicht bei sich selbst. Natürlich sind Routinen für die Lebensführung wichtig und unverzichtbar, aber das Subjekt als Subjekt, die Lebenspraxis als Lebenspraxis werden als eigenlogischer Zusammenhang eines gültigen Lebens unverkürzt erst manifest, wenn es um die Bewältigung von Krisen geht, die im Scheitern von Routinen bestehen.

Wie fern die ‚mainstream-Soziologie' dieser Begrifflichkeit von Individuierung und Totalität des Subjekts steht, ist exemplarisch an der enormen Wirkung der sogenannten Individualisierungstheorie deutlich geworden. Der Individualisierungsbegriff folgt immanent einer Subsumtionslogik klassifikatorischer Begriffssysteme. Individualisiert ist ein Gebilde in dem Maße, in dem es sich residual nicht mehr den massenstatistisch durch Korrelationen von standardisierten Messgrößen feststellbaren Konfigurationen einfügen lässt. Individualisiert in diesem Sinne ist z.B. auch der durch willkürliche Nummerierung zum Unikat deklarierte Abzug eines Druckes von einer Radierplatte, dem immerhin noch ein Rest von Authentizität beikommt, sofern die Druckqualität, solange diese Platte nicht verstählt worden ist, relativ schnell mit der Zahl der Abzüge abnimmt. Aber diese artefizielle ‚Singularisierung' bleibt doch innerhalb der Logik der statistischen Exklusivität in der bloß negativen Bestimmung der relativen Seltenheit oder Unwahrscheinlichkeit stecken, ihr entspricht nicht eine autonomiebildende innere Bildungsgesetzlichkeit, aus der die jeweilige Authentizität einer Lebensgeschichte resultiert. Prozessen der Individuierung sind solche der Individualisierung ebenso äußerlich wie der käufliche, auf statistischer Exklusivität beruhende ‚life-style' des insider-mäßig auf dem Laufenden befindlichen Konsumenten oder Rezipienten der Kulturindustrie dem begründeten, auf Krisenerfahrung beruhenden Urteil des wahrhaft gebildeten Subjekts.

6 Über die falsche Nähe der Biographieforschung zur Wissenssoziologie

Selbstverständlich geht in die biographische Konstruktion des sozialen Selbst das jeweilige gesellschaftliche Wissen ein und selbstverständlich muss dieses Selbst sich mit den jeweiligen gesellschaftlichen Konzeptionen von Normalität und von akzeptablen Karrieremustern auseinandersetzen. Aber es gelangt zu einem Selbstentwurf durch die Verinnerlichung dieser Konzeptionen ebenso wenig wie es nach den Vorstellungen der alten Soziologie ein Selbst durch Verinnerlichung der geltenden Normen wurde. Die Biographieforschung hat sich, zumindest in ihren Anfängen, stark von diesen Konzeptionen beeinflussen lassen, und sie ist bis heute durch eine wahlverwandtschaftliche Nähe zu den Denkansätzen einer Wissenssoziologie geprägt, die sich für den wesentlichen Verwalter des soziologischen Beitrages zur Kultursoziologie hält. Dabei gerät leicht in den Hintergrund, dass es sich beim Wissen um die eigentliche Domäne von Routinen handelt. Ich habe an anderer Stelle zu zeigen versucht (Oevermann 2006), inwiefern Wissen als das Ensemble aller propositionalen Gehalte von Sprechakten des Behauptens gelten sollte, für die das konkrete Subjekt in seinen Überzeugungen und Glaubenseinstellungen bedeutungslos geworden ist. Erst wenn dieses Wissen in Geltungskrisen gerät, muss es, damit die Krisen gelöst werden können, an die ihrerseits in Krisenbewältigungen konstituierten Erfahrungen konkreter Subjekte wieder rückgebunden werden. In einer für die Gegenwart immer deutlicher nachweisbaren Wende der Dialektik der Aufklärung wird die auf konkreten Krisenbewältigungen beruhende persönliche Erfahrung immer mehr entwertet zugunsten der Rationalität eines methodenkritischen Wissens, dem sich das Subjekt reell subsumieren muss, so wie Bildung immer mehr in die Subsumtion unter das kanonisierte Wissen übergeht und darüber ihren Charakter auf subtile Weise immer mehr einbüßt. Das Selbst-Konzept der Biographieforschung kann sich aber, will man Vereinseitigungen vermeiden, die dieser Dialektik einfach nur blind folgen, nicht in dem Begriff des Subjekts erschöpfen oder seinen Schwerpunkt setzen, das primär in der Aneignung kanonisierten Wissens besteht, sondern muss vor allem auch das Subjekt thematisieren, das in seiner unvermeidlichen Krisenbewältigung Erfahrungen generiert und damit auch, vermittelt, Wissen erst erzeugt.

7 Leibliche Positionalität und ganze Person vs. Rolle und Rationalität sowie das dialektische Verhältnis von Individuum und Gemeinschaft

In der klassischen Soziologie war der Begriff der Rolle konstitutionstheoretisch von unschätzbarem Wert. Seine Funktion bestand wesentlich darin, die Strukturidentität von sozialen Beziehungsformen zu bestimmen, d.h. das Sich-Gleich-Bleiben sozialer Verhältnisse unabhängig vom Wechsel des Personals angemessen ausdrücken zu können. In dieser Funktion leistete der Begriff einen wesentlichen Beitrag in der Etablierung der Soziologie als von Psychologie und Philosophie unabhängige erfahrungswissenschaftliche Disziplin. Aber es ging damit auch ein wesentlicher Aspekt von Sozialität konstitutionstheoretisch verloren, denn die auf Rollenhandeln reduzierte Gesellschaftlichkeit war beschnitten um einen wesentlichen, ja fundamentalen Teil von Sozialität, jenen, in dem die sozialen Gebilde gerade in Beziehungen zwischen ganzen Menschen bestanden und nicht zwischen Rollenträgern, Marktteilnehmern oder Vertragspartnern. Das sind auf der Ebene kleiner Vergemeinschaftungen vor allem die für die sozialisatorische Praxis entscheidenden Beziehungen zwischen Gatten einerseits und Eltern und Kindern andererseits, also für die Familie als ödipale Triade. Solange diese Beziehungspraxis intakt ist, ist für sie gerade kennzeichnend, dass sie nicht rollenförmig strukturiert ist. Dazu wird sie erst, wenn sie als Praxis zerstört ist, wenn es nur noch um Unterhalt und Ähnliches geht. Das sind auf der Ebene der politischen oder rechtlichern Vergemeinschaftung, also auf der Ebene, auf der Sittlichkeit nicht mehr nur substantiell ist, sondern subjektiv wird und zu sich selbst kommt, Kollektive zwischen ganzen Menschen, was beinhaltet, dass der Staatsbürger ein solcher nicht als Rollenträger, sondern als ganzer Mensch ist, und das sind auf der Ebene des ‚universe of discourse', also des universellen menschheitlichen Generationenvertrages, schließlich die in universell gültigen Kooperationsbindungen bestehenden Kräfte von Sittlichkeit, aus denen die nichtkontraktuellen Elemente des Vertragshandelns hervorgehen. Sie konstituieren die Bindungskraft von Rechtsverhältnissen, die sich selbst nicht mehr, wie es alle Theorien vom Gesellschaftsvertrag kategorienfehlerhaft vorgaukeln, als Verträge zwischen je schon konstituierten, rational sprach- und handlungsfähigen Subjekten denken lässt, sondern als objektiv bindende Sittlichkeit einer Gesellschaften immer schon vorgängigen, eher der Logik von Gemeinschaftlichkeit entsprechenden Sozialität konzipiert werden muss, einer Sozialität also, die das in Rollen konstituierte Sozialverhalten weit überschreitet.

An Dahrendorfs maßgeblicher Schrift zur Rollentheorie: „Homo sociologicus" lässt sich sehr eindringlich die Leistung wie die Beschränkung des Rollenbegriffs ablesen. In ihr werden nämlich auf bezeichnende Weise zwei für die humane Sozialität wichtige Bereiche abgeschnitten und einmal der Psychologie, das andere Mal der Philosophie überantwortet. Alles, was aufgrund noch nicht vollzogener oder fehlerhaft vollzogener Rollenübernahme und entsprechender Normeninternalisierung in den Bereich unangepasster oder unvollständig ‚sozialisierter' Triebhaftigkeit fällt, also in dieser Hinsicht der Irrationalität anheimfällt, wird zur empirischen Psychologie geschlagen und aus der Soziologie hinausverlagert, alles was dagegen am anderen Ende in den Bereich ethisch folgenreicher Autonomie und den klassischen Bereich der Willensfreiheit fällt, in gewisser Weise also dem Bereich einer höheren Rationalität angehört, wird der Philosophie der praktischen Vernunft und der Sphäre der Intelligibilität überantwortet und damit zu angeblich höheren Fragen der Ethik reduziert.

Damit ist natürlich die Konzeption eines ganzen Menschen sowohl als Leib wie als zur Autonomie verurteilten Lebenspraxis aus der Soziologie dogmatisch verbannt, und das ist bis heute in der gesamten Familiensoziologie, äußerst folgenreich bis in die vermeintlich progressive technokratische Familienpolitik hinein, so geblieben.

Damit man, wie im Mead'schen Begriff des „I" schon vorweg genommen, diese Konzeption empirisch gehaltvoll einlösen kann, muss man unter Verwendung der der phänomenologischen Tradition zu verdankenden Unterscheidung von Körper und Leib, die letztlich pragmatistisch angelegte Konzeption der Positionalität eines jeglichen konkreten Lebens mit der des Leibes verknüpfen. Die leibliche Positionalität stellt von der Einnistung an das einigende Band eines jeden Bildungsprozesses dar. Über dieser leiblichen Positionalität schichtet sich die Bildung des Subjekts auf, erstere ist von Anfang an der Keim von Subjektivität. Unter der anthropologischen Bedingung der Sprachfähigkeit des Körpers wird dieser paradoxerweise erst zum Leib, der als mein eigener Körper zugleich mein Innen und mein Außen ist. Denn aufgrund dieser Sprachfähigkeit und der von ihr abhängigen Erkenntnisfähigkeit sowie des von ihr abhängigen Zeitbewusstseins wird die Erkenntnis des eigenen Leibes, der eben mehr und anderes ist als nur der Körper in seiner Strukturgleichheit mit allen anderen der Gattung, nur für den Menschen zu einem eigenen, gesonderten Problem. Über seinen Leib nicht Bescheid zu wissen, liefe auf die radikalste Weise der Selbstverleugnung hinaus. Weil aber die Selbsterkenntnis als Leiberkenntnis sehr schnell auf ihre Grenzen stößt, gehört zum erkennenden Selbst-Bewusstsein komplementär notwendigerweise der große Bereich des krisenhaften, weil unbestimmten Unbewussten. Die Psychoanalyse benötigt eine eigene Triebtheorie nicht, weil etwa nur der Mensch im Unterschied zum Tier eine Antriebsbasis hätte, sondern deshalb, weil nur der Mensch seine Antriebsbasis auch erkennen muss.

Das Unbewusste ist aber so gesehen als ständige Krisenquelle wie der Leib nicht nur die Quelle von Irrationalität, Pathologie und Leid, sondern vor allem auch, als Quelle des Lebens, die Quelle von Glück und Erfüllung. Die begriffliche Abspaltung dieser wesentlichen Seite der Leibhaftigkeit und der eigentlichen Basis des Subjekts läuft letztlich auf deren repressive Reduktion zur Quelle von Irrationalität und Krankheit hinaus. Ganzer Mensch sind wir nur in Anerkenntnis dieser unserer leiblichen Positionalität. Sie ‚bewohnen' wir gewissermaßen als Subjekte wie unser Zuhause. Im Grunde ist die Metapher des ‚Bewohnens' aber schon irreführend, denn in Wirklichkeit läuft die Verbindung von leiblicher Positionalität und bewusster Subjektivität auf eine Amalgamierung von Anfang an hinaus, die aus der beständigen Transformation und Metamorphose der leiblichen Positionalität entsteht. Die Metapher des Bewohnens ist vor allem deshalb falsch, weil sie logisch die Möglichkeit eines Aus- oder Umzuges impliziert, die zwar in vielen Fällen von bewusst intendierter oder unbewusst erwünschter Körpermodifikation thematisch ist, aber eben auch immer Ausdruck einer tiefen Problematik. Identitätsbildungen durch Übernahme kulturindustriell generierter Ideale von Schönheit und Aussehen sind extern determinierte Transformationen im Sinne der reellen Subsumtion unter Standards, denen sich Schönheit als Versöhntheit des Subjekts mit seiner leiblichen Positionalität gegenüberstellen lässt. Die Entstehung dieser Versöhntheit und der Kampf um sie machen eine wesentliche Dimension des Lebenslaufes und der biographischen Konstruktion aus.

8 Kohärenz und Prägnanzbildung

Sobald man mit einem Begriff der Totalität der Lebenspraxis und entsprechend einem Begriff der ganzen Person empirisch operieren kann, kommt auch der vielgeschmähte Begriff der Authentizität wieder zur Geltung. Authentizität kommt – objektiv hermeneutisch gesehen – ohnehin objektiv schon jeder Ausdrucksgestalt als solcher zu. Denn methodologisch ist diese Authentizität, also Gültigkeit in der Relation zwischen Ausdruck und Ausgedrücktem, die Bedingung der Möglichkeit dafür, selbst die extremsten Formen des Misslingens von Praxis als solche erkennen zu können, denn mindestens dieses Misslingen muss gültig zum Ausdruck gekommen sein. In diese ursprüngliche, methodologisch für die Erfahrungswissenschaften von der sinnstrukturierten Welt konstitutive Gültigkeitsrelation jeglicher Sinngebilde ist letztlich auch die Authentizität sowohl von subjektiv verfügbaren Selbstkonzepten als auch von aus der erfahrungswissenschaftlichen Sicht Dritter, z. B. von Biographieforschern, rekonstruierten Fallstrukturen eingebettet.

Es ist dann besonders aufschlussreich, die Modi der Kohärenz- und Prägnanzbildung sichtbar zu machen, die sowohl das praktische Leben selbst in seinem Verlauf als auch die biographische Konstruktion durchherrschen. Sie lassen sich nicht auf Maßstäbe der Rationalität reduzieren, sondern sie stellen gewissermaßen Maximen der praktischen Vernunft dar, die jeweils gebrochen und vermittelt sind durch die Eigenlogik der Bildungsprozesse dieser jeweils besonderen Lebenspraxis. An ihnen sind ganz wesentlich dem Bereich des ästhetischen Urteils zuzurechnende Einschätzungen beteiligt.

9 Individuum und drei Ebenen der Vergemeinschaftung

Im Abschnitt 7 habe ich schon drei Ebenen der Vergemeinschaftung unterschieden. Hinzuzufügen ist dem, dass selbstverständlich die Betonung des Subjekts als ganzer Person und in seiner Totalität als Fallstruktur nicht einen Rückfall der Soziologie in Psychologie und Philosophie gemäß der Logik der Dahrendorf'schen Argumentation in „Homo sociologicus" bedeuten würde, sondern umgekehrt als konstitutionstheoretisch notwendige Erweiterung der Soziologie anzusehen wäre. Ganze Menschen bzw. Subjekte in ihrer Autonomiefähigkeit und Totalität werden in der vorgängigen Sozialität der sozialisatorischen Praxis, bestehend aus Beziehungen zwischen ganzen Menschen, sozial konstituiert, man kann ihre Konstituiertheit nicht, wie in den Handlungstheorien und deren verräterischer Terminologie von ‚Interaktion' und ‚Intersubjektivität' als jeweils gegeben unterstellen.

Dann aber müsste man auch konsequenterweise den Begriff von Gesellschaft neu justieren. Denn ‚Gesellschaft' kann dann nicht mehr, wie sowohl in der Frankfurter Schule als auch in der Luhmann'schen Systemtheorie, den Sammel- und Oberbegriff für den Gegenstandsbereich der Soziologie abgeben. Das würde beiseite lassen, dass ‚Gesellschaft' eine Realabstraktion von vorgängiger Gemeinschaft immer darstellt und beide Begriffe nicht auf der gleichen Ebene der Gegenstandserfassung liegen können. Gemeinschaftlichkeit geht konstitutionslogisch immer der Gesellschaftlichkeit voraus und entsprechend ist Kultur als Inbegriff all dessen, was man um seiner selbst willen tut, nicht Ausdruck von Gesellschaft, sondern von Gemeinschaft.

Als sozial konstituierte sind kulturierte, humane Individuen selbstverständlich nicht einfach dem Bereich des Sozialen gegenüberzustellen, sondern von Anfang dessen Erzeugnis. Aber dieses Verhältnis zwischen Individuum und dem Sozialen sollte man dann nicht, wie nach wie vor üblich, als das dialektische Verhältnis von Individuum und Gesellschaft, sondern von Individuum und Gemeinschaft bezeichnen. Dabei stellt sich dieses Verhältnis gegliedert nach den zuvor unterschiedenen drei Ebenen von Vergemeinschaftung dar. Jedes Individuum ist in seiner sozialen Konstitution auf die Zugehörigkeit zu einer ‚kleinen Gemeinschaft' nach dem Muster von Familie angewiesen. Aber dieses Bedingungsverhältnis seinerseits bedarf der Einbettung in die Makro-Vergemeinschaftung des jeweiligen souveränen, d.h. der Rechtssetzung fähigen Herrschaftsverbandes, dessen Legitimation seinerseits, auf welchen Stufen der universalhistorischen Elaboration auch immer, auf den ‚universe of discourse' verwiesen ist, in dem die Fragen nach Herkunft und Zukunft der Gattung zu behandeln sind. Diesen drei Ebenen korrespondieren im übrigen genau die drei Funktionsfoci der mit stellvertretender Krisenbewältigung beschäftigten Professionen: Herstellung und Aufrechterhaltung somato-psycho-sozialer Integrität in Therapie und Pädagogik, der Integrität des Rechts in der Rechtspflege und der Geltung von Wissen und Kunst gemessen an universalen Geltungsmaßstäben.

10 Eine methodische Bemerkung zum Schluss

Die auf knappem Raum notwendig schroff ausfallenden Gegenüberstellungen verbinden sich methodologisch mit einer ebenso schroffen Forderung insbesondere für die Biographieforschung. Fallstrukturen in ihrer Totalität, insbesondere wenn dieser Begriff auf die ganze Person angewendet wird, zerfallen von vornherein, wenn man sie klassifikatorisch zu erfassen versucht. Man zerlegt sie dann eben, und mehr erreicht man nicht. Deshalb ist der größte Feind einer fallrekonstruktiven Forschung das subsumtionslogische Vorgehen, wie es jeder auf Standardisierung angewiesenen Quantifizierung eigen ist und den immer mehr um sich greifenden Verfahren von Evaluation und Qualitätskontrolle innewohnt. Quantifizierende methodische Verfahren sind außerordentlich nützlich und wertvoll überall dort, wo es um die entscheidungsorientierte Feststellung von Frequenzen und die Einschätzung von sicherheitsrelevanten objektiven Wahrscheinlichkeiten geht. Aber sie taugen zur Strukturerkenntnis in den Erfahrungswissenschaften von der sinnstrukturierten Welt nur wenig.

Fatal werden die subsumtionslogischen Verfahren, wo sie in die biographische Konstruktion der Praxis selbst schon eindringen. Das ist in der immer mehr abgeforderten Habitusformation des unternehmerischen Umgangs mit der eigenen Biographie, drastisch zum Ausdruck kommend im Begriff der ‚Ich-AG', seit längerem schon der Fall. Die Geißelung der Subsumtionslogik war letztlich auch Adornos Hauptargument gegen den Positivismus – viel mehr als die Kritik der Werturteilsfreiheitsforderung, gegen die er im Grunde gar nichts hatte, wenn er für sich den ‚physiognomischen Blick' in Anspruch nahm.

Literatur

Bartmann, Sylke (2006): Flüchten oder Bleiben? Wiesbaden: VS Verlag
Kirsch, Sandra (2009): Emigration als Herausforderung für Prozesse der Einbindung und Ablösung in Kindheit und Jugend. Eine Studie zu Identitätskonstruktionen von aus dem nationalsozialistischen Deutschland emigrierten Kindern und Jugendlichen. Mainz: im Erscheinen
Geulen, Dieter/Veith, Hermann (Hrsg.) (2004): Sozialisationstheorie interdisziplinär - Aktuelle Perspektiven. Stuttgart: Lucius & Lucius
Oevermann, Ulrich: Sozialisation als Prozeß der Krisenbewältigung. In: Geulen/Veith (Hrsg.) (2004): 155-181
Oevermann, Ulrich: „Wissen, Glauben, Überzeugung. Ein Vorschlag zu einer Theorie des Wissens aus krisentheoretischer Perspektive", in: Dirk Tänzler, Hubert Knoblauch, Hans-Georg Soeffner (Hg.) Neue Perspektiven der Wissenssoziologie. Konstanz: UVK, 2006. S. 79 – 118.

Scheinlösungen. Vom Nutzen und Schaden des Konzepts ‚Selbstsozialisation'. Sozialisationstheoretische und pädagogische Überlegungen

Wolfgang Althof

Der folgende Beitrag ist die überarbeitete Druckversion meines Habilitationsvortrages an der Carl von Ossietzky-Universität Oldenburg, den ich im Juni 2002 hielt. Es war Detlef Garz, der es nicht mehr ertragen konnte, wie unbekümmert ich Fragen meiner eigenen akademischen Karriere gegenüberstand, und mich drängte, meine Habilitation an der Universität Oldenburg abzuschließen, die kumulativen Abschlüssen offener gegenüberstand als meine damalige Heimuniversität Fribourg. Lange Zeit hatte ich gezögert, dieser Einladung nachzukommen. Ich befürchtete eine Rollenkonfusion, und es erschien mir fast anrüchig, einen meiner besten Freunde als Gutachter in Anspruch zu nehmen. Doch Detlef Garz erhöhte den Druck, und er stellte sicher, dass das Verfahren seriösen wissenschaftlichen Kriterien folgen würde. Zwei Professoren mit untadeligem wissenschaftlichen Ruf stellten sich als weitere Gutachter zur Verfügung, Hilbert Meyer und Wolfgang Edelstein.

Mit Detlef Garz teile ich seit bald dreißig Jahren manche Forschungsinteressen, nicht zuletzt im Bereich der moralischen Entwicklung und Erziehung. Sein hauptsächliches Forschungsfeld in den letzten Jahren gehört jedoch nicht zu dieser Schnittmenge: die Biographieforschung.

Dieser Beitrag berührt das Feld der Biographieforschung im engeren Sinne nicht, führt aber eine konzeptuelle Diskussion, die möglicherweise auch für die Biographieforschung von Nutzen sein mag. Die Vortragsform wurde weitgehend beibehalten.

1. Einleitung

Der Begriff der ‚Selbstsozialisation' ist seit einigen Jahren von verschiedenen Autoren ins Spiel gebracht worden, um die Rolle, die Aufwachsende im Prozess der Sozialisation spielen, aufzuwerten, den starken Eigenanteil an ihrer Entwicklung zu betonen.

Dies geschieht zum Teil in naiver Weise, d.h. ohne das Konzept im Detail zu begründen oder zu problematisieren. Keupp (2004) z.B. behandelt den Begriff als eingeführt und nicht weiter herleitungsbedürftig: „Als Jugendlicher hatte ich selbst etwas in die Hand genommen, spürte das Vertrauen der Erwachsenen und erlebte im Gelingen die Motivation dafür, weiterzugehen. ‚Selbstsozialisation' nennen wir das heute in der Terminologie der Wissenschaft. Es geht um Lernprozesse, die nicht von Erwachsenen geplant und kontrolliert werden" (Keupp 2004: 24f.). Ein von Fromme et al. (1999) herausgegebenes Buch gibt einige Beispiele für naive Begriffsverwendung. Aus der Einleitung geht hervor, dass Selbstsozialisation als ein Dreischritt betrachtet wird: Kinder sozialisieren sich selbst, indem sie erstens den Dingen und sich selbst eine eigene Bedeutung zuschreiben; indem sie zweitens eine eigene Handlungslogik für sich entwerfen; und indem sie drittens eigene Ziele für ihr Handeln formulieren. Die Autoren verdeutlichen: „Mit dem Begriff der Selbstsozialisation wird im Grunde nichts gänzlich Neues ausgedrückt. (...) Doch die neueren sozialisationstheoretischen Konzeptionen berücksichtigen zunehmend die Tatsache, dass die Individuen als Informationen verarbeitende und handelnde Subjekte maßgeblich an diesem Prozess und damit aktiv an ihrer Entwicklung beteiligt sind" (Mansel et al. 1999: 10).

Das klingt sympathisch, und die ‚naive' Begriffsverwendung ist gut zu verstehen, denn diese Autoren reden objekttheoretisch von Bereichen, in denen eine starke Eigenaktivität, eine große Selbständigkeit und Selbststeuerung der handelnden Subjekte vorausgesetzt werden muss, weil häufig niemand da ist, der ihnen etwas beibringt, u.a. weil die Erwachsenen vom Thema oft nichts verstehen. Das Buch von Fromme et al. (das den Begriff ‚Selbstsozialisation' im Titel führt) dreht sich nämlich um Mediennutzung und Kinderkultur. Vergleichbares gilt für einen Aufsatz von Heinz R. Walter (2000): Dessen Titel *Selbstsozialisation im Lebenslauf* besagt schon, dass es ihm nicht um die Altersgruppen geht, von denen man klassischerweise sagt, dass sie einen Prozess der Sozialisation (wenigstens der primären und sekundären Sozialisation) durchlaufen.

Im Buch von Fromme et al. erfahren wir wenig über Sozialisationstheorie. Manche der Autoren setzen den Begriff als eingeführt. Rainer Dollase (einer der Hauptreferenten der dem Buch zugrundeliegenden Tagung) setzt Selbstsozialisation mit Selbststeuerung gleich und kommt mit keinem Wort auf sozialisationstheoretische Debatten zu sprechen (trotzdem greife ich seinen Beitrag weiter unten noch auf). Andere Autoren im gleichen Band ignorieren den Leitbegriff und arbeiten mit dem gewohnten konzeptuellen Arsenal.

Erst ein Aufsatz von Zinnecker (2000) brachte, ausdrücklich als Essay präsentiert, den Begriff ‚Selbstsozialisation' als mögliches neues und nützliches Konzept für sozialisationsbezogene Theoriebildung ins Spiel. Die Argumentation dieses Aufsatzes möchte ich aber erst im zweiten Teil des Beitrags rekapitulieren. Zuerst einmal soll reichen, dass Zinnecker auf deutliche Zeichen dafür abhebt, dass in der Gegenwart die aktiven Eigenleistungen des Subjekts im Prozess des Aufwachsens sowohl eine wachsende Bedeutung haben als auch in der Forschung stärker beachtet werden. Das Konzept ‚Selbstsozialisation' soll dieser stärkeren Beachtung aktiver sozialisatorischer Eigenleistungen zu einem Begriff verhelfen.

Im ersten Teil des Beitrags möchte ich einige Beispiele für die mit ‚Selbstsozialisation' gemeinten Phänomene zusammentragen, um danach im zweiten Teil zu fragen, wie erkenntnisfördernd dieser Begriff ist. Um das Argument stark zu machen, dass selbstorganisierte, eigenaktive Prozesse der Weltaneignung gegenüber der ‚Weltvermittlung' in den klassischen Sozialisationsinstanzen, inklusive den pädagogischen Settings, eine wichtige Rolle spielen, gehe ich nicht auf Ergebnisse der *Jugend*forschung, sondern der *Kindheits*forschung ein, die sich vor allem mit dem mittleren Kindesalter beschäftigt.

2. Kinderalltag – Kinderkultur

In der Tat finden sich in der sozialwissenschaftlichen Kindheitsforschung, die im deutschsprachigen Raum erst seit den 90er Jahren eine wirklich eigene Kontur angenommen hat, viele Belege dafür, dass Kinder ihren Alltag auf eine sehr selbständige Weise gestalten.

Diese Forschung wurde angestoßen durch zahlreiche Arbeiten, die sich unter dem Leitmotiv „Kindheit im Wandel" (Rolff & Zimmermann 1985) mit Veränderungen der Bedingungen des Aufwachsens beschäftigten. Der Fokus war damals auf Sozialisation gerichtet; thematisch im Zentrum standen sozialökologische Faktoren (wie Wohnverhältnisse, der anwachsende Straßenverkehr und die dadurch eingeschränkten Spielmöglichkeiten), die antizipierten Folgen der neuen Medien sowie Veränderungen von Erziehungsvorstellungen und Verhaltensmaßstäben gegenüber Kindern bzw. Veränderungen in generationalen Beziehungen (Stichwort „Informalisierung der Familienbeziehungen").

Die Zeitdiagnose war in vielen dieser Arbeiten eher pessimistisch. Neil Postmans (1983) Prognose, die neuen Medien (er meinte das Fernsehen, noch nicht die Computer) könnten durch die Aufhebung der für Kinder geschaffenen Räume zu einem Verschwinden der Kindheit im Sinne eines kulturellen und Bildungsmoratoriums beitragen, fand weite Verbreitung. Hans-Günter Rolff und

Peter Zimmermann kommen zu dem Schluss, der Wandel der Kindheit sei durch eine Reduzierung der eigentätigen Aneignung von Umwelt, durch eine Mediatisierung von Erfahrung sowie durch eine „Professionalisierung" von Erziehung in kontrollierender Absicht gekennzeichnet (1985: 154). Ein gutes Beispiel für die Beschäftigung mit Kindheit als „Gefährdungsdiskurs", wie Honig es ausdrückt (vgl. 1999: 131), ist der Essayband von Friedrich Thiemann *Kinder in den Städten* (1988). Ich illustriere dies anhand von zwei Passagen aus diesem Buch:

> „Das Viertel war mit den Jahren immer dichter zugebaut worden. Freie Plätze gab es kaum noch. Der offizielle Spielplatz wurde von den Kindern gemieden. Er war höchstens für die ganz kleinen. Neben der Arenbergstraße gab es bis vor kurzem noch ein unbebautes Grundstück. Immer mehr Jungen und Mädchen trafen sich da schon auf dem Nachhauseweg von der Schule und später am Nachmittag. Einen Monat lang spielten sie. Ein Hausbesitzer entdeckte, dass seine Tannenreihe gefährdet war, und vertrieb die Kinder. Inzwischen ist aus dem Grundstück eine große Baustelle geworden" (a.a.O.: 35).

An anderer Stelle heißt es:

> „Und ich denke an die Hochhaussilos, in denen Familien leben, die den gesellschaftlichen Aufstieg verpassten. Die Zimmer ihrer Kinder sind (...) eher flüchtige Aufenthaltsorte. Zwischen zehn und vierzehn, da sie nicht mehr in den Hort gehören und noch nicht in das Jugendheim, zu groß sind für den Spielplatz und zu klein für den Sportverein, streifen sie durch den zerstörten Nahraum. Und weil sie keine unberührten Ecken mehr finden, konsternieren sie die Apparatur, die sie umgibt, malen den grauen Beton mit bunter Kreide fort und kratzen Schrammen in den glänzenden Lack, in dem sich die Autos präsentieren. Und sie verschwinden wieder, tauchen von den glatten Oberflächen ab in die Garagenhäuser und Heizungskeller. (...) Was werden sie auf der sehnsüchtigen Suche nach dem noch nicht Verplanten, nach etwas Autonomie, nach Aktion und Glück finden?" (a.a.O.: 52)

Die neuere kindheitssoziologische Forschung, die eine enorme Breite entwickelt hat (wie z.B. mehrere Handbücher belegen, die seit den 90er Jahren erschienen sind, vor allem Markefka & Nauck 1993, oder wie die Reihe „Kindheiten" im Juventa-Verlag belegt; vgl. auch Grunert & Krüger 2006), verfolgt im wesentlichen zwei Richtungen. Eine sozialstrukturelle Forschungslinie thematisiert ‚Kindheit' als soziales Konstrukt, als institutionalisierte Lebensphase, analysiert den Sozialstatus ‚Kind' und untersucht die rechtlichen, ökonomischen und sozialen Lebensverhältnisse von Kindern; man denke an die Debatte über Kinderarmut.

Für die Zwecke meines Arguments werde ich mich auf Beispiele für die zweite Forschungslinie konzentrieren, nämlich die akteurs- bzw. lebenswelt-

orientierte Kinderforschung. Die entsprechenden Arbeiten beschäftigen sich mit dem Alltag und der Kultur von Kindern, sozusagen mit dem „Kind-Sein im Hier und Jetzt" (Honig, Leu & Nissen 1996: 20). Wichtige Themen sind hier etwa das sozialräumliche Verhalten von Kindern, ihre Freizeitaktivitäten und ihre sozialen Beziehungen. Es ist dabei ein starkes Bemühen festzustellen, auf möglichst authentische Weise die Perspektive der Kinder selbst in den Blick zu bekommen, wie z.b. ein von Honig, Lange und Leu herausgegebenes Buch zur Methodologie der Kindheitsforschung zeigt (Honig, Lange & Leu 1999).
Ich komme zu einigen Forschungsbeiträgen, denen – bei einigen Unterschieden, die ich anschließend anspreche – gemeinsam ist, dass sie die aktive Rolle der Kinder in der Gestaltung ihres Lebensalltags dokumentieren.

2.1 Kinderalltag

Nach dem Niedergang der mit sehr groben Kategorien operierenden schichtspezifischen Sozialisationsforschung wurden alltags- und lebenswelt-orientierte Ansätze stärker, die sich auf die Lebensführung von Kindern in ihrer alltäglichen Umwelt richteten. Es entstanden zahlreiche Arbeiten zur Sozialökologie der Kindheit, die zeigen, wie Kinder die räumlich-dinglichen Umweltbedingungen, die sie vorfinden, für sich ‚umnutzen' und sich längst nicht nur passiv anpassen. Arbeiten von Peter Büchner sind ein Beispiel für diese Richtung (z.B. Büchner et al. 1994).

Die handlungstheoretisch untermauerten Arbeiten von Hartmut Zeiher und Helga Zeiher (Zeiher 1996; Zeiher & Zeiher 1994) rücken das einzelne Kind als sozialen Akteur in den Mittelpunkt, der (unter bestimmten unterstützenden Bedingungen) ein individualisiertes Handlungsbewusstsein und eine „dispositive Lebensführung" (Zeiher & Zeiher 1994: 181) entwickelt. Kinder entscheiden, zu welchen Zeiten sie im Lebensalltag welche Aktivitäten in welchem sozialen Umfeld (für Kinder geschaffene öffentliche Einrichtungen, Clique, Zweierfreundschaften etc.) pflegen, sie disponieren ihre Zeit, planen und verabreden sich. Sie suchen Gemeinschaft, wollen aber auch ihre individuelle Unabhängigkeit sichern.

Von Zeiher & Zeiher stammt die Begrifflichkeit der ‚Verinselung' des Lebensraums und damit der sozialen Beziehungen, die nicht nur für Großstadtkindheit typisch sei. Gemeint sind die Folgen der Nutzung räumlich verstreuter Infrastruktur- oder Betreuungsangebote: Verwandte, Spielplatz, Ort des Sporttrainings usw. Ich zitiere eine einschlägige Passage aus ihrem Buch *Orte und Zeiten der Kinder* (1994):

"Im traditionellen einheitlichen Lebensraum kann das Individuum den materialen und sozialen Gegebenheiten in seinem nahen Umfeld nicht ausweichen. Es muß dort leben. Im verinselten Lebensraum ist solche Notwendigkeit geringer. Hier bietet sich statt dessen in vielen Situationen an, den Ort zu wechseln, ein Programmelement gegen ein anderes einzutauschen. (...) Während im traditionalen Modell Nachbarskinder das Wohnumfeld als täglichen Spiel- und Streifraum gemeinsam haben und sich somit ihre individuellen Lebensräume zum großen Teil gleichen, ist der verinselte Lebensraum für jedes Kind ein anderer, denn jedes hat seine persönlichen Inselzusammenstellungen und Inselrouten. (...) Der Partikularisierung des Raums entspricht eine Partikularisierung der sozialen Beziehungen. Das erschwert die Ausbildung stabiler Beziehungen und fördert Unverbindlichkeit" (a.a.O.: 28).

Diese Passage macht deutlich, dass Zeiher & Zeiher durchaus kein romantisches Verständnis der kindlichen Individualität und Aktivität haben. Individualität wird durch Modernisierung der Lebensverhältnisse eher erzwungen als erstrebt. Wie Ralf Dahrendorf, der Individualisierungsdebatte vorausgreifend, feststellte, entspricht einem Gewinn an Optionen ein Verlust an Bindungen (Dahrendorf 1979). Zeiher und Zeiher präzisieren:

"Alltägliche Lebensführung ist eine anspruchsvolle Aufgabe geworden, die Reflexion und individuelle Zielsetzung voraussetzt. Mögliche Alternativen müssen erkannt, mit eigenen Wünschen und Zielen in Beziehung gesetzt, evaluiert und nach Präferenzen geordnet werden. (...) Der Zugewinn an individueller Selbstbestimmung birgt in sich neue Abhängigkeiten. Im verinselten Lebensraum ist zeitlich spontanes Handeln erschwert, wenn erst ein Ziel gesetzt und erst geplant und vorbereitet werden muß (...). Hinzu kommen Abstimmungen zwischen den Zeitplänen mehrerer Personen" (1994: 30).

Ihre Untersuchungen machen deutlich, dass nur ein Teil der Kinder in der mittleren Kindheit bereits lernt, dieses Handhaben von Terminen, das Koordinieren und Planen zu beherrschen (vgl. a.a.O.: 40). Zeiher & Zeiher demonstrieren, wie die Handlungsressourcen der Kinder und ihre Stile der Lebensführung (in beides geht auch Art und Ausmaß der elterlichen Unterstützung ein), die Angebotsstruktur der sozialräumlichen Umwelt und die Regeln der sozialen Beziehungen unter Kindern ein komplexes Feld von Wechselwirkungen erzeugen, in dem sich quartierbezogene Kinderwelten herausbilden.

2.2 Soziale Kinderwelten

Seit den frühen 80er Jahren haben Lothar Krappmann und Hans Oswald die soziale Welt von Grundschulkindern untersucht. Sie beschäftigen sich mit den sozialen Beziehungen unter Kindern, insbesondere unter Peers im Sinne von mehr oder minder entwicklungs- und ranggleichen Kindern (bes. Krappmann & Oswald 1995). Dabei trennen sie sich von älteren Vorstellungen in der Sozialisationsforschung, die vor allem eine entlastende Funktion der Gleichaltrigengruppe betont hatten. „Gelegentlich wird ihr nur eine hilfsweise Rolle zugeschrieben; Kinder und Jugendliche erholen sich unter den Gleichaltrigen von den Mühen, die ihnen die eigentlichen Träger der Sozialisation in Familie und Schule abverlangen. (...) Demgegenüber vertreten wir die inzwischen gut gestützte Auffassung, dass die Sozialwelt der Gleichaltrigen wichtige Herausforderungen an Fähigkeiten, strategisches Vorgehen und das Verständnis von Beziehungen und des eigenen Selbst enthält" (a.a.O.: 16f.).

In genauen Analysen von Interaktionsprozessen wird gezeigt, wie Kinder sich in Beziehung setzen, wie sie insbesondere Regeln, Bedeutungen, gemeinsame Pläne aushandeln. Es wird deutlich, dass diese Interaktionen Versuche darstellen, „die ständig stattfindenden Vorgänge in ihrer Umgebung zu ordnen, mit Sinn zu versehen, vorhersehbar zu machen und sich in einer Weise in sie einzufügen, dass befriedigende Zustände erreicht werden" (a.a.O.: 17f.).

Kinder müssen die Fähigkeit ausbilden, und eben diese Abstimmungsprozesse verhelfen ihnen Stück für Stück dazu, die Verschiedenheit individueller und kollektiver Perspektiven zu erfahren und im Handeln zu berücksichtigen; sie entwickeln Fähigkeiten zur Perspektivenkoordination (mit einem Begriff von Selman) und zu interpersonalem Verhandeln. Dass dies Handlungskompetenzen sind, die erst entwickelt werden müssen, wird in den Studien daran deutlich, dass Aushandlungen oft scheitern, zu keinem Ziel führen, mit Kränkungen und Übergriffen verbunden sind.

Vertreten wird hier eine konstruktivistische Vorstellung von Sozialisation, die sich auf George Herbert Mead beruft. Kinder konstruieren zum einen miteinander Lösungen für Probleme, die den Fortgang der Kooperation behindern. Zum anderen konstruieren sie in denselben Aushandlungen Kompetenzen, solche Lösungen zu erreichen, und Vorgehensweisen, um sie einzusetzen. Die Autoren adaptieren bei James Youniss (1994) den Begriff der Ko-Konstruktion der zu erwerbenden Handlungsfähigkeiten. „In den erreichten Lösungen und den entwickelten Kompetenzen steckt einerseits die Antwort auf das universelle Problem der Perspektivität menschlichen Handelns. Andererseits sind diese Resultate aber auch von den konkreten Bedingungen beeinflusst, unter denen sie erarbeitet wurden" (Krappmann 1996: 101).

Der eigentlich sehr kompetent argumentierende Michael-Sebastian Honig leistet sich in der Würdigung der Arbeiten von Krappmann und Oswald einen aufschlussreichen Lapsus, der hier aufgespießt werden soll, weil er ein Argument betrifft, das ich später entfalten will. Honig schreibt (in seinem *Entwurf einer Theorie der Kindheit*):

> „Obgleich Krappmann und Oswald sich mit Piaget, Kohlberg oder James Youniss auf entwicklungspsychologische Forschungs- und Theorietraditionen beziehen, besteht eine Pointe ihrer Analysen darin, dass sie Prozesse der Identitätsentwicklung als soziales Handeln, als Ko-Konstruktion darstellen können und nicht als endogene Prozesse postulieren müssen. Damit verschaffen sie Vorstellungen von Eigenaktivität und Handlungsautonomie einen kindspezifischen Gehalt, ohne die kindliche Besonderheit zu romantisieren. Anders gesagt: Die soziale Kinderwelt ist eine Voraussetzung für die Anerkennung von Kindern als ‚Personen aus eigenem Recht'" (1999: 136f.).

Das „Obgleich" am Anfang des Zitats ist interessant (obwohl sie sich auf Entwicklungspsychologie beziehen, müssen sie Prozesse der Identitätsbildung nicht als endogene Prozesse postulieren). Nun: Krappmann und Oswald greifen auf Entwicklungspsychologie gerade deshalb zurück, um die Eigenaktivität zu betonen. Man muss nicht lange blättern. Auf der ersten Seite des ersten Kapitels ihres Buchs steht:

> „Von der Entwicklungspsychologie haben wir uns durch die Vorstellung eines an seiner Entwicklung aktiv teilnehmenden Kindes anleiten lassen, das sich durch die Auseinandersetzung mit ‚Entwicklungsaufgaben' mehr an Kompetenz (...) in eigener Anstrengung erarbeitet. Diese Vorstellung wurde lange Zeit von der soziologischen Sozialisationsforschung ungenügend rezipiert, soweit sie Sozialisation nur als Übernahme von seiten des Kindes, Vermittlung an das Kind durch ‚Sozialisationsagenten' oder gar als Prägung durch die soziokulturelle Umwelt betrachtete" (1995: 15).

Es gibt also sehr unterschiedliche Auffassungen davon, was die Kernaussagen der modernen Entwicklungspsychologie sind!

2.3 Kindheit, Sozialisation und Entwicklung

Im bisherigen Teil des Beitrags ging es mir darum zu verdeutlichen, dass speziell die jüngere Kindheitsforschung auf neuem – auch empirisch neuem – Niveau (vgl. z.B. Heinze 2000; Honig, Lange & Leu 1999) hat zeigen können, dass ‚moderne' Kinder ihre räumliche und soziale Welt sehr aktiv und in Teilen sehr selbständig mitgestalten und nicht nur, im Sinne von Anpassungsleistungen, auf spezifische Bedingungen reagieren. Bevor ich zur Frage weiterschreite, ob dies die Verwendung des Begriffs ‚Selbstsozialisation' plausibilisiert, muss noch einem Sachverhalt nachgegangen werden, den ich bislang nicht erwähnte, der aber implizit in Honigs Fehlinterpretation der strukturalistisch-entwicklungspsychologischen Position angeklungen ist.

Bestimmte Lager der soziologischen Kindheitsforschung konstituieren sich in expliziter Abgrenzung sowohl zum Sozialisations- als auch zum Entwicklungsparadigma. Der zur Begründung vorgetragene Gedankengang hat – etwas verkürzt – die folgende Figur (vgl. Lange 1999: 61ff.): Kinder hauptsächlich als Wesen in Entwicklung, auf dem Weg zur Sozialwerdung zu sehen, enge die Perspektive auf Kindheit ein, da das Kind so primär als etwas ‚Unfertiges' betrachtet würde, das erst als Erwachsener zum kompetenten Menschen wird. Angelika Engelbert formuliert es so, dass die Sozialisationsforschung ihren Schwerpunkt „auf die Erklärung der Bedingungen und Prozesse des Erwachsenwerdens [lege]. Hierdurch wird Kindheit nur als Übergangsstadium betrachtet. Alltagsaktivitäten erscheinen als konkrete und dauerhafte Einübung der von der Umwelt vorgegebenen Handlungs- und Denkmaximen für Erwachsene" (Engelbert 1986: 109).

In Abgrenzung von der Sozialisationsforschung, der man also „Adultismus" vorwirft, wird die Wichtigkeit betont, Kinder nicht als Werdende, sondern als Seiende, als Subjekte, als vollwertige Mitglieder einer Gesellschaft, als „Personen aus eigenem Recht" zu betrachten, also ihre Perspektiven und ihre alltagskulturelle Praxis in den Mittelpunkt zu stellen (vgl. Honig, Leu & Nissen 1996a). In der deutschen Debatte vertreten etwa Helga Kelle und Georg Breidenstein (1996) diese Position, tendenziell aber auch Zeiher und Zeiher.

Die Analogien zur feministischen Argumentation liegen in zweierlei Hinsicht auf der Hand und werden auch häufig notiert: Erstens wird man an die Kritik „androzentrischer" Konzepte von Menschen erinnert, in der Frauen immer nur „mitgedacht" werden, zweitens an die Diskussion über „Gleichheit und Differenz" in der Gesellschaft, also an die Forderung, wegen der Differenz (hier Gender, dort Stellung in der generationalen Ordnung) nicht einen minderen Status zugewiesen zu bekommen (vgl. Lange 1999: 63f.; Röhner 2003: 50f.). Die Analogie hat allerdings deutliche Grenzen: „Die aufgezeigten Parallelen zwischen der Frauen- und der Kinderfrage sollten jedoch nicht verdecken, dass zwischen Kindern und Erwachsenen andere anthropologische Differenzen bestehen als zwischen erwachsenen Frauen und Männern, und dass Erwachsene für Kinder verantwortlich sind" (Honig, Leu & Nissen 1996a: 22).

Nun ist es nicht dasselbe, ob man für einen Perspektivenwechsel plädiert, um ein besseres Verständnis der Lebensbedingungen von Kindern, ihres handelnden Umgangs mit diesen Lebensbedingungen, mit ihren Versuchen, aus den Erfahrungen in ihrer Alltagswelt Sinn zu machen, oder ob man die Entwicklungstatsache rundweg leugnet. Im ersten Fall würden sich die Chancen verbessern, das Verständnis vergesellschafteter Subjekte zu klären, mit dem die Sozialisationstheorie notorische Schwierigkeiten hat; es könnte also zu einer vielversprechenden Perspektiven*erweiterung* kommen, die Paradigmen ‚Kindheit' und ‚Sozialisation' wären nicht konkurrierend, sondern komplementär.

Im zweiten Fall – der Leugnung der Entwicklungstatsache, der Tatsache, dass Kinder sowohl im Hier und Jetzt leben, als auch Veränderungen durchlaufen, die man Entwicklung nennt – wird der Kategorienfehler einer „fehlenden Unterscheidung zwischen der Ontogenese von Handlungsfähigkeit und der sozialen Konstruktion von Alterszugehörigkeit" (Honig et al. 1996: 22) begangen – mit verheerenden Folgen. Erstens behindert es Erkenntnis. Leu (1996) argumentiert:

> „Dass Kindsein (...) genau wie alle anderen Lebensalter seine Berechtigung aus sich heraus hat und nicht angemessen als Durchgangsstadium zum ‚eigentlichen Leben' begriffen werden kann, bedeutet allerdings nicht, dass man dem Verständnis dieser Lebensphase besonders nahe kommt, wenn man Entwicklungsprozesse oder die vielfältigen Verknüpfungen des Kindseins mit der Erwachsenenwelt ignoriert oder ausblendet" (1996: 195).

Der Preis der strikten Vorgabe, Kindheit nicht anders als mit Fokus auf die Gegenwart von Kindern zu denken, ist zweitens gerade in pädagogischer Hinsicht immens. Pädagogisches Handeln ist immer zugleich gegenwarts- und zukunftsbezogen, es ist auf Unterstützung des Erreichten und auf Förderung des Kommenden gerichtet. Den besten Ausdruck hat dies in Deweys Formel „Entwicklung als Ziel der Erziehung" gefunden. Der ausschließliche Gegenwartsbezug in der Betrachtung von Kindern und Kindheit ist antipädagogisch, er erlaubt kein Nachdenken über Normperspektiven; Zielmodelle wie das des ‚mündigen' oder – in Geulens (1977) Begrifflichkeit – „vergesellschafteten Subjekts" geraten unter Ideologieverdacht und werden ‚dekonstruiert'. Zinnecker kommt folgerichtig zu dem Schluss:

> „Das Paradigma der Sozialisationsforschung hält für pädagogische Praxis mit Kindern und für Erziehungswissenschaft zwar eine provokante Kritik bereit, sie lässt sich aber immerhin auf deren Welt- und Handlungsperspektive ein. Eine wie immer konzipierte reine Soziologie der Kindheit kann für Pädagogik kein anregender Diskussions- und Forschungspartner sein" (1996: 50).

Jürgen Zinnecker beendet seinen Beitrag von 1996 zum Paradigmenstreit zwischen Soziologie der Kindheit und Sozialisation des Kindes mit einer Bemerkung, in der der Begriff der ‚Selbstsozialisation' schon einmal ins Spiel gebracht wird – ganz offensichtlich in der Absicht, einen Brückenschlag zu den Kindheitssoziologen anzubieten, die sich nicht kategorisch gegen eine sozialisationstheoretische Perspektive sperren, aber dem Paradigma gegenüber misstrauisch sind, weil sie es vor allem unter der Zielvorgabe der Eingliederung in die Gesellschaft lesen. Das wichtige Zitat lautet wie folgt:

„Die Möglichkeiten einer Erneuerung der Sozialisationsforschung von innen heraus sind meines Erachtens noch längst nicht ausgeschöpft (...) Das bedeutet vor allem, eine theoriebezogene grundsätzliche Debatte unter Sozialisationsforschern und -forscherinnen anzuzetteln. (...) Zentral sind Fragen der Neugewichtung der Subjekte und der Subjektivität im Sozialisationsprozeß, beispielsweise Fragen der Selbstsozialisation und Selbstinitiation, der Wiedergewinnung komplexerer Subjektmodelle, auch jenseits des optimistischen Modells des ‚aktiv realitätsverarbeitenden Subjekts (Hurrelmann 1986)'" (a.a.O.: 51).

3. Kritik

In seinem dem Konzept der ‚Selbstsozialisation' gewidmeten Artikel aus dem Jahre 2000 stellt Zinnecker in Essay-Form – und ausdrücklich aus der Perspektive des Beobachters – Argumente zusammen, die dafür sprechen, dass „Selbstsozialisation" ein Begriff werden könnte, der einen von ihm diagnostizierten Stillstand der Sozialisationstheorie (mit der Folge der Abwanderung ganzer Wissenschaftszweige wie eben der sozialwissenschaftlichen Kindheitsforschung) überwinden und einen Prozess der Erneuerung des Paradigmas der Sozialisation einleiten könnte.

Zinnecker bezieht sich auf Veränderungen in den Bedingungen des Aufwachsens, auf die Beobachtung, dass Gleichaltrigengruppen sich heute früher bilden und einen größeren Stellenwert haben als noch vor einer Generation und kommt zu dem Schluss, dass angesichts dieser Veränderungen das aus der Systemtheorie stammende Konzept ‚Selbstsozialisation' besser als das Konzept ‚Sozialisation' geeignet sei, die Persönlichkeitsentwicklung im Kindes- und Jugendalter zu analysieren. Er konnotiert dabei ‚Sozialisation' mit ‚Fremdsozialisation' und diese wiederum mit ‚Pädagogik':

„Als die Sozialisationsforschung in den sechziger Jahren in Deutschland ihren Siegeszug antrat, geschah das mit der ausdrücklichen Absicht, die zu eng gewordenen Begrifflichkeiten des pädagogischen Diskurses zu erweitern. (...) Mit der Rede von der Selbstsozialisation rücken wir ein zweites Mal weiter ab von der historisch überlieferten Gleichsetzung, nach der Prozesse des Aufwachsens und Prozesse der pädagogischen Lenkung dieser Prozesse lediglich zwei unterschiedliche Seiten der gleichen Medaille seien" (Zinnecker 2000: 276).

Im Folgenden möchte ich einige der Argumente zusammentragen und ergänzen, die in den letzten zehn Jahren in Auseinandersetzung mit dem programmatischen Konzept der Selbstsozialisation ausgetauscht wurden. Diese Diskussion findet direkten oder indirekten Ausdruck u.a. in zwei Sammelbänden – nämlich dem von Leu und Krappmann herausgegebenen Band *Zwischen Autonomie und Verbundenheit. Bedingungen und Formen der Behauptung von Subjektivität* sowie dem von Matthias Grundmann herausgegebenen Band *Konstruktivistische Sozialisationsforschung* (beide 1999) – sowie in einem Themenheft der *Zeitschrift für Soziologie der Erziehung und Sozialisation* aus dem Jahre 2002. Ich werde nicht alle Fragen ansprechen können, die diese Debatte bezüglich des Selbstverständnisses der Sozialisationstheorie aufgeworfen hat, sondern konzentriere mich auf vier Aspekte: (a) die konzeptionelle Idee eines Spannungsverhältnisses zwischen den Polen der Fremdbestimmung und der Selbstbestimmung in der Persönlichkeitsentwicklung; (b) den Subjektbegriff; (c) die gesellschaftstheoretische Funktion des Sozialisationsbegriffs, (d) praktische Implikationen einer Betonung der ‚Selbstsozialisation'. Dies führt (e) zu einigen pädagogischen Anschlussüberlegungen.

3.1 Selbst- und Fremdsozialisation

Es fällt auf (wenigstens ist es gleich mehreren Kritikern aufgefallen und wird von Zinnecker auch so formuliert), dass der Begriff der *Selbst*sozialisation logisch auf ein dichotomes Pendant verweist, nämlich auf *Fremd*sozialisation. Und es stellt sich die unmittelbare Frage, was der Begriff ‚Fremdsozialisation' wohl bezeichnet und welcher theoretischen Tradition er wohl entstammt. Man fragt sich, wenn man als Pädagoge wie ich normalerweise stärker auf entwicklungspsychologische Literatur rekurriert als auf sozialisationstheoretische: Habe ich eine wichtige neue Etappe der Theoriebildung verpasst? Man hat nichts verpasst. Wir haben es in gewisser Weise mit einem Rückfall in das Jahr 1969 und auf das Buch *Sozialisierung und Erziehung* von Helmut Fend zu tun, in dem dieser eine weitreichende Unterscheidung vornahm, nämlich zwischen Sozialisierung im Sinne von Sozialwerdung (also der individuelle Beitrag) und Sozialisierung im Sinne von Sozialmachung (also der pädagogische Beitrag, die Einwirkung von außen, die Fremdsozialisation). Dieser späte Entwurf in strukturfunktionalistischer Tradition kam schon damals zu spät, die sozialisationstheoretische Wende weg von Parsons hatte längst begonnen.

Der gegenwärtige Stand der Theoriebildung in bezug auf Sozialisation wird unterschiedlich eingeschätzt. Zinnecker schreibt in einem bereits zitierten Aufsatz (1996), die Herausgeber des *Neuen* Handbuchs der Sozialisationsforschung (Hurrelmann & Ulich 1991), das in der sechsten, textidentischen Auflage von 2002 wieder „Handbuch der Sozialisationsforschung" heißt, verkauften die Geschichte der Sozialisationsforschung als Erfolgsstory (Zinnecker 1996: 39), während er selbst skeptischer ist und darauf hinweist, dass angewandte Sozialisationsforschung nicht ohne Grund meist auf theoretische Verortungen verzichtet, und – wie oben berichtet – für eine Reform grundlegender Konzepte plädiert.

Trotzdem, einige zentrale Annahmen können als seit den 80er Jahren einigermaßen konsensuell gelten. Und zu diesen Übereinstimmungen gehört, dass Theoriegruppen, die als Kandidaten für die Begründung eines Konzepts der Fremdsozialisation (also der direkten Vermittlung bzw. Übernahme von Haltungen zur Welt) in Frage kämen, sozusagen nicht mehr auf dem Markt sind. Sie gelten als gescheitert. Behavioristische Lerntheorien haben in der Sozialisationsforschung nie richtig Fuß gefasst. Aus lerntheoretischen Kategorien lässt sich kaum eine angemessene Persönlichkeitstheorie und erst recht keine Theorie des gesellschaftlich handlungsfähigen Subjekts ableiten, das sicher mehr ist als ein Bündel von Reiz-Reaktionsverbindungen.

Die große struktur-funktionale Theorie von Talcott Parsons und ihre ‚kleineren' Varianten bei Orville Brim oder anderen, die das Funktionieren der Gesellschaft über die im psychoanalytischen Sinn verstandene Internalisierung von Normen (und ihre Transformation zu Bedürfnissen) seitens der als Rollenträger verstandenen Individuen erklärten, haben, wie Geulen (1991: 34) formuliert, keine nennenswerte Fortsetzung gefunden; ja – so geht es im Zitat mit Blick auf andere, verwandte Ansätze weiter – es ließe sich behaupten, „dass seine axiomatische Voraussetzung des bruchlosen Aufgehens der Individuen im System bei der späteren Systemtheorie konsequent zur Eskamottierung der dann überflüssigen Kategorien ‚Individuum' und ‚Sozialisation' geführt hat" (ebd.).

Ironischerweise wurde der Begriff ‚Selbstsozialisation' bereits vor einiger Zeit von Niklas Luhmann verwendet. Während er in der älteren Fassung seiner Systemtheorie (der „System-Umwelt-Theorie") Sozialisation mit der Übernahme von Wertmustern und normativen Verhaltenserwartungen assoziierte und wörtlich von der „*Herstellung* kognitiver Fähigkeiten der Erlebnisverarbeitung und instrumentaler Handlungsfähigkeiten" (allerdings mit Blick auf „Ausbildung") sprach (Luhmann 1971: 210; Hervorhebung W.A.), postuliert er in seiner späteren Theorie selbstreferentieller Systeme (Luhmann 1984) eine kategoriale Unabhängigkeit von sozialen und psychischen (bzw. personalen) Systemen als jeweils komplexen Umwelten, mit der Implikation, dass das soziale System das Individuum nie mit einer Norm allein konfrontiert, sondern immer schon mit der Alternative, sich bezüglich der Norm konform oder abweichend zu verhalten (vgl. Gilgenmann 1986).

Das wiederum bedeutet, im Anschluss an einen Argumentationsgang bei Schulze und Künzler (1991): (a) Sozialisation ist in Luhmanns Verständnis kein zweckorientierter Prozess, der gelingen oder scheitern kann, (b) Sozialisation findet bei jedem sozialen Kontakt statt, (c) Sozialisation ist "immer Selbstsozialisation aus Anlass von sozialer Kommunikation" (im Unterschied zur Erziehung; Luhmann 1987, S. 177). Mit diesen Konzepten wird das grundsätzlich interaktive Verhältnis von Person und Umwelt nicht erfasst. Es fehlt ein Verständnis sozialer Vermittlungs- und Abhängigkeitsbeziehungen, die aber genau die Schnittstelle zur soziologischen Sozialisationsforschung darstellen (vgl. auch Bauer 2002, S. 127). Schulze & Künzler (1991) kommen in ihrer Analyse zu dem m.E. vernichtenden Schluss (das Zitat wird aber merkwürdigerweise von Zinnecker [2000, S. 278] affirmativ gedeutet): „Strikt genommen wird Luhmanns autopoietische Sozialisationstheorie mit ihrem Konzept der Selbstsozialisation zur Anti-Sozialisationstheorie, die alles abschneidet, was je mit dem Begriff gemeint war" (S. 135).

Aber zurück zur ‚Fremdsozialisation'. Ich habe festgestellt, dass in der Theoriebildung zur Sozialisation ein Konsens besteht, Ansätze, die ein Konzept der Fremdsozialisation als direkter Verwandlung äußerer Normen in innere Werte vertreten, als gescheitert zu betrachten. Ein weitgehender Konsens besteht darüber hinaus bezüglich der Auffassungen, (a) dass Sozialisation nicht passiv geschehen kann, also immer nach einem eigenaktiven Subjekt verlangt, und (b) dass Individuation und Vergesellschaftung (das Werden der Persönlichkeit und das Werden sozialer Handlungskompetenzen) sich nicht in getrennten Prozessen, sondern in ein und demselben Prozess vollziehen.

Der zweite Punkt (b) wurde natürlich in symbolisch-interaktionistischer Perspektive auf die elaborierteste Weise erarbeitet. Ich fasse zur Erinnerung kurz zusammen: Mit „Identität" (im Original: *self*) bezeichnet George Herbert Mead (1934, dt. 1968) die Fähigkeit des einzelnen, reflexiv aus sich herauszutreten und sich damit selbst zum Objekt zu werden – einfacher formuliert: die Fähigkeit, sich ein Bild von sich selbst zu machen. Mead zeigt auf, dass eine isolierte Einzelperson zu einer solchen Selbstreflexion nicht kommen kann. Identität entsteht vielmehr, wenn der einzelne sich im Kommunikationsprozess mit den Augen des anderen zu sehen vermag und auf diese Weise ein Verständnis seiner selbst entwickelt.

Die realistische Prämisse ist dabei, dass systematische Brüche zwischen verschiedenen Verhaltenserwartungen bestehen, dass sich also die Perspektiven unterscheiden und deshalb von Fall zu Fall eine Interpretation von Normen, Erwartungen, Sichtweisen und Bedürfnissen erforderlich ist, die kommunikativ ausgehandelt werden muss. In diesem Kommunikationsprozess ist das Subjekt aktiv tätig, indem es Situationen und Anforderungen interpretiert und diese mit selbstentworfenem Handeln beantwortet.

Wichtig an dieser Stelle ist, dass der Interaktionsprozess somit als die gesellschaftliche Voraussetzung dafür betrachtet wird, dass Identität überhaupt entstehen kann. Mead formuliert die sozialen Wurzeln des Selbst wie folgt: „Diese Identität, die für sich selbst Objekt werden kann, ist im Grunde eine gesellschaftliche Struktur und erwächst aus der gesellschaftlichen Erfahrung" (1968, S. 182). Ich will nicht weiter eingehen auf Weiterführungen der Grundidee, z.B. bei Goffman, der die nützliche Unterscheidung einer personalen Identität (als Selbstinterpretation der eigenen Biographie) und einer sozialen Identität (als Selbstinterpretation im orthogonalen sozialen Austausch) einführte, deren Balance als Ich-Identität beschrieben wird. Nur so viel: Ich-Identität wird als Prozess, als immer wieder in Interaktionen zu erbringende Leistung verstanden, nicht als statische Errungenschaft; das Konzept ist also offen für eine biographische Dimensionierung.

Tillmann fasst die Dialektik von Person- und Sozialwerdung wie folgt zusammen: „Sozialisationstheoretisch ist hier von großer Bedeutung, dass der Prozess der Persönlichkeitsentwicklung als Einheit von Vergesellschaftung und Individuierung gefasst wird: Indem sich der einzelne in reflexiver Weise die Sprachsymbole, Werte und Normen seiner sozialen Umgebung aneignet, wird er ein handlungsfähiges Mitglied der Gesellschaft und zugleich ein einmaliges, unverwechselbares Individuum" (Tillmann 1989, S. 134).

Wir können also festhalten: (1) Das Paradigma der Fremdsozialisation existiert schlechthin nicht mehr. (2) Dies hat schwerwiegende Folgen für das theoretische Potential des Gegenbegriffes Selbstsozialisation. Wie Bauer (2002) argumentiert,

„lässt sich die Dichotomisierung von Fremd- und Selbstsozialisation nicht zum entgegengesetzten Pol auflösen. Das Konzept der Selbstsozialisation suggeriert die Vorstellung, Individuationsprozesse verliefen durchgehend selbstgesteuert. Autonomiepotentiale in der Subjektwerdung werden damit schlicht ontologisch gesetzt. Es (das Konzept der Selbstsozialisation) schneidet zu viel von den bisherigen Einsichten der Sozialisationsforschung ab, wollte man die Fähigkeit zu autonomem Handeln eines mit sich identischen Subjekts von der Genese individueller Kompetenz- und Performanzstrukturen isolieren" (S. 125).

In ganz ähnlicher Richtung argumentiert Krappmann gegen die begriffliche Abspaltung der Eigenaktivität des Subjekts und zugunsten der Betonung von Eigenaktivität als genuinem und notwendigem Element des Sozialisationsprozesses. Krappmann hält fest, dass augenscheinlich mit dem Begriff ‚Selbstsozialisation' ein Sachverhalt gemeint sei, "der essentielles Moment von Sozialisation ist, nämlich dass ein Selbst/Ich/Subjekt sich darin formt, seinen Part in sozialen Handlungsprozessen zu übernehmen. Das Problematische am Begriff der Selbstsozialisation sehe ich darin, dass nur eine Seite des für Sozialisation konstitutiven Verhältnisses von Selbst und sozialisatorischer Interaktion zum Ausdruck gebracht wird. Es wird übergangen, dass die Leistung des Selbst aus dem Erfordernis hervorgeht, sich auf die bestehende Sozialität einzulassen. Da ist kein Selbst, das sich autonom an die Erschaffung einer sozialen Welt begibt, sondern da ist eine soziale Welt, in der Interaktion nur fortführbar wird, wenn der Handelnde erkennbar, also als ein Selbst reagiert" (2002, S. 184).

Wenig später vertieft Krappmann diesen Gedanken noch weiter und betont,

"dass die rekonstruktive und generative Selbst-Potenz des Kindes *vom sozialen Prozeß* abverlangt wird. Um den Preis seiner Mitgliedschaft in diesem Prozeß muß das Kind interpretieren, seine perspektivischen, biographischen und vom Leben belehrten Folgerungen ziehen und auf dieser Basis seinen Part sinnvoll und das heißt sowohl erkennbar als auch eingepasst einnehmen. *Der Begriff der Selbstsozialisation ist in Gefahr, die dialektisch-wechselseitige Konstitution von Selbst und anderem zu verkennen*" (ebd; Hervorhebungen W.A.).

Zum oben nur kurz vorgetragenen Konsens zwischen verschiedenen sozialisationstheoretischen Lagern, dass Sozialisation nicht passiv geschehen kann, sondern immer nach einem eigenaktiven Subjekt verlangt, sei noch ausgeführt: Innerhalb des sozialisationstheoretischen ‚Lagers' ist man sich auch weitgehend einig, dass eine entwicklungspsychologische Aufladung der Sozialisationsforschung ebenso notwendig wie potentiell nützlich ist. Hurrelmann und Ulich stellen pauschal fest: „Was aus der Sicht der Gesellschaft als Vereinheitlichung erscheint, ist aus der Sicht der Person ein progressives Sich-Verändern, also Entwicklung. Sozialisation und Entwicklung sind komplementär" (1991a, S. 8). Geulen wird in seinem Überblick zur historischen Entwicklung sozialisationstheoretischer Ansätze (1991/2002) konkreter, würdigt insbesondere die in der Piaget-Tradition eingebrachten Beiträge als „außerordentlich fruchtbar zur Konzeptualisierung verschiedener, für soziales Handeln relevanter Bereiche von Subjektivität, insbesondere für das Verstehen anderer, das Bewusstsein von Moral, die Fähigkeit zu kommunizieren, die Auffassung von Beziehungen" (S. 48), und er fordert eine noch weitergehende Berücksichtigung entwicklungspsychologischer Modelle, insbesondere auch solcher, die die Entwicklung über den Lebenslauf abzubilden vermögen und solcher aus der Differentiellen Entwicklungspsychologie (die sich z.B. auf die kulturvergleichende Sozialisationsforschung beziehen ließe).

Die Entwicklungspsychologie hat sich in großen Teilen seit langem von endogenistischen Vorstellungen verabschiedet und einen interaktionistischen Konsens erreicht (wenn auch nicht unbedingt einen konstruktivistischen), in dem die Eigentätigkeit des Subjekts in der Aneignung der Umwelt, d.h. der Verarbeitung und Interpretation von Erfahrungen betont wird. In diesem Sinne ist speziell Piaget (will sagen: das strukturgenetische Paradigma) für die Sozialisationstheorie bedeutsam geworden, auch wenn in der als universell postulierten Stufenfolge noch immer von manchen Beurteilern ein latenter Nativismus vermutet wird. Ganz offensichtlich und vielfach betont sind die Konvergenzen zwischen Mead (der allerdings nicht ontogenetisch argumentierte) und Piaget (der allerdings die soziale Konstitution der Entwicklung zu wenig betonte). Die Fruchtbarkeit der Zusammenführung beider Paradigmen zeigt sich u.a. in der Forschung zur sozialkognitiven Entwicklung, z.B. in den Arbeiten von Robert Selman (der den Akzent bei der Piaget-Tradition legt und von dort auf das Meadsche Konzept der Rollen- bzw. Perspektivenübernahme zugegangen ist) sowie in den Arbeiten von Lothar Krappmann (der aus der Mead-Tradition kommt und den umgekehrten Weg gegangen ist).

Mir ist bewusst, dass meine Begründung für die Behauptung, Entwicklungspsychologie sei sich einig in der Hypostasierung eines aktiv die Umwelt und seine Erfahrungen verarbeitenden Subjekts unterkomplex war. Das Subjekt ist in vielen entwicklungspsychologischen Darstellungen eine Abstraktion; beschrieben wird das empirische Subjekt, nicht unbedingt das empirische Einzelwesen. So kann ich mir vorstellen, dass Exponenten der Kindheitsforschung, die von der Sorge getrieben werden, dass in entwicklungspsychologischen Analysen die Kinder als Persönlichkeiten – in ihrer Lebendigkeit, sozusagen mit ihrem Fleisch und Blut – verloren gehen, sich von manchen Versuchen, sie vom Gegenteil zu überzeugen, eher noch bestätigt fühlen. Das könnte beispielsweise für die Argumentation von Thomas Bernhard Seiler im Handbuch der Sozialisationsforschung von 1991 bzw. 2002 gelten.

Seiler vertritt die Grundthese, „dass Entwicklung und Sozialisation nicht als gegensätzliche Erklärungsweisen zu verstehen sind und dass eine strukturgenetische Entwicklungstheorie eine stimmige Argumentationsbasis zu ihrer Integration bereitstellt" (1991/2001, S. 99). Er begründet, inwiefern Entwicklung ein aktives Subjekt braucht. In Entwicklung gehen äußere und innere Bedingungen ein, wobei ihr Motor innen ist (was Seiler ausdrücklich nicht endogenistisch meint). Ich will seine Argumentation nicht weiter ausführen. Wichtig ist mir hier: Seiler spricht nicht von Kindern (oder überhaupt von Menschen), sondern –

ganz in der Tradition Piagets – vom epistemischen Subjekt, d.h. von adaptiven Strukturen.[1]

Es ist dem Verständigungsprozess deshalb vielleicht hilfreich, (1) deutlich darauf hinzuweisen, dass Entwicklungspsychologie zwar von Haus aus auf kulturunabhängige Gemeinsamkeiten von Entwicklungsveränderungen ausgelegt ist, dass aber inzwischen eine Differentielle Entwicklungspsychologie fest etabliert ist. Es mag (2) hilfreich sein, bevorzugt auf entwicklungstheoretische Konzepte zurückzugreifen, die sich – in immer noch strukturalistischer Perspektive – bemühen, das epistemische mit dem empirischen Subjekt zusammenzuführen, indem sie eine biographische Komponente einführen und die inhaltlichen Auslöser und die subjektiven Folgen von Entwicklung thematisieren – ihr Erleben und auch Erleiden (z.B. in Momenten des Zweifels und der Unsicherheit).

Beispiele für solche Ansätze sind die Arbeiten von Robert Kegan oder Gil Noam. Kegan ist der Meinung, dass spätestens, wenn eine Entwicklungstheorie sich für die Persönlichkeit (das Selbst) und für Entwicklung als Aktivität interessiert, sie die Prozessdimension betonen und in die Analyse einbeziehen muss. Die Forschung und Theoriebildung hat sich nach seiner Auffassung viel zu sehr auf die *Philosophien* (d.h. die vom Subjekt hervorgebrachten Theorien und Erklärungsmuster im logisch-mathematischen, sozialen, moralischen, religiösen Bereich usw.) konzentriert und darüber die *Philosophen* vernachlässigt – genauer: die Frage unbeachtet gelassen, wie die Theorien über die Wirklichkeit im Erleben der Kinder zustande kommen und konkreten Lebensinteressen nutzbar gemacht werden (vgl. Kegan 1979, 1986). Noam führt unter der Kapitelüberschrift „Jenseits des epistemischen Selbst" in programmatischer Absicht aus:

> „Schreiten wir von Kognition zur sozialen Kognition fort und von dort hin zu Ich, Persönlichkeit und Vertrauen, werden kognitive Bedeutungen immer weniger als Formen logischen Denkens, denn vielmehr als basale Formen des ‚In-der-Welt-Seins' aufgefasst. Das generalisierte epistemische Selbst ist jedoch nicht der Mittelpunkt des Daseins. Der Mensch, die Lebensgeschichte oder die wichtigen Bedeutungen des Selbst werden nicht durch die Stufe repräsentiert, die das kognitive oder moralische Bewusstsein erreicht hat. Das Selbst ist in spezifische Erfahrungen eingebettet, wie sie das Leben eines Menschen formen. Erst auf dieser Grundlage können wir eine angemessene Theorie entwerfen, in der auch die Strukturdimension einen Platz findet. Im Rahmen einer solchen Theorie integriert das Selbst seinen ein-

---

[1] Es ist in diesem Zusammenhang der Erwähnung wert, dass es Seiler war, der in mehreren Arbeiten darauf hingewiesen hat, dass die Rede von Entwicklungssequenzen eine theoretische Abstraktion darstellt, erst recht, wenn diesen Sequenzen die Qualität von *Stufen* der kognitiven Entwicklung zugeschrieben wird; eine Abstraktion zum Zwecke der Identifikation gemeinsamer Merkmale individueller und idiosynkratischer Veränderungsprozesse, die er (Struktur-)Genealogien nennt.

zigartigen Satz an Erfahrungen in biographische Muster, die im Kontext einer Gesellschaft verfügbar sind. Mittel dafür werden durch das sich entwickelnde epistemische Selbst bereitgestellt" (Noam 1993, S.181f.).

Eine Bemerkung am Rande: Mir ist wohl vertraut, dass ich mich hier am Rande eines Terrains bewege, das ich als diesbezüglicher Amateur in der Festschrift für einen ausgewiesenen Experten (z.b. Garz 2000) lieber nicht betreten sollte (ein Terrain, „where sages fear to tread", wie es einmal im Titel eines Aufsatzes von Purpel & Ryan [1975] hieß, der Kohlberg davor warnte, sich in den Bereich der Moralerziehung zu wagen). Hier geht es um einen anderen Bereich, den ich lieber nicht weiter betrete: den der Biographieforschung.

Mein Thema war, ob es so etwas wie ‚Fremdsozialisation' überhaupt geben kann. Ich komme auf Zinneckers Gedanken im Zusammenhang mit diesem Begriff (als Gegenpol zur ‚Selbstsozialisation') gegen Ende des Beitrags noch einmal zurück, denn die Agentur, die Fremdsozialisation nach dieser Auffassung betreibt, ist die Pädagogik bzw. die Erziehung.

3.2 Der Subjektbegriff

Einen in der Literatur mehrfach geäußerten Kritikpunkt am Konzept ‚Selbstsozialisation' möchte ich nur kurz berühren, weil ich den Eindruck habe, dass die entsprechende Diskussion, die ins Zentrum der sozialisationsbezogenen Theoriebildung gehört, durch eine voreilige Koalition gegen den Newcomer ‚Selbstsozialisation' nicht viel gewinnt.

Es geht um den Begriff des Subjekts. Das Thema beschäftigt u.a. Dieter Geulen seit Jahrzehnten, siehe sein Buch von 1977, *Das vergesellschaftete Subjekt*. Für Geulen „bezieht sich der Subjektbegriff programmatisch auf das (...) Selbstverständnis des Menschen als selbständig erkennender, miteinander im Diskurs stehender und im Bewusstsein der Autonomie und Verantwortlichkeit Handelnder, eben als ‚Subjekte' ihres Lebens" (2002, S. 192). Manche Autoren, Geulen eingeschlossen, sind der Ansicht, dass das Konzept der Selbstsozialisation bezüglich des Subjektbegriffs einen Selbst-Widerspruch begeht. Geulen schreibt: „Wenn man den Subjektbegriff in der dargelegten Weise als Zielperspektive für das Ergebnis von Sozialisation einführt, so führt die Rede vom sich selbst sozialisierenden Subjekt in eine logische Unstimmigkeit (...), insofern das zu Erklärende bereits vorausgesetzt wird" (a.a.O., S. 193).

Geulen stellt dann die Anschlussüberlegung an, „dass der Begriff des Subjekts, der schon in der Philosophie eine hohe Komplexität zeigt, irrtümlich für eine einfache und fundamentale, wenn auch geheimnisvolle Qualität gehalten wird, die man eben hat" (a.a.O., S. 194). In dieser Hinsicht gibt es aber wohl keine Kontroverse mit Zinnecker. Dieser hatte es in seinem Artikel zur Selbstsozialisation als „Doppeldeutigkeit, die zur begrifflichen Verwirrung beiträgt" (2000, S. 281) bezeichnet, Selbstsozialisation dahingehend auszulegen, „dass ein ‚Selbst', also ein zentraler Kern der Persönlichkeit, sozialisiert wird" (ebd.). Ein solches substantialistisches oder essentialistisches Subjektverständnis hält er für genauso problematisch wie die meisten seiner Kontrahenten in der Selbstsozialisationsdebatte.

Die Gegenposition ist, soweit ich sehe, (a) den Subjektbegriff so zu rekonstruieren, dass die Vielzahl psychischer und kognitiv-reflexiver Errungenschaften deutlich wird, die im Verlauf der Ontogenese aufgebaut werden müssen, (b) die Kategorie des Subjekts stärker unter einer Prozessdimension zu fassen. Hurrelmann, dessen auf Tätigkeit bzw. tätige Aneignung abhebende Formel, Gegenstand der Sozialisation sei das „produktiv realitätsverarbeitende Subjekt" (Hurrelmann 1986, S. 62ff.) einen weiten common sense markiert, schlägt in seiner Antwort auf Zinnecker vor, statt von „Selbstsozialisation" von „Selbstorganisation" zu sprechen, um wiederum begrifflich eindeutiger von der Aktivität als vom Ergebnis her zu denken (Hurrelmann 2002, S. 158). Dies scheint mir vereinbar zu sein sowohl mit Veiths Betonung des selbstreflexiven Moments im Prozess der Vergesellschaftung (2001; 2002, S. 173f.) als auch mit der Ausrichtung einer konstruktivistischen Sozialisationsforschung, wie sie im Sammelband von Matthias Grundmann präsentiert wurde (bes. Grundmann 1999a; Edelstein 1999).

3.3 Die gesellschaftstheoretische Funktion des Sozialisationsbegriffs

Ich habe mich oben mit den Nähen zwischen entwicklungspsychologischem und sozialisationstheoretischem Denken beschäftigt. Man könnte – gerade als Erziehungswissenschaftler – auf die Idee kommen, dass, wenn manche Grundfragen im entwicklungspsychologischen Diskurs besser geklärt scheinen, es vielleicht sinnvoll wäre, sich ganz auf diesen Diskurs zu beschränken. Vielleicht hat die Entwicklungspsychologie der Pädagogik einfach mehr zu bieten als die Sozialisationstheorie.

Diese Konsequenz wäre schade, aus einem Grund, den man wiederum an einer Implikation des Konzepts ‚Selbstsozialisation' aufzeigen kann.

Was in entwicklungspsychologischen Untersuchungen nur als die Frage nach förderlichen oder hinderlichen Faktoren in individueller Ontogenese formuliert werden kann, ist im Sozialisationsbegriff (in dem es um die Vergesellschaftung des Individuums geht) zentral enthalten: die Frage nach gesellschaftlicher bzw. sozialer Ungleichheit und ihrer Folgen für Einzelne und für Gruppen.

Im modernisierungstheoretischen Diskurs wurde die Diagnose „Pluralisierung" (der Lebensformen) und „Individualisierung" (der Biographien) als gesellschaftliche Haupttendenzen – entgegen den ursprünglichen Intentionen bei Ulrich Beck (1986), aber unterstützt durch manche über-optimistischen Formulierungen z.B. in *Kinder der Freiheit* (Beck 1997, bes. 1997a) – häufig kurzschlüssig als Zunahme von Autonomiepotentialen interpretiert. Ich kann nicht ins Detail gehen, aber es ist offensichtlich, dass es Verlierer und Gewinner dieser Entwicklung gibt. Mit dem nötigen ökonomischen und kulturellen Kapital, um mit Bourdieu zu sprechen, zieht man Gewinn aus den wachsenden Optionen, ohne es spürt man vor allem den Verlust an Sicherheiten und Bindungen.

Das Sozialisationskonzept erlaubt es, metaphorisch gesprochen, wahrscheinlich eher, Amokläufe von Schülern und rassistische Ausschreitungen zu erklären als der Entwicklungsbegriff. Das Sozialisationskonzept kann besser fassen, wie sich psychosoziale Belastungen durch bedrohliche Aussichten auf dem Lehrstellen- und Arbeitsmarkt erklären lassen, wie soziale Distinktions- und Konkurrenzmuster, die die sog. Erwachsenenwelt durchziehen, auch die Denk-, Wahrnehmungs- und Handlungsschemata von Heranwachsenden nicht unberührt lassen (vgl. Bauer 2002, S. 126f.). Ein gutes Beispiel, das soziologische und entwicklungsbezogene Analysen integriert, ist eine Arbeit von Sabine Walper (1999) über die differentiellen Auswirkungen von Armutserfahrungen auf Kinder.

In einem von Wilhelm Heitmeyer herausgegebenen Band zeigen mehrere Autoren, dass der überholt geglaubte Durkheimsche Begriff der Anomie (leider) gut geeignet ist, Tendenzen zum gesellschaftlichen Auseinanderdriften in einem Land wie der Bundesrepublik Deutschland zu beschreiben (vgl. Heitmeyer 1997). Ullrich Bauer setzt, mit Bezugnahme auf Vester et al. (2001) der individualisierungstheoretischen Hoffnung auf eine entstrukturierte und entvertikalisierte, pluralisierende Lebensstile erlaubende Gesellschaftsstruktur die Diagnose entgegen, „dass sich die Ungleichstruktur in modernen Gesellschaften nicht aufgelöst, sondern in eine Milieustruktur horizontal und vertikal differenzierter Lebenslagen transformiert hat. Die Hierarchie ungleicher Lebenschancen bleibt danach, je nach Milieuzugehörigkeit, nach wie vor wirksam" (Bauer 2002, S. 133).

„Selbstsozialisation" findet, so Bauer, sein „handlungstheoretisches Äquivalent" (2002, S. 132) in Ulrich Becks Formulierung: „In der individualisierten Gesellschaft muss der einzelne (...) bei Strafe seiner permanenten Benachteiligung lernen, sich selbst als Handlungszentrum, als Planungsbüro in Bezug auf seinen eigenen Lebenslauf, seine Fähigkeiten, Orientierungen, Partnerschaften usw. zu begreifen" (Beck 1986, S. 217). Andersherum, und auf dem Hintergrund der vorherigen Ausführungen, wäre Selbstsozialisation ein attraktives Konzept für Individuen mit guten Startbedingungen und ein verheerendes für die Benachteiligten. Ich möchte diesen Punkt mit einem Zitat von Dieter Geulen verdeutlichen, vor allem weil dieses in einer ebenso frechen wie mir aus dem Herzen sprechenden Polemik endet:

> „Es ist – gegen die relativistische Verharmlosung in der sogenannten ‚Differenzhypothese' [die die Defizithypothese der früheren Forschung zur schichtspezifischen Forschung abgelöst hat, man denke an Bernsteins Arbeiten zum ‚elaborierten' und ‚restringierten' Sprachcode; W.A.] – nicht zu leugnen, dass Individuen aufgrund ihres Sozialisationsmilieus unterschiedliche Chancen haben, sich zu gesellschaftlich handlungsfähigen Subjekten zu bilden. Wenn wir auf den Sozialisationsbegriff zugunsten des Begriffs der Selbstsozialisation verzichten, wären alle empirischen Sozialisationsdefizite und seelischen Verkrüppelungen einschließlich der daraus folgenden klinischen oder kriminellen Karrieren nicht auf entsprechende Erfahrungen aus sozialisatorischen Instanzen zurückzuführen, sondern den Individuen selbst als Verursachern anzulasten, gemäß dem Wort, dass jeder seines Glückes Schmied sei. Ob sie wohl auch stolz auf ihr selbstsozialisatorisches Werk sind? Das alles kann ja wohl nicht wahr sein" (Geulen 2002, S. 192).

3.4 ‚Selbstsozialisation' als Vernachlässigung

Aus einer ganz anderen theoretischen Welt kommend, gelangt Rainer Dollase zu ganz ähnlichen Überlegungen, die dann aber *pädagogisch* gewendet werden. Dollase kritisiert das Konzept der Selbstsozialisation aus einer radikal differenten Perspektive. Er hielt ein Hauptreferat auf der eingangs erwähnten Tagung zum Thema „Selbstsozialisation, Kinderkultur und Mediennutzung". Während – wie erwähnt – die Veranstalter und einige der weiteren Referenten den Begriff Selbstsozialisation in naiver Weise, d.h. möglicherweise in Unkenntnis seiner sozialisationstheoretischen Sperrigkeit gleichsetzten mit ‚Eigenaktivität' im Sozialisations- bzw. Entwicklungsprozess, erweist sich der Text des Entwicklungspsychologen Dollase als pure Subversion.

Dollase gibt zunächst – in Anlehnung an Brandtstädter (1980) – dankenswerterweise eine, wenn auch sehr technische, Umschreibung dessen, was er unter dem ‚Selbst' verstanden haben will, nämlich vor allem eine kognitive Repräsentation der eigenen Person in Bezug zur Umwelt.

> „Das Selbst enthält weiterhin ein Verarbeitungszentrum, in dem Informationen aus allen Teilbereichen inklusive solche aus einer biogenetischen Motivationsbasis (entspricht einem Anlagefaktor) einem kognitiv semantischen Operator und einem evaluativen Operator zugeführt werden. Die Probehandlungsplanung im Verarbeitungszentrum wird abhängig gemacht von einlaufenden Informationen aus der Um-

welt (Perzeptor) und wird bei einer Handlungsentscheidung an den Effektor überwiesen, der dann die Handlungen ausführt" (Dollase 1999, S. 28).

Dollase hält in diesem Zusammenhang die Selbstverständlichkeit fest, dass Entwicklung im Parallelogramm von Anlage, Umwelt (über die subjektive Wahrnehmung, den Perzeptor) und Selbst („die interne Speicherung von Informationen und das Probehandeln, die Ideale für Umwelt und Selbst", ebd.) stattfindet. Die dynamische Vernetzung der Faktoren in diesem Modell erkläre [es kommt die erste Dekonstruktion von ‚Selbstsozialisation'], „warum es eine gewisse Untrennbarkeit der Einflüsse von außen und innen gibt (...). Debatten um mediale oder sonstige Selbstkonstruktionen sind damit theoretisch mehr oder weniger obsolet" (a.a.O., S. 30). Damit ist explizit nicht die Tatsache der Eigenaktivität geleugnet, sehr wohl wird aber die Behauptung eines von den anderen Faktoren unabhängigen Selbst bestritten. Für Eigenaktivität und aktiv vom Kind selbst initiierte Lernprozesse gibt Dollase viele Beispiele.

In einem bemerkenswerten semantischen Dreisprung akzeptiert Dollase dennoch den Begriff ‚Selbstsozialisation', obwohl er ihn offensichtlich zunächst merkwürdig findet, entscheidet sich dann, ihn synonym zu *Selbststeuerung* zu setzen, um schließlich in seinem Hauptteil unter der Überschrift „Thesen zu den problematischen Folgen der Selbstsozialisation" die Nötigung zur Selbststeuerung als *Vernachlässigung* zu behandeln.

Eine These lautet, die Idee der Selbststeuerung bzw. Selbstsozialisation sei beliebt, weil sie dem Hedonismus der Erwachsenen entgegenkommt, dem Wunsch, das Leben zu genießen und nicht zu große Opfer für die Kinder zu erbringen. „Das gesellschaftliche Klima muss gewissermaßen aufgrund des Unwillens der Erwachsenengeneration, sich intensiver mit ihrem Nachwuchs zu beschäftigen, die Selbstsozialisation schön reden. (...) Wenn die Kinder alles von selbst machen, wird die Rolle als Erzieher, Lehrer oder Eltern einfacher" (a.a.O., S. 33). Für Dollase ist z.B. Medienkonsum, der auf der besagten Tagung ja als Weg zur Selbstsozialisation in den Mittelpunkt gerückt wurde, in seiner übersteigerten Form „darauf zurückzuführen, dass sich mit Kindern niemand mehr interessant und ausführlich beschäftigt" (a.a.O., S. 40).

Seine Schlussfolgerung: „Die durch diesen schlichten kausalen Zusammenhang eröffnete Perspektive auf die Bedeutung der Selbstsozialisation muss misstrauisch machen, da sie einer Ideologisierung des Sozialisationsprozesses Vorschub leistet: Das Bequeme wird als das Gute gewürdigt" (a.a.O., S. 33f.)

Eine weitere These: „Kollektive Sozialisation", also die Sozialisation in der Gruppe der Gleichaltrigen, hat nicht nur die oben beschriebenen Vorteile der Erschließung einer eigenen Welt, sondern kann ein definitives Entwicklungsrisiko darstellen, wenn sie darauf hinausläuft, dass der pädagogisch wichtige

Kontakt mit Erwachsenen (vgl. S. 34) zu kurz kommt. Dollase erwähnt z.B. aggressive Umgangsformen und die mit der Außenseiterrolle verbundenen Gefahren.

Noch eine These will ich etwas ausführlicher referieren: Die „Inkontingenz der Außenwelt begünstigt Selbstsozialisation" auf schädliche Weise. Dollase meint damit die sinkende Bereitschaft von Erzieher/innen und Lehrer/innen, Strukturen zu geben, transparente und konsistente Anforderungen zu formulieren, Grenzen zu setzen und in diesem Sinne zu führen. Er beschreibt diese und ihre Folgen sehr drastisch:

> „Die Verstärkungsstrukturen in einer sich aus dem pädagogischen Geschehen verabschiedenden Erwachsenengeneration der Selbstsozialisationsideologen führen zu der schon in den 70er Jahren beklagten ‚puddinghaften' Persönlichkeitsstruktur von Eltern, Lehrern und Erziehern. Kinder können die Persönlichkeit, die Grenzen, die Struktur ihrer Sozialisatoren nicht mehr erkennen und sich folglich an ihnen auch nicht mehr ‚reiben' und in irgendeiner Form ‚abarbeiten'. Eine Schülerin äußert sich über eine nach allen Seiten offene Lehrerin in der gymnasialen Oberstufe: ‚Ich will ihr ja in den Arsch kriechen, aber ich finde das Loch nicht'. Treffender und prägnanter kann man die Rolle zwischen aufoktroyierter Autonomie und erzwungener Selbststeuerung auf der einen Seite, die sich in allen inhaltlichen Fragen zurückhält, und der letztgültigen Kontrolle, die dann doch wieder ausgeübt werden soll, nicht formulieren. Die panische Angst der Offenheits- und Selbständigkeitsideologen, irgendeine Anregung zu geben oder extrinsisch zu motivieren oder Vorbild zu sein oder Verantwortung zu tragen, wird dann dazu führen, dass ein stickiges Angstklima entsteht, in dem die Sozialisanden herausfinden wollen, nach welchen Kriterien sie von ihren Sozialisatoren beurteilt werden" (a.a.O., S. 37f.).

Der Autor ist sich bewusst, dass er polemisch argumentiert:

> „Die bisher geäußerten Thesen haben überwiegend Skepsis gegenüber einer Schönfärberei der Selbstsozialisation, der Selbsttätigkeit und des selbstgesteuerten Lernens zum Inhalt gehabt. Die Akzentsetzung war notwendig (...). Es ist nötig, rechtzeitig auf Gefahrenpunkte hinzuweisen. (...) Die Zielrichtung der (...) Thesen ist klar: Das erzieherische Disengagement, die Entverantwortung der Pädagogen für das Lernergebnis ist ein falscher Schritt, genauso wie Deregulierung und eine ans Chaotische oder Anomische gemahnende Vermehrung des inkontingenten [d.h. Zufällen überlassenen; W.A.] Verstärkungsrahmens für individuelle Sozialisationskarrieren zu bekannten Fehlformen des Verhaltens führen kann" (a.a.O., S. 39).

Dollase schließt mit einer für eine Veranstaltung, die als Feier der ‚Selbstsozialisation' gedacht war, auf traurige Weise tröstlich klingenden Formulierung: „Nicht immer ist das, was Kinder und Jugendliche selbständig entwickeln, ein

Unglück, sondern es ist oft eine nachgewiesenermaßen nachhaltige Bereicherung des menschlichen Lebens" (a.a.O., S. 42).

4. Schluss

Der pädagogischen Radikalität der Bemerkungen von Dollase möchte ich mich ebenso wenig anschließen wie manchen seiner Analysen (etwa, wenn er die Entwicklungsrisiken, die von einer Peergruppen-Mitgliedschaft ausgehen, deutlich mehr hervorhebt als die Entwicklungschancen, die sie bieten kann). Dennoch stimme ich ihm zu, dass die Rede von Selbstsozialisation dann gefährlich wird, wenn sie zum Fanal gegen den Stellenwert von Erziehung überhaupt gerät.

„Sprechen wir über Selbstsozialisation", hieß es im Ausgangsartikel von Zinnecker (2000), „klammern wir pädagogisches Handeln und Wollen aus. Pädagogik rückt auf die Seite der Fremdsozialisation, auf den entgegengesetzten Pol, über den wir vereinbarungsgemäß beim Begriff Selbstsozialisation ja nicht reden möchten. Wir können also die These aufstellen, dass mit der Akzentsetzung auf Selbstsozialisation die Entpädagogisierung des Diskurses um Sozialisation weiter voranschreitet. Wenn der Diskurs um Selbstsozialisation nicht nur Mode ist (...), so können wir sehr interessante Wandlungsprozesse im überlieferten Begriff der Pädagogik prognostizieren" (S. 276).

So wird empfohlen, „das überlieferte begriffliche Arsenal, mit dem der ‚pädagogische Bezug', die Beziehung zwischen ‚Erzieher und Zögling' beschrieben wird, gründlich zu entrümpeln" (a.a.O., S. 285).

Man muss wirklich die Frage stellen, was der „überlieferte Begriff der Pädagogik" eigentlich ist. Wenn es so etwas wie einen Kanon des pädagogischen Wissens gibt, lässt er sich wirklich auf die Quintessenz ‚Fremdsozialisation' bringen? Wer glaubt noch an Legitimität, Wert und Wirksamkeit unidirektionaler Erziehungstechnologien? Mein Affekt gegen den (post-)modernen Gestus des „Entrümpelns" ist der dringende Wunsch, sich an ‚altes' pädagogisches Gedankengut zu erinnern, das immer schon Erziehung als Beitrag zur Bildung verstand, und das Bildung wiederum gar nicht anders denken konnte denn als Selbst-Bildung. In Schleiermachers pädagogischer Trias von Behüten, Unterstützen und Gegenwirken ist das Unterstützen immer als Fördern der Eigenbewegung des Kindes verstanden worden. Kinder brauchen Unterstützung, wenn ihr Lernen nachhaltiges Lernen werden soll, brauchen Unterstützung bei der, um mit Wagenschein zu sprechen, „Einwurzelung" des Gelernten. Diese Unterstützung ist eine pädagogische Hilfestellung; unterstützt wird die Eigentätigkeit im Lernprozess. Ich zitiere zum Abschluss bei Andreas Flitner, der sich wiederum auf Wagenschein bezieht:

„Mindestens zur Ergänzung, nein: zur Grundlegung des Lernens müßte jedem Schüler ermöglicht werden, ‚ab und zu einmal wirklich beim Verstehen, beim totalen, aktiven, intensiven, dabei zu sein, um damit zu erfahren, wie eine Wissenschaft entsteht und überhaupt möglich ist' (...). Eine erfahrene, glaubwürdige Antwort auf die Frage ‚Wie kann man so etwas wissen?' bleibt die Schule den Kindern sonst schuldig; und das wäre es doch, was die Schule unentbehrlich macht – nicht aber die eilige, heute überall greifbare ‚Information'" (Flitner 2001, S. 239).

Literatur

Bauer, Ullrich (2002): Selbst- und/oder Fremdsozialisation: Zur Theoriedebatte in der Sozialisationsforschung. Eine Entgegnung auf Jürgen Zinnecker. Zeitschrift für Soziologie der Erziehung und Sozialisation, 22, 118-142

Beck, Ulrich (1986): Risikogesellschaft. Auf dem Weg in eine andere Moderne. Frankfurt/M.: Suhrkamp.

Beck, Ulrich (Hrsg.) (1997): Kinder der Freiheit. Frankfurt/M.: Suhrkamp (2. Aufl.)

Beck, Ulrich (1997a): Kinder der Freiheit: Wider das Lamento über den Werteverfall. In: ders. (1997): 9-33

Behnken, Imbke/Jaumann, Olga (Hrsg.) (1995). Kindheit und Schule. Kinderleben im Blick von Grundschulpädagogik und Kindheitsforschung. Weinheim/München: Juventa

Bois-Reymond, Manuela, du/Büchner, Peter/Krüger, Heinz-Hermann (Hrsg.) (1994): Kinderleben. Modernisierung von Kindheit im interkulturellen Vergleich. Opladen: Leske + Budrich

Brandtstädter, Jochen (1980): Gedanken zu einem psychologischen Modell optimaler Entwicklung. Zeitschrift für klinische Psychologie und Psychotherapie, 28, 209-222

Brater, Michael (1997): Schule und Ausbildung im Zeichen der Individualisierung. In: Beck (1997): 149-174

Büchner, Peter et al. (1994): Kinderkulturelle Praxis: Kindliche Handlungskontexte und Aktivitätsprofile im außerschulischen Lebensalltag. In: du Bois-Rey-mond et al. (1994): 63-135

Coleman, James S. (1986): Die asymmetrische Gesellschaft. Vom Aufwachsen mit unpersönlichen Systemen. Weinheim/Basel: Beltz

Dahrendorf, Ralf (1979): Lebenschancen. Anläufe zur sozialen und politischen Theorie. Frankfurt/M: Suhrkamp

Dollase, Rainer (1999): Selbstsozialisation und problematische Folgen. In: Fromme et al. (1999): 23-42

Edelstein, Wolfgang/Nunner-Winkler, Gertrud/Noam, Gil (Hrsg.) (1993): Moral und Person. Frankfurt/M.: Suhrkamp

Edelstein, Wolfgang (1999): Soziale Selektion, Sozialisation und individuelle Entwicklung. Zehn Thesen zur sozialkonstruktivistischen Rekonstitution der Sozialisationsforschung. In: Grundmann (1999): 35-52

Engelbert, Angelika (1986): Kinderalltag und Familienumwelt. Eine Studie über die Lebenssituation von Vorschulkindern. Frankfurt/M./New York: Campus
Fend, Helmut (1969): Sozialisierung und Erziehung. Eine Einführung in die Sozialisierungsforschung. Weinheim: Beltz
Flitner, Andreas (2001): Reform der Erziehung. Impulse des 20. Jahrhunderts. Weinheim/Basel: Beltz (erw. Neuausgabe)
Fromme, Johannes/Kommer, Sven et al. (Hrsg.) (1999): Selbstsozialisation, Kinderkultur und Mediennutzung. Opladen: Leske + Budrich
Garz, Detlef (2000): Biographische Erziehungswissenschaft. Lebenslauf, Entwicklung und Erziehung. Eine Hinführung. Opladen: Leske + Budrich
Geulen, Dieter (1977): Das vergesellschaftete Subjekt. Zur Grundlegung der Sozialisationstheorie. Frankfurt/M.: Suhrkamp.
Geulen, Dieter (1991): Die historische Entwicklung sozialisationstheoretischer Ansätze. In: Hurrelmann/Ulich (1991): 21-54
Geulen, Dieter (2002): Subjekt, Sozialisation, „Selbstsozialisation". Einige kritische und einige versöhnliche Bemerkungen. Zeitschrift für Soziologie der Erziehung und Sozialisation, 22, 186-196
Gilgenmann, Klaus (1986): Autopoiesis und Selbstsozialisation. Zur systemtheoretischen Rekonstruktion von Sozialisationstheorie. In: Zeitschrift für Sozialisationsforschung und Erziehungssoziologie, 6, 1986, 65-72
Grundmann, Matthias (Hrsg.) (1999): Konstruktivistische Sozialisationsforschung. Frankfurt/M.: Suhrkamp.
Grundmann, Matthias (1999a): Dimensionen einer konstruktivistischen Sozialisationsforschung. In: ders. (1999): 20-34
Grunert, Cathleen/Krüger, Heinz-Hermann (Hrsg.) (2006): Kindheit und Kindheitsforschung in Deutschland. Forschungszugänge und Lebenslagen. Opladen: Barbara Budrich
Heinz, Walter R. (2000): Selbstsozialisation im Lebenslauf. Umrisse einer Theorie biographischen Handelns. In: Hoerning (2000): 165-186
Heinzel, Friederike (Hrsg.) (2000): Methoden der Kindheitsforschung: Ein Überblick über Forschungszugänge zur kindlichen Perspektive. München/Weinheim: Juventa
Heitmeyer, Wilhelm (Hrsg.) (1997): Bundesrepublik Deutschland: Auf dem Weg von der Konsens- zur Konfliktgesellschaft. Band I: Was treibt die Gesellschaft auseinander? Frankfurt/M.: Suhrkamp.
Hengst, Heinz (1996): Kinder an die Macht! Der Rückzug des Marktes aus dem Erziehungsprojekt der Moderne. In: Zeiher et al. (1996): 117-133
Hoerning, Erika M. (Hrsg.) (2000): Biographische Sozialisation. Stuttgart: Lucius und Lucius
Honig, Michael-Sebastian (1999): Entwurf einer Theorie der Kindheit. Frankfurt/M.: Suhrkamp
Honig, Michael-Sebastian/Leu, Hans R./Nissen, Ursula (1996): Kinder und Kindheit. Soziokulturelle Muster – sozialisationstheoretische Perspektiven. Weinheim/München: Juventa
Honig, Michael-Sebastian/Leu, Hans R./Nissen, Ursula (1996a): Kindheit als Sozialisationsphase und als kulturelles Muster. In: dies. (1996): 9-29

Honig, Michael Sebastian/Lange, Andreas/Leu, Hans Rudolf (Hrsg.) (1999): Aus der Perspektive von Kindern? Zur Methodologie der Kindheitsforschung. München und Weinheim: Juventa

Honig, Michael Sebastian/Lange, Andreas/Leu, Hans Rudolf (1999a): Eigenheit und Fremdheit. Kindheitsforschung und das Problem der Differenz von Kindern und Erwachsenen. In: dies. (1999): 9-32

Hurrelmann, Klaus (1986): Einführung in die Sozialisationstheorie. Über den Zusammenhang von Sozialstruktur und Persönlichkeit. Weinheim/Basel: Beltz

Hurrelmann, Klaus (2002): Selbstsozialisation oder Selbstorganisation? Ein sympathisierender, aber kritischer Kommentar. Zeitschrift für Soziologie der Erziehung und Sozialisation, 22, 155-166

Hurrelmann, Klaus / Ulich, Dieter, (Hrsg.) (1991): Neues Handbuch der Sozialisationsforschung. Weinheim/Basel: Beltz.(die 6., unveränderte Ausgabe erschien 2002 wieder unter dem Titel „Handbuch der Sozialisationsforschung").

Hurrelmann, Klaus/Ulich, Dieter (1991a): Gegenstands- und Methodenfragen der Sozialisationsforschung. In: dies. (1991): 3-20

Joas, Hans (1991): Rollen- und Interaktionstheorien in der Sozialisationsforschung. In: Hurrelmann/Ulich (1991): 137-152

Kegan, Robert (1979): The evolving self. A process conception for ego psychology. Counseling Psychologist, 8(2), 5-34.

Kegan, Robert (1986): Die Entwicklungsstufen des Selbst. Fortschritte und Krisen im menschlichen Leben (herausgegeben von Detlef Garz). München: Kindt

Kelle, Helga/Breidenstein, Georg (1996): Kinder als Akteure: Ethnographische Ansätze in der Kindheitsforschung. Zeitschrift für Sozialisationsforschung und Erziehungssoziologie, 16, 47-67

Keupp, Heiner (2006): Identitätsarbeit durch freiwilliges Engagement. Schlüsselqualifikationen für die Zivilgesellschaft. In: Tully (2006): 23-39

Krappmann, Lothar (1996): Streit, Aushandlungen und Freundschaften unter Kindern. Überlegungen zum Verhältnis von universellen und soziokulturellen Bedingungen des Aufwachsens in der Kinderwelt. In: Honig et al. (1996): 99-116

Krappmann, Lothar (2002): Warnung vor dem Begriff der Selbstsozialisation. Zeitschrift für Soziologie der Erziehung und Sozialisation, 22, 178-185

Krappmann, Lothar/Oswald, Hans (1995): Alltag der Schulkinder. Beobachtungen und Analysen von Interaktionen und Sozialbeziehungen. München/Weinheim: Juventa.

Lange, Andreas (1996): Formen der Kindheitsrhetorik. In: Zeiher et al. (1996): 75-95

Lange, Andreas (1999): Der Diskurs der neuen Kindheitsforschung. Argumentationstypen, Argumentationsfiguren und methodologische Implikationen. In: Honig et al. (1999): 51-68

Lepenies, Annette/Nunner-Winkler, Gertrud et al. (1999): Kindliche Entwicklungspotentiale. Normalität, Abweichung und ihre Ursachen. München: Deutsches Jugendinstitut.

Leu, Hans Rudolf (1996): Selbständige Kinder. Ein schwieriges Thema für die Sozialisationsforschung. In: Honig/Leu/Nissen (1996): 174-198

Luhmann, Niklas (1971): Politische Planung. Aufsätze zur Soziologie von Politik und Verwaltung. Opladen: Westdeutscher Verlag (4. Auflage 1983).

Luhmann, Niklas (1984): Soziale Systeme. Grundriß einer allgemeinen Theorie. Frankfurt/M.: Suhrkamp
Luhmann, Niklas (1987): Soziologische Aufklärung. Band 4. Opladen: Westdeutscher Verlag
Luhmann, Niklas (1987): Sozialisation und Erziehung. In: ders. (1987): 173-181
Mansel, Jürgen/Fromme, Johannes et al. (1999): Selbstsozialisation, Kinderkultur und Mediennutzung. (Einleitung.) In: Fromme et al. (1999): 9-22
Markefka, Manfred/Nauck, Bernhard (Hrsg.) (1993): Handbuch der Kindheitsforschung. Neuwied: Luchterhand
Mead, George Herbert (1968): Geist, Identität und Gesellschaft. Frankfurt/M.: Suhrkamp
Noam, Gil (1993): Selbst, Moral und Lebensgeschichte. In: Edelstein et al. (1993): 171-199
Postman, Neil (1983): Das Verschwinden der Kindheit. Frankfurt/M.: Fischer
Purpel, Dennis/Ryan, Kevin (1975): Moral education: Where sages fear to tread. Phi Delta Kappa, 56, 659-662
Röhner, Charlotte (2003): Kinder zwischen Selbstsozialisation und Pädagogik. Opladen: Leske + Budrich
Rolff, Hans-Günter/Zimmermann, Peter (1985): Kindheit im Wandel. Eine Einführung in die Sozialisation im Kindesalter. Weinheim/Basel: Beltz
Rusch, Heike/Thiemann, Friedrich (1998). Straßenszenen. Eine neue Kindheit entsteht. Zeitschrift für Soziologie der Erziehung und Sozialisation, 18, 423-434.
Schulze, Hans-Joachim/Künzler, Jan (1991): Funktionalistische und systemtheoretische Ansätze in der Sozialisationsforschung. In: Hurrelmann/Ulich (1991): 121-136
Seiler, Thomas B. (1991): Entwicklung und Sozialisation. Eine strukturgenetische Sichtweise. In: Hurrelmann/Ulich (1991): 99-119
Thiemann, Friedrich (1988): Kinder in den Städten. Frankfurt/M.: Suhrkamp
Tillmann, Klaus-Jürgen (1989): Sozialisationstheorien. Eine Einführung in den Zusammenhang von Gesellschaft, Institution und Subjektwerdung. Reinbek: Rowohlt
Tully, Claus J. (Hrsg.) (2006): Lernen in flexibilisierten Welten. Wie sich das Lernen der Jugend verändert. München: Juventa
Veith, Hermann (2001): Das Selbstverständnis des modernen Menschen. Theorien des vergesellschafteten Individuums im 20. Jahrhundert. Frankfurt/M./New York: Campus
Veith, Hermann (2002): Sozialisation als reflexive Vergesellschaftung. Zeitschrift für Soziologie der Erziehung und Sozialisation, 22, 167-177
Vesper, Michael/Oertzen, Peter von et al. (2001): Soziale Milieus im gesellschaftlichen Strukturwandel. Zwischen Integration und Ausgrenzung. Frankfurt/M.: Suhrkamp
Walper, Sabine (1999): Auswirkungen von Armut auf die Entwicklung von Kindern. In: Lepenies et al. (1999): 291-360
Zeiher, Hartmut (1996): Konkretes Leben, Raum-Zeit und Gesellschaft. In: Honig/Leu/Nissen (1996): 157-173
Zeiher, Hartmut J./Zeiher, Helga (1994): Orte und Zeiten der Kinder. Soziales Leben im Alltag von Großstadtkindern. Weinheim/München: Juventa

Zeiher, Helga/Büchner, Peter/Zinnecker, Jürgen (Hrsg.) (1996): Kinder als Außenseiter? Umbrüche in der gesellschaftlichen Wahrnehmung von Kindern und Kindheit. Weinheim/München : Juventa

Zeiher, Helga (1996): Von Natur aus Außenseiter oder gesellschaftlich marginalisiert? In: Zeiher et al. (1996): 7-27

Zinnecker, Jürgen (1996): Soziologie der Kindheit oder Sozialisation des Kindes. Überlegungen zu einem aktuellen Paradigmenstreit. In: Honig/Leu/Nissen (1996): 31-54

Zinnecker, Jürgen (2000): Selbstsozialisation – Essay über ein aktuelles Konzept. Zeitschrift für Soziologie der Erziehung und Sozialisation, 20, 272-290

Zinnecker, Jürgen (2002): Wohin mit dem „strukturlosen Subjektzentrismus"? Eine Gegenrede zur Entgegnung von Ullrich Bauer. Zeitschrift für Soziologie der Erziehung und Sozialisation, 22, 143-154

Masculinity as Mediated Action: Implications for Boys' Development and Education

Mark B. Tappan

One of the most widely discussed educational issues over the past several years is the apparent decline in academic performance and engagement of boys and young men in schools, colleges, and universities – particularly when compared to girls. These problems are increasingly apparent in the US; they also exist in other first-world countries, including the UK and Australia. This so-called 'boy crisis' has also generated widespread media attention, has spawned a number of best-selling books, and even attracted the attention of former U.S. First Lady Laura Bush, who, in 2005, initiated a White House campaign to help boys improve in school.

In the U.S., elementary, middle, and high school, girls earn higher grades than boys in the major subjects (Duckworth & Seligman, 2006), but boys outperform girls on standardized tests, such as the National Assessment of Educational Progress and the Scholastic Aptitude Test (AAUW Educational Foundation, 2008). Using more accurate measures of the high school graduation rate than have been used before, Heckman and LaFontaine (2007) report that the decline in high school graduation rate is greater for boys than girls, which accounts in part for the differential growth in college attendance for girls. They also report that the gap in college attendance between boys and girls in the US is 10%.

The complexity of the issue becomes apparent when other factors are considered, such as socioeconomic status and race/ethnicity, as they shape the educational experience of boys and girls in the US. One recent report (AAUW Educational Foundation, 2008), for example, shows that gender differences on standardized tests differ according to family income level. Curiously, the report notes that a male advantage on the verbal portion of the Scholastic Aptitude Test is consistently shown only among boys from low-income families. On the other hand, in their wide-ranging study of disconnected young men, Edelman, Holier, and Offer (2006) present data showing that postsecondary enrollment rates are now higher among women in each racial/ethnic group studied in the Current Population Survey. Clearly, there is still much to learn about the inequalities in education that result from the intersection of gender, race/ethnicity, and socioeconomic status, to name just a few of the important factors.

I have been interested in boys' development and education for the past decade or so. As my initial interest in moral development and moral education moved into the realm of identity (Tappan 1999, 2000, 2005; Garz/Tappan 2001), I have found the sociocultural paradigm to be a particularly fruitful alternative to the more traditional cognitive developmental paradigm in which I was trained (Kohlberg 1981, 1984). As such, I am also convinced that the sociocultural perspective has much to offer those interested in boys' development and education – because I believe that boys' masculine gender identity development not only plays a major role in the so called 'boy crisis', but also that boys' masculine gender identity development is deeply and profoundly shaped by social-cultural-historical processes.

Influenced and inspired by the work of Lev Vygotsky (1934/1987, 1978) and Mikhail Bakhtin (1981), sociocultural scholars have focused sustained attention on the ways in which 'mediational means' (i.e., tools and language), appropriated from the social world, shape human mental functioning (see Cole 1996; Wertsch 1985, 1991, 1998). As such the sociocultural perspective seeks to offer an alternative to the explicitly individualistic perspective that has dominated our thinking about human development for the past century or more, by exploring and explicating the relationship between human mental functioning (understood as 'mediated action') and the social, cultural, and historical situations in which such functioning occurs (Wertsch 1998).

My aim in this article, therefore, is to sketch the outlines of a sociocultural perspective on boys' development that considers how boys' masculine gender identity is forged in boys' relationship to and encounter with the culture in which they live. I will also consider, briefly, the role that the media (particularly film and television) play in perpetuating a very limited conception of masculinity that fuels, at least in part, the current 'boy crisis' in education. I will conclude with a brief description of my recent work with boys, as well as some more general thoughts about the implications of this perspective for the education of boys in the contemporary world.

1. Masculinity as Mediated Action

Following Penuel and Wertsch (1995), I have found it most helpful to view masculinity and masculine gender identity as a form of *mediated action*. Informed by the work of both Vygotsky and Bakhtin, the concept of mediated action entails two central elements: an 'agent', the person who is doing the acting, on the one hand, and 'cultural tools' or 'mediational means', the tools, means, or 'instru-

ments', appropriated from the culture, and used by the agent to accomplish a given action, on the other (Wertsch 1998).
Methodologically, adopting a mediated action approach to understanding masculine gender identity formation means focusing less on what boys and young men *say* about their own sense of self-understanding, and more on what they *do* with particular cultural tools or resources (see also Holland et. al. 1998) in specific situations and circumstances:

> "Taking mediated action as the unit of analysis (...) allows us to ask a different set of questions about the way individuals use cultural tools to form an identity (...) In this approach, what we are attempting to interpret, explain, or analyze is meaningful human action, rather than either inner states of individuals or sociocultural processes, considered in isolation. (...) The sociocultural framework asks us to focus on specific questions about the mediational means or cultural tools that people employ to construct their identities in the course of different activities and how they are put to use in particular actions. When identity is seen in this framework as shaped by mediational means or cultural tools, questions arise as to the nature of cultural tools and why one, as opposed to another, is employed in carrying out a particular form of action". (Penuel/Wertsch 1995: 91)

The cultural and historical tools, resources, or mediational means that are most critical for identity formation are the *ideologies* that are available in a particular social-cultural-historical context:

> "Cultural tools in the form of ideologies provide individuals with a coherent world view, something that, in [Erikson's] view, youth desperately need to fashion an identity. In that way, these ideologies are empowering, providing youth with a compass in a contradictory and complex world. At the same time, [however], these resources are, according to Erikson, constraining, in that individuals are limited in who they can become by the array of choices of ideology, career, and self-expression". (Penuel/Wertsch 1995: 90)

The meanings of these ideologies-used-as-cultural tools are not, however, fixed and immutable. Rather, these meanings are quite fluid and flexible, determined, in large measure, by how such resources and tools are used in a particular situation:

> "The cultural and historical resources for identity formation do not constitute a single, undifferentiated whole, but represent a diversity of mediational means. In that way, identity may be conceived as formed when individuals choose on particular occasions to use one or more resources from a cultural 'tool kit' to accomplish some action (see Bruner 1990; Wertsch 1991). Ideologies are embedded in a multitude of tools and signs; in this respect, identity researchers must be open to the variety of

settings and signs in which an individual's identity is being constructed or expressed". (Penuel/Wertsch 1995: 90)

In the end, therefore, it is important to acknowledge the fundamentally *rhetorical* and *persuasive* character of identity as mediated action:

> "We suggest that identity be conceived as a form of action that is first and foremost rhetorical, concerned with persuading others (and oneself) about who one is and what one values to meet different purposes. (...) It is always addressed to someone, who is situated culturally and historically and who has a particular meaning for individuals". (Penuel/Wertsch 1995: 91)

Consequently, this conception of masculinity and masculine gender identity as mediated action links to Judith Butler's (1990, 1991) argument that identity is fundamentally *performed* or *enacted* (see also Goffman 1959). Butler suggests, in particular, that identity is fragile, that the roles one plays are unstable, and hence actors must continually repeat their performances of identity, in different contexts, and for different audiences, in order to provide some measure of stability and certainty:

> "If heterosexuality [for example] is compelled to *repeat itself* in order to establish the illusion of its own uniformity and identity, then this is an identity permanently at risk. (...). If there is, as it were, always a compulsion to repeat, repetition never fully accomplishes identity. That there is a need for repetition at all is a sign that identity (...) requires to be instituted again and again, which is to say that it runs the risk of being *de*-instituted at every interval". (Butler 1991: 24)

So, if identity is a form of mediated action, and if it is performed or enacted (repeatedly, perhaps, in different contexts, for different audiences), then one's performance of one's identity must entail the use of specific cultural tools/mediational means – particularly ideologies. Thus a fundamental question for researchers studying the manifestations and implications of identity-in-action is to identify the ideologies that are appropriated in a given social-cultural-historical context, and to understand how these ideologies are used to mediate the performance of identity in that context (in both positive and negative ways).

Consider the gender identity development of boys – what might be called the "cultural reproduction of masculinity" (Tappan 2001). On this view boys' masculine gender identity development is not simply the result of internal psychological processes that occur largely unconsciously, as early object relations are reconfigured and identification shifts from mother to father – as the psychodynamic account would have it (see Chodorow 1978). Rather, the development of boys' masculine gender identity is profoundly shaped by social and cultural forces, as boys form their understanding of themselves as boys in the course of mediated action, interaction, and performance that occurs in social settings in which identity is at stake, mediated by cultural tools and resources – specifically, *ideologies* about what it means to be a male in this culture at this time in history.

William Pollack's (1998) discussion of the 'boy code' illustrates this process. The 'boy code', which was originally introduced by Robert Brannon (1976), is "a set of behaviors, rules of conduct, cultural shibboleths, and even a lexicon" (Pollack 1998: xxv) – that is, a set of cultural tools/mediational means – that define the ways 'real boys' should act and interact in the world:

5. 'No Sissy Stuff'. One may never do anything that even remotely suggests femininity. Masculinity is the relentless repudiation of the feminine.
6. 'Be a Big Wheel'. Masculinity is measured by power, success, wealth, and status. As the current saying goes, "He who has the most toys when he dies wins".
7. 'Be a Sturdy Oak'. Masculinity depends on remaining calm and reliable in a crisis, holding emotions in check. In fact, proving you're a man depends on never showing your emotions at all. Boys don't cry.
8. 'Give 'em Hell'. Exude an aura of manly daring and aggression. Go for it. Take risks. (Kimmel 2003: 58)

This 'code', says Pollack, is "inculcated into boys by our society [appropriated by boys in our society] – from the very beginning of a boy's life" (p. xxv). "These rules", argues Kimmel (2003),

> "contain the elements of the definition against which virtually all American men are measured. Failure to embody these rules, to affirm the power of the rules and one's achievement of them, is a source of men's confusion and pain. Such a model is, of course, unrealizable for any man. But we keep trying, valiantly and vainly, to measure up. American masculinity is a relentless test". (Kimmel 2003: 58)

As such, this 'code', these 'rules', represent, in Penuel and Wertsch's (1995) terms, a *cultural resource* that boys use to mediate their performance of masculine gender identity.

The work of Pollack and Kimmel thus illustrate the ways in which masculinity and masculine gender identity is mediated by what has come to be called 'masculinity ideology' (see Pleck 1981; Pleck/Sonenstein/Ku 1993a, 1993b). 'Masculinity ideology' (a sociocultural construction) is distinguished from 'masculine gender-related personality traits' (the degree to which a person actually possesses or demonstrates psychologically – or biologically – based characteristics traditionally expected in men). Thus "males act the way they do not because of their male role identity, or their level of masculine traits, but because of the conception of masculinity [i.e., the masculinity ideology] they internalize [appropriate] from their culture" (Pleck/Sonenstein/Ku 1993b: 14-15).

The 'traditional' or 'conventional' masculinity ideology – the social construction of masculinity most prevalent in the contemporary U.S. – consists of an interrelated set of attitudes regarding how a 'real man' should act in relation to self and others (Pleck 1981). Writing from an explicitly critical perspective, Connell (1987) calls this constellation of attitudes 'hegemonic masculinity':

> "In the concept of hegemonic masculinity, 'hegemony' means (...) a social ascendancy achieved in a play of social forces that extends beyond contests of brute power into the organization of private life and cultural processes. Ascendancy of one group of men over another achieved at the point of a gun, or by the threat of unemployment, is not hegemony. Ascendancy, which is embedded in religious doctrine and practice, mass media content, wage structures, the design of housing, welfare/taxation policies and so forth, is". (ebd.: 184)

Traditional or hegemonic masculinity (Pollack's 'boy code') thus include attitudes about 'status' ("A man always deserves the respect of his wife and children"), 'toughness' ("A young man should be physically tough, even if he's not big"), and 'antifemininity' ("It bothers me when a guy acts like a girl") (Pleck/Sonenstein/Ku 1993a).

A variety of symbolic structures and cultural practices serve to perpetuate traditional/hegemonic conceptions of masculinity, ranging from those that operate on the social and cultural levels, to those that operate on the interpersonal level. Across the board, however, the common feature is that these structures and practices both privilege and perpetuate 'men's dominance over women':

> "Hegemonic masculinity must embody a successful collective strategy in relation to women. Given the complexity of gender relations no simple or uniform strategy is possible: a 'mix' is necessary. So hegemonic masculinity can contain at the same time, quite consistently, openings towards domesticity and openings towards violence, towards misogyny and towards heterosexual attraction". (Connell 1987: 185-186)

A sociocultural perspective on the formation of masculine gender identity thus offers a way to understand how masculinity is shaped and mediated by social, cultural, historical, and institutional processes – processes, that is, that give rise to and support the ideologies of traditional or hegemonic masculinity that so often shape the performance of boys' and men's mediated gender identities. One of the most powerful and influential of these processes is the media itself, which profoundly influences the lives of contemporary boys and young men.

2. Mediated Masculinity

Contemporary American boys are taught that they are liberated, individualistic, and independent from an early age. Yet, when looking at boyhood critically, these notions of freedom collide with the rigid strictures of boyhood – the cultural mediation that narrowly defines masculinity. Despite a rhetoric of liberty, American culture and, more largely, the culture of masculinity, socially define acceptable gender identity and expression. These socially constructed definitions are embodied in the system of patriarchy and the 'boy code' that construct and perpetuate hegemonic masculinity. The media is one of the principle means by which such social constructions are propagated.

Examples of explicit messages about what it means to be a 'real boy' and a 'real man' abound in popular culture, particularly television programs and films to which boys are exposed at a very early age. From *SpongeBob* to *Jimmy Neutron*, from *Toy Story* to *Spiderman*, boys encounter messages intend to promote and reinforce the 'boy-code'. My colleagues Lyn Mikel Brown, Sharon Lamb, and I have been exploring these messages in some detail. We have been particularly interested in the way marketers and the media have eroded the boundary between adult men and boys, increasingly selling young boys an identity story that includes partying, pimping, playing people, and slacking. Based on an online survey of 600 boys ages 6-18 across the U.S., who told us what they wear, watch, read, listen and do, we analyzed boys' media and the products they consume for the messages they give about what it means to be a boy in contemporary U.S. culture (see Brown/Lamb/Tappan, in press).

In our research, we found ample evidence that the 'boy code', and the conventional and restricting expectations of what it means to be a man that it represents, is still alive and well in the marketing and media for boys. Boys are bombarded with images of boys winning, dominating, sucking it up, and conquering. On the other hand, in recent years, an alternative for boys has also been promoted, as a way of saving face, given the pressure the 'boy code' identity imposes. This alternative, 'the slacker', allows boys to opt out of competition, be with other boys in non-competitive ways, indulge in risk-taking behavior in ways that are minimally harmful in the short-term, and negotiate sexual relationships in a way that won't leave them feeling humiliated.

These messages, cultural resources, and identity options can be found in boys' movies and TV, video games, music, magazines, toys, and clothing lines. We have also been interested in the marketing techniques that take advantage of boys' need to forge certain identities in childhood and adolescence, as well as their need to publicly perform heteronormative masculinity. If culture can be defined as the intentional worlds we create, our analysis is an attempt to question how these intentions contribute to the everyday warnings boys get about how to "live the popular" (McLaren/Leonardo 2001); that is, to be the boys who, in U.S. culture at least, have social and cultural capital.

For example, one of the ironies about the recent popularity of *Harry Potter* books and movies is that while the books, in particular, have encouraged countless numbers of boys (and girls) to become interested in reading, one of the messages that Harry Potter, particularly in his cinematic incarnation, sends is that Harry's heroism and success comes not as a result of success in the classroom (that's left to his female friend Hermione), but rather from athletic competence, risk-taking, rule-breaking, and heroism. Needless to say, there are countless other examples, both blatant and subtle, that say to boys that academic success and hegemonic masculinity, as it is represented in the media and popular culture, simply do not mix.

In other words, one of the messages associated with the 'boy code' is that 'it's not cool to do well in school'; that academic success is only for nerds and geeks; that it's much better to be tough, aggressive, and athletic than it is to be smart. This link between masculinity and boys' struggles in academic contexts has recently been explored by Porche, Ross, and Snow (2004), who argue that boys socialization toward more traditional and conventional masculine gender roles negatively impacts their literacy engagement and achievement, particularly in middle school (ebd.: 349).

3. Media Literacy for Boys

To help boys, particularly boys in early adolescence, resist the pressures of the boy code, and to interrupt some of the most damaging messages about masculinity found in popular culture, my students and I have turned to a media literacy approach. The role of media literacy for boys is to raise boys' consciousness about masculinity, to interrupt male privilege, and thus to develop, in boys, the capacity to be critical consumers of the messages that are transmitted by the media and popular culture about what it means to be a 'real boy'.

For the past four years we have been working with groups of 5th-8th grade boys in Central Maine to explore a media literacy approach in the context of ongoing discussion/support groups facilitated by college students working in male-female pairs. We provide examples of media representations in movies, television, video games, music, magazines, etc., and then we discuss the messages contained in these examples, using a media literacy approach that we have adopted from the New Mexico Literacy Project (2001):

- What is the text (literal meaning) of the message?
- What is the subtext (unstated or underlying message)?
- What kind of lifestyle is presented? Is it glamorized? How?
- What values are expressed?
- What messages does this example send to boys…
- about the 'boy code'?
- about male privilege?
- about boys in school?
- Does the example send different messages to different boys? What about the messages it sends to girls? Can there be different interpretations of the same example?

We interviewed a group of the boys after the first year of these groups, and here is some of what three of the boys had to say about their experience in the boys' groups:

I: What has boys group taught you?
C: Well, not so much last year, but this year I've helped out more, I've begun to read to my brother. Well actually he now sleeps in my room cause he shares a room with my little brother who's six and he's twelve so my room's only 8x10 so that's kinda small so he comes and sleeps in my room, he doesn't wanna be with my other brother, he's at that age difference. So I've been a lot nicer to him, I don't beat him up as much anymore
I: Ha ha ya
C: We still have our little moments, but if that happens, ya know, we don't see that much of each other so
I: And do you think boy's group has helped change that a little bit?
C: Ya I kinda do
I: What's boy's group done, I mean what's changed your outlook on that?
C: I've also been nicer to other people around school and everything, cause like during this whole boys group meeting and everything looking at how the scenarios happen and how the person is treated and what could happen if another person helped, I like being the person who helps and it's the nicer thing, I also don't wanna be disliked by people, even if I don't know them, so I've become a better person, I don't want to hurt peoples' feelings, I just want them to be happy, for me to be happy.
I: That's had such a great impact on you.
C: Ya
I: What were your favorite activities?
C: I think it was the talking, just like talking and listening to people. I do a lot of that anyway. I'm kinda like the friend that's kinda like the counselor, they all call me and I'm like Ok. So I get that a lot, so I like listening and talking a lot.
I: Now do you think for boys your age are there a lot of opportunities for boys to sit around and talk and listen to each other?

C: No not really. Well we're all like we don't wanna talk cause that's like a girly thing to do, you know the girls talk to each other about guys. I think there should be more girls groups and everybody. I think it should start in 6th grade or 7th grade and go as far as they can because I think we bottle up a lot of frustration and anger and I think boys group is a good way to get it out instead of taking it out on somebody else.

I: Why did you decide to take part in boys' group?
T: Well I decided to do the boys' group like, to get close and make new friends and get to know people better. I didn't really know T before and then since I've been in boys' group I've started to realize the kind of person he is, like a bunch of people think he's weird and stuff and call him names, he's not really like that though. He's actually a cool kid, and he's nice and stuff, so that's really why I got into boys' group, to learn more about other people.
I: Cool. What has boys' group taught you about other people?
T: It's taught me that not everybody's what they seem on the outside, how people read them, they're not really like that.
I: What else has boys' group taught you?
T: It's taught me that we can really be closer than, like the school I went to before I moved up here we didn't really have quite this kinda stuff like here in Winslow.

I: What has Boys' Group taught you?
R: A lot of trust, that I can trust a lot of the boys in Boys' Group to keep our secrets and stuff.
I: Do you usually trust other people?
R: Ya I trust a lot of people. Unless I have like....then they're harder to trust.
I: Why was it easy to trust everyone in Boys' Group?
R: Cause a lot of people in Boys' Group are my friends so I've known them for a long time.
I: What kinds of things have you done in Boys' Group?
R: We talk a lot about our feelings, our secrets.
I: Secrets, what about secrets.
R: Like when we had something wrong, if you told someone, usually in Boys' Group you'd feel a lot better, cause you let it out and you know them.

The boys' voices provide a glimpse of how boys themselves respond to such media literacy efforts. Even more important to them, however, is clearly the role that the group has played as a supportive context for them to explore the dynamics of trust and friendship.

4. Conclusion

In this article I have argued that the sociocultural approach to the study of human development provides a very useful perspective on the development of boys' masculine gender identity. As such, conceptualizing masculinity, and masculine gender identity, as forms of 'mediated action' – i.e., forms of action or activity shaped by cultural tools and resources – leads to an understanding of boys' gender identity development as fundamentally a process of cultural reproduction. On this view, therefore, prevailing cultural messages and ideologies of masculinity (particularly as those messages and ideologies are represented in the media and popular culture) are used as tools to shape actions and interactions, and boys' gender identity, in the end, is as much about rhetorical and performative attempts to convince others (boys and girls) of one's masculinity as it is about actually 'being' a boy.

To conclude, let me briefly consider some of the educational implications of the kind of sociocultural perspective on boys' development I have earlier. A sociocultural perspective on boys' gender identity development suggests that the formation of masculinity is not an immutable internal process. Rather, it is an external cultural process mediated and shaped by discursive and symbolic resources that, while quite powerful in their own right, can be altered. This resonates, moreover, with the view that cultural conceptions of masculinity change over time (see Kimmel 1996); hence what it means to be a boy or a man in one day and age does not necessarily correspond to what it means to be a boy or a man in another.

Masculine gender identity, in other words, is malleable, and what it means to be a boy/man can be contested and negotiated. But this process must begin early, as boys struggle to hold onto and express their experiences of vulnerability in relationships – particularly their feelings of sadness, pain, and abandonment in the face of the conventional discourse about what it means to be a 'big boy' or a 'real man' that pressures boys/men to 'be tough' (see also Pollack 1998).

All of this is to say that there is a critical role for parents and educators to play in the lives of young boys – to interrupt the cultural reproduction of hegexand ideologies, and encouraging them to participate in a different set of practices, than those currently available to boys as their gender identity is being formed. This is what we have been trying to do in our media literacy work with boys. 'Changing the script', so to speak, is not easy, it is very challenging and even frustrating at times, but it is possible, and if it means that the kind of negative, hurtful, and even violent behavior in which boys so often engage in order to 'prove' their masculinity to others and to themselves can be avoided, it is definitely worth the effort.

References

AAUW Educational Foundation (2008): Where the girls are: The facts about gender equity in education. Washington, DC: Author
Bakhtin, Mikhail (1981). The dialogic imagination (edited by Holquist, Michael, translated by Emerson, Caryl & Holquist, Michael). Austin: University of Texas Press
David, Deborah/Brannon, Robert (Eds.) (1976): The forty-nine percent majority. Reading, MA: Addison-Wesley
Brannon, R (1976): The male sex role—and what it's done for us lately. In David/Brannon (1976): 1-49
Brown, Lyn/Lamb, Sharon/Tappan, Mark (in press). Packaging boyhood: Saving our sons from superheroes, slackers, and other media stereotypes. NY: St. Martin's Press
Butler, Judith (1990): Gender trouble: Feminism and the subversion of identity. New York: Routledge
Butler, Judith (1991): Decking out: Performing identities. In Fuss (1991): 32-70
Chodorow, Nancy (1978): The reproduction of mothering: Psychoanalysis and the sociology of gender. Berkeley: University of California Press
Cole, Michael (1996). Cultural psychology: A once and future discipline. Cambridge: Harvard University Press
Connell, Robert (1987): Gender and power: Society, the person and sexual politics. Stanford, CA: Stanford University Press
Duckworth, Angela L./Seligman, Martin E. P. (2006): Self-discipline gives girls the edge: Gender in self-discipline, grades, and achievement scores. Journal of Educational Psychology. Vol. 98. 2006. 198-298
Edelman, Peter/Holzer, Harry J./Offner, Paul (2006): Reconnecting disadvantaged young men. Washington, DC: Urban Institute Press
Fuss, Diana (Ed.) (1991): Inside/out: Lesbian theories, gay theories. New York: Routledge
Garz, Detlef/Tappan, Mark (2001). Das kompetente und das dialogische moralische Selbst. In: Handlung – Kultur – Interpretation. Vol. 10. 246-272
Goffman, Irving (1959): The presentation of self in everyday life. Garden City, NY: Doubleday Anchor
Heckman, James J./LaFontaine, Paul A. (2007, December). The American high school graduation rate: Trends and levels. (Discussion Paper No. 3216). Bonn, Germany: IZA
Holland, Dorothy/Lachicotte, William/Skinner, Debra/Cain, Carol (1998): Identity and agency in cultural worlds. Cambridge, MA: Harvard University Press
Kimmel, Michael (1996): Manhood in America: A cultural history. New York: The Free Press
Kimmel, Michael/Ferber, Abby (Eds.) (2003): Privilege: A reader. Boulder, CO: Westview
Kimmel, Michael (2003): Masculinity as homophobia. In Kimmel/Ferber (2003): 51-74
Kohlberg, Lawrence (1981): Essays on moral development. Vol. I. The philosophy of moral development. San Francisco: Harper & Row

Kohlberg, Lawrence (1984): Essays on moral development, Vol. II: The psychology of moral development. San Francisco: Harper & Row.
McLaren, Peter/Leonardo, Zeus (2001): "Dead Poets Society": Deconstructing surveillance pedagogy. In: Packer/Tappan (2001): 261-286
Oskamp, Stuart/Costanzo, Mark (Eds.) (1993), Gender issues in contemporary society. Newbury Park, CA: Sage
Packer, Martin/Tappan, Mark (Eds.) (2001): Cultural and critical perspectives on human development. Albany: State University of New York Press
Penuel, William/Wertsch, James (1995). Vygotsky and identity formation: A sociocultural approach.In: Educational Psychologist. Vol. 30. 83-92
Pleck, Joseph H. (1981): The myth of masculinity. Cambridge: The MIT Press
Pleck, Joseph H./Sonenstein, Freya L./Ku, Leighton (1993a): Masculinity ideology and its correlates. In: Oskamp/Costanzo (1993): 85-110
Pleck, Joseph H./Sonenstein, Freya L./Ku, Leighton (1993b): Masculinity ideology: Its impact on adolescent males' heterosexual relationships. In: Journal of Social Issues. Vol. 49. 11-29
Pollack, William (1998): Real boys: Rescuing our sons from the myths of boyhood. New York: Henry Holt and Co.
Porche, Michelle/Ross, Stephanie/Snow, Catherine (2004): From preschool to middle school: The role of masculinity in low-income urban adolescent boys' literacy skills and academic achievement. In: Way/Chu (2004): 338-360
Tappan, Mark (1999): Authoring a moral self: A dialogical perspective. In: Journal of Constructivist Psychology. Vol. 12. 117-131
Tappan, Mark (2000): Autobiography, mediated action, and the development of moral identity. Narrative Inquiry. Vol. 10. 81-109
Tappan, Mark (2001): The cultural reproduction of masculinity: A critical perspective on boys' development. In: Packer/Tappan (2001): 241-260
Tappan, Mark (2005): Domination, subordination, and the dialogical self: Identity development and the politics of "ideological becoming." In: Culture and Psychology. Vol. 11(1). 47-75
Vygotsky, Lev (1978): Mind in society: The development of higher psychological processes. (edited by Cole, Michael/John-Steiner, Vera/Scribner, Sylvia/Souberman, Ellen). Cambridge: Harvard University Press
Vygotsky, Lev (1987): Thinking and speech. In: Vygotsky (1987): 37-285
Vygotsky, Lev (1987): The collected works of L.S. Vygotsky. Vol. 1: Problems of general psychology (edited by Rieber, Robert/Carton, Aaron, translated by Minick,). New York: Plenum Press. (Original work published 1934)
Way, Niobe/Chu, Judy (Eds.) (2004): Adolescent boys: Exploring diverse cultures of boyhood. New York: NYU Press
Wertsch, James (1985): Vygotsky and the social formation of mind. Cambridge: Harvard University Press
Wertsch, James (1991): Voices of the mind: A sociocultural approach to mediated action. Cambridge: Harvard University Press
Wertsch, James (1998): Mind as action. New York: Oxford University Press

Erziehung als Gewalt – Wohin Bernhard Bueb die Pädagogik führen will

Franz Hamburger

1. Mut zur Erziehung

Ein Ruf mit mächtigem Widerhall geht durchs Land: „Habt wieder Mut zur Erziehung!" Dies ist weder neu noch überraschend noch ungewöhnlich. Die Geschichtlichkeit menschlicher Gesellschaften konstituiert einen sozialen Wandel, der in ‚kalten' Gesellschaften nur langsamer ist als in ‚heißen' Gesellschaften. Dies betrifft die einzelnen Subsysteme ebenso wie die Gesellschaften als ganze. Die Realität der Erziehung ist dabei ebenso in einem permanenten Wandel begriffen wie die Reflexion und der Diskurs über Erziehung.

Zumindest drei Positionen sind in solchen Debatten unerlässlich: Einmal die der ‚Reformer', häufig mit der Legitimation des Fortschrittsglaubens antretend und eine Verbesserung mehr oder weniger genau bestimmter Missstände versprechend. Dann die der ‚Bewahrer', die auf der Grundlage von Erfahrung die Gültigkeit überkommener Grundsätze und Praktiken in den Vordergrund stellen und an dem, was sich bewährt hat, festhalten wollen. Schließlich sind da diejenigen, die nach zeitübergreifenden Strukturen von Bildung und Erziehung suchen und auch solche herauszuarbeiten versuchen. Diese letztere Auffassung steht vor der Aufgabe, die historische Kontextualität von Erziehungspraktiken zu reflektieren und ein ‚Wesen' von Erziehung freizulegen. Die Vermischung der drei Auffassungen und Argumentationen ist in der Regel ein bedeutsames Problem des pädagogischen Diskurses.

Wenn heute der Ruf nach ‚Mut zur Erziehung', wie ihn nach Christa Meves und dem Bonner Forum „Mut zur Erziehung" Bernhard Bueb besonders laut ausgestoßen hat, wieder eine erhebliche Resonanz findet, dann vor allem deswegen, weil eine Epoche des beschleunigten sozialen Wandels eingesetzt zu haben scheint. Im Kern liegt dem Wandel – wie häufig – eine technologische oder ökonomische Revolution zugrunde, die einen globalen und digitalen Finanzkapitalismus heraufgeführt hat. Dieser Kapitalismus ist nicht erst im Jahr 2008 Realität geworden, sondern hat schon wesentlich länger das Funktionieren der Weltwirtschaft bestimmt (Castells 1996).

Die Dimensionen des Sozialen und der Kultur sind diesen Dynamiken ausgesetzt und müssen auf die „Kolonialisierung der Lebenswelt" reagieren. Deshalb ist die Debatte über die Ausrichtung und Orientierung der Erziehung eine notwendige Aufgabe. Doch schon die Behauptung, dass dies ‚heute' mehr erforderlich sei als ‚früher', ist empirisch begründungspflichtig. Vielfach zeigt sich ja auch, dass die Dramatisierungsdebatten empirisch haltlos sind. Ein Beispiel ist die Behauptung von ‚mehr Gewalt in der Schule', die sich nach spektakulären und vor allem medial eindrucksvoll präsentierten einzelnen Ereignissen wie eine Wandersage verbreitet. Ein anderes Beispiel sind die maßlosen Beschwörungen eines Kulturverfalls im Reden über das Rauschtrinken unter Jugendlichen, das mit dem Begriff des ‚Komasaufens' allein schon eine mediengerechte Dramatisierung erfährt. Wo es angekündigt wird, tummeln sich mehr Fotografen und Kameraleute als rauschbereite jugendliche Trinker.

Typischerweise können die Alarmmeldungen nur diffus formuliert werden; so spricht auch Bueb davon: „Viele irren ziel- und führungslos durchs Land." (Bueb 2006: 11) Die Heilsbotschaft „Weg zum rechten Maß" (a.a.O.: 12) braucht die Verfallsdiagnose; dem Niedergang wird der Aufstieg entgegengesetzt. Die altbekannte Struktur fast aller Mythen von Aufstieg und Fall, Niedergang und Heilsversprechen ist schlicht, aber wirksam. Ambivalenzen und Zweifel, Fragen und Unsicherheiten werden in einem Modell der *Deutung* aufgenommen, das mit seiner einfachen Struktur überzeugen kann und dabei genau jene Erklärungssicherheit verspricht, die es formal verwirklicht – unabhängig von allen einzelnen Argumenten und Befunden. Die Struktur der Rede ist die Botschaft – und dies reicht aus, weil es um die Kanalisierung von Befindlichkeiten geht.

Je diffuser die Zeitdiagnose ist, umso eher kann sie an Befindlichkeiten anschließen. Bei Bueb werden die Figuren des mythologisierenden Redens in zweierlei Hinsicht radikalisiert: sachlich und historisch. In sachlicher Hinsicht wird ein „Fundament" der Erziehung behauptet: „die vorbehaltlose Anerkennung von Autorität und Disziplin" (a.a.O.: 11). Damit wird als immerwährend gültig (‚Fundament') eine Unterwerfung des Zöglings unter den Erzieher postuliert. Der Zögling kann keinen Vorbehalt im Hinblick auf die Art und Weise der Autoritätsausübung noch ihrer Begrenzung vertreten. Er kann nicht als Subjekt im Erziehungsprozess gelten, dem eine unhintergehbare Individualität, Würde und das Recht zukommt, eine Anerkennung der Autorität zu begrenzen. Natürlich formuliert Bueb in seiner Streitschrift auch Anforderungen an den Erzieher und fordert Humor, Güte, Liebe, Fürsorge und andere Tugenden, doch die Bedingung für ihre Realisierung ist die Vorbehaltlosigkeit der Unterwerfung. Wenn der Zögling die Vorbehaltlosigkeit realisiert, kann er mit allen Zuwendungen durch den Erzieher rechnen. Doch die vorbehaltlose Anerkennung der Autorität und Disziplin ist stets konstituierend.

Der pädagogische Fundamentalismus wird in der historischen Selbsteinordnung radikalisiert, wenn gefordert wird, dass die Pädagogik aus dem Schatten des Nationalsozialismus heraustreten solle. „Die Werte und Tugenden, die das Herz der Pädagogik ausmachen, haben sich bis heute nicht vom Missbrauch durch den Nationalsozialismus erholt" (a.a.O.: 12). Auch hier findet sich die Konstruktion eines überzeitlichen Wesens der Erziehung, das von historischen Befleckungen gereinigt werden soll. Dass es Werte und Tugenden gibt, die im Nationalsozialismus in ihrer Konsequenz der Anwendung sichtbar geworden sind als bedingungsloser Gehorsam, dies wäre die alternative Deutung, aus der sich eben ein Vorbehalt ergeben würde gegenüber Autorität und Disziplin. Es geht in der Pädagogik der Disziplin lediglich um den rechten Gebrauch, um das Ausmaß einer vorbehaltlos gültigen Autorität, nicht um eine demokratische Begründung von Autorität und Disziplin. Gerade der Hinweis darauf, dass ‚die Werte und Tugenden' durch den Nationalsozialismus *nur* ‚missbraucht' werden, zeigt die behauptete Kontinuität einer wahren Erziehung, die eben durch den demokratischen *Bruch* nicht hindurchgegangen ist. Das Wort Demokratie wird im „Lob der Disziplin" verwendet, wenn es um die Beschreibung von Verfallsprozessen geht (a.a.O.: 80ff.). Demokratie wird diskreditiert mit dem Hinweis auf das menschliche „Bedürfnis nach Hierarchie, nach damit verbundenen Vorteilen und nach ein wenig Glanz" (a.a.O.: 89). Eine historische Schieflage produziert Bueb nicht zuletzt dadurch, dass er ‚1968' nicht mit der bis dahin praktizierten Erziehung in Verbindung bringt.

2. Heimerziehung nach 1945 und vor 1968

In der Verfallsgeschichte der Pädagogik ist ‚1968' das Symbol des absoluten Tiefpunktes. Was immer an Vorstellungen mit dieser Jahreszahl verbunden ist, sie wird in der Regel zu einem Höhe- oder Tiefpunkt der gesellschaftlichen Entwicklung in der zweiten Hälfe des 20. Jahrhundert stilisiert. Weder die Vielfalt der Auffassungen, die mit ‚1968' tatsächlich verbunden sein mögen, noch die Komplexität der Folgen von ‚1968' können in einem überschaubaren Text beschrieben werden. Ein Schlaglicht sei an dieser Stelle nur auf ein Segment der praktizierten Disziplinpädagogik geworfen, die Heimerziehung – für Jugendliche in einer langen Tradition als Fürsorgerziehung realisiert und erst mit ‚1968', dem Sündenfall im Bueb'schen Weltbild, ernsthaft kritisiert und verändert (Arbeitsgruppe Heimreform 2000). Die Heimkampagne 1969 bildet im Anschluss an die Studentenbewegung eine „historische Zäsur (a.a.O.: 11), die eine Praxis der Unterdrückung und Gewalt durch Erziehung anprangert und wohl auch weitgehend beendet hat. Die Literatur, die diese Praxis aufdeckt, entwickelt sich am

Anfang der 1970er Jahre von Brosch (1971), Aich (1973) bis Holzner (1978) und ebbt dann langsam ab, von gelegentlichen autobiografischen Hilferufen abgesehen (Homes 1982). Erst der SPIEGEL-Redakteur Peter Wensierski (2006) kann die „verdrängte Geschichte der Heimkinder" öffentlich skandalisieren und setzt eine intensive Diskussion in Gang (Landeswohlfahrtsverband Hessen/Internationale Gesellschaft für erzieherische Hilfen 2006) – vielleicht auch deshalb, weil seine Darstellung mit ihrer dramatisierenden Schreibe gelegentlich die Grenzen des Sozialkitsches überschreitet und somit leicht angreifbar ist. Aber auch hinter dem SPIEGEL-Text wird eine Wirklichkeit sichtbar, die bis dahin eher in Autobiografien anklagend oder in politischen Schriften skandalisierend dargestellt worden ist.

Ein gravierendes Problem der Themenkonjunkturen besteht darin, dass sich auch die wissenschaftliche Forschung am öffentlichen Interesse orientiert und nur im Ausnahmefall eine langfristig angelegte Forschungspraxis entwickelt. Darunter leidet die Qualität, insofern Quellen und Dokumente nicht systematisch und kontinuierlich erschlossen und archiviert werden. Ein zweites Problem ist die Bearbeitung von Legitimations- und Schuldfragen (Kappeler 2008). Die zeitgeschichtliche Forschung ist nämlich sowohl in den Orientierungsdiskurs der Gegenwart eingebunden (Arbeitsgruppe Heimreform 2000) als auch in den Verwendungskontext von Entschädigungsprozessen (Forum Erziehungshilfen 2008). Der Aktionsforschung zugeordnet werden können Untersuchungen, die mit den betroffenen Personen gemeinsam durchgeführt werden und deren biografische Reflexion unterstützen sollen.

Auch wenn an dieser Stelle kein Forschungsbericht über die Heimerziehung zwischen 1945 und 1968 stehen kann, sei auf eine persönliche Erinnerung des Sozialpädagogen Siegfried Müller (1999) hingewiesen, der Mitte der 1960er Jahre in seinem Praktikum ein Erziehungsheim von innen kennen lernte und geschockt war von dem ‚militärisch' strukturierten Alltag, den ‚öffentlichen Degradierungen' und der ‚Brutalität der Erzieher'. In der Reaktion auf solche Berichte, auf das Buch von Wensierski und die Selbstorganisation ehemaliger Heimkinder werden freilich auch andere Erfahrungen der fürsorglichen Förderung an die Öffentlichkeit gebracht und die Erziehungspraktiken der Heime in Relation zu den allgemein verbreiteten Erziehungsauffassungen der Zeit gesetzt. Nicht zuletzt dieses Gegeneinander ist als Hinweis auf die Notwendigkeit vertiefter Forschung zu verstehen.

3. Erziehung als Gewalt: Kontextuierung

Auch die folgende Untersuchung eines ‚Strafbuches' aus den 1960er Jahren stellt lediglich ein thematisch isoliert stehendes Mosaiksteinchen dar für einen erst noch zu entwickelnden Forschungszusammenhang. Zunächst steht sie im Kontext der Rekonstruktion des Aufbaus der Jugendhilfe nach 1945. Dabei zeigt sich, dass erst in den 1960er Jahren die Auseinandersetzung der Weimarer Republik um die pädagogische Ausgestaltung der Fürsorgeerziehung aufgenommen wird. Dies lässt sich an den Aktivitäten des Rheinland-Pfälzischen Landesjugendamts exemplarisch aufzeigen (vgl. Hamburger 2006).

Konkretisiert hat sich Mitte der 1960er Jahre diese Auseinandersetzung an der Frage der *„Strafgewalt über Schützlinge der Freiwilligen Erziehungshilfe und der Fürsorgeerziehung"*. Im Verlauf des Jahres 1968 setzt ein intensiver Briefwechsel mit Heimen, Höheren Fachschulen, anderen Landesjugendämtern und Ministerien ein, der schließlich zu einer Neufassung einer Regelung von 1962 führte. Dort hatte es noch geheißen:

> „Die Strafen dürfen nicht entwürdigend oder gesundheitsschädlich sein. Stets ist auf körperliche, geistige und seelische Beschaffenheit und augenblickliche Verfassung des zu strafenden Minderjährigen Rücksicht zu nehmen; gegebenenfalls ist der Heimarzt oder der Psychologe zu Rate zu ziehen.
> Körperliche Züchtigung kommt nur als äußerstes Erziehungsmittel in Betracht. Sie ist dem Heimleiter sofort mitzuteilen.
> Für jugendliche Arbeitnehmer wird auf § 43 Jugendarbeitsschutzgesetz verwiesen.
> In allen Heimen sind Strafbücher zu führen. Einzutragen sind alle schwerwiegenden Strafen, insbesondere körperliche Züchtigungen, mit der Beeinträchtigung der Bewegungsfreiheit verbundenen Strafen, der Entzug von Vergünstigungen und der förmliche Verweis, darüber hinaus aber auch Notwehrhandlungen, die nicht als Strafe angesehen werden." (Landesjugendamt Ref. VI a – 631/4 vom 9. 7. 1962)

Die neuen Regelungen vom 1. 7. 1968 lauten:

> „Die Strafen dürfen nicht entwürdigend oder gesundheitsschädlich sein. Körperliche Züchtigung ist daher nicht gestattet. Dies ist für jugendliche Arbeitnehmer auch im Jugendarbeitsschutzgesetz (§ 43) festgelegt. Wendet ein Erzieher in Notwehrsituationen körperliche Gewalt an, so hat er den Vorfall sofort dem Heimleiter mitzuteilen. Bei jeder Bestrafung ist die körperliche, seelische und geistige Konstitution und die augenblickliche Verfassung des Jugendlichen zu beachten. Grundsätzlich sind der Heimarzt und der Psychologe zu Rate zu ziehen. In allen Heimen sind Strafbücher zu führen, in die alle schwerwiegenden, insbesondere mit der Beeinträchtigung der Bewegungsfreiheit verbundenen Strafen, der Entzug von Vergünstigungen und förmliche Verweise einzutragen sind. Notwehrhandlungen im Sinne der Ziffer 2

zweiter Absatz sind ebenfalls im Strafbuch festzuhalten." (Landesjugendamt AZ I/2-138 vom 1. 9. 1970, Vorlage des LJA RP für die 29. Tagung der BAG LJÄ 14. – 16. 10. 1970 in München)

Doch damit sind die Auseinandersetzungen nicht abgeschlossen. Das Landesjugendamt gerät unter Druck von unten, von der Basis, und schreibt in einer Vorlage für die 29. Tagung der Bundesarbeitsgemeinschaft der Landesjugendämter und überörtlichen Erziehungsbehörden 1970:

„Die neue Regelung ist in den Heimen auf Kritik gestoßen. Wenn auch grundsätzlich die Auffassung geteilt wird, dass körperliche Züchtigung in der Regel nicht als Erziehungsmittel geeignet sei, hält man es doch für unmöglich, sie vollständig auszuschließen. Man weist darauf hin, dass es gelegentlich Situationen gebe, in denen ein Erzieher in Gefahr komme, unüberlegt gegen diese Richtlinien zu verstoßen. Dies komme gerade bei engagierten Erziehern am ehesten vor, auf deren Mitarbeit man keinesfalls verzichten könne. Diese Erzieher müssten jedoch in solchen Situationen durch die Heime bzw. ihre Träger gedeckt werden.
Von Seiten der Heime wurde deshalb der Vorschlag unterbreitet, die Heimaufsichtsbehörde sollte in irgendeiner Form eine Erklärung abgeben, wonach aus einem fahrlässigen Verstoß gegen die Vorschriften bei entsprechender Begründung den Heimen bzw. Erziehern kein Vorwurf gemacht werde.
Wir halten eine solche Handhabung für bedenklich und wären deshalb dankbar, die Stellungnahme der Bundesarbeitsgemeinschaft in dieser Frage zu erfahren."

Das Landesjugendamt stand also offensichtlich zwischen einer nicht-öffentlichen Praxis in den Heimen und den angesichts der antiautoritären Bewegung öffentlich noch vertretbaren Auffassungen. Dass es dabei nicht nur um Probleme der Heimerziehung ging, wird an einem – süffisant formulierten – Schreiben des Sozialministeriums vom 15. 8. 1969 (AZ III d 471 – 31/60) an das Ministerium für Unterricht und Kultus deutlich: Es geht dabei um die Handhabung der Strafgewalt in Heimen, und das Ministerium stellt fest,

„dass körperliche Züchtigung für Jungen ebenso wie für Mädchen kein geeignetes Erziehungsmittel ist und daher u. E. schon aus rechtlichen Gründen auch im Schulbereich untersagt werden sollte." „Als Heimaufsichtsbehörde" – fährt das Ministerium fort – „sind wir dafür verantwortlich, dass die uns anvertrauten Minderjährigen durch die Heimeinweisung körperlich und seelisch nicht geschädigt oder unnötig gefährdet werden, auch nicht während des Unterrichts in der Heimschule, die sie auf Grund der Einweisung zu besuchen gezwungen sind. Heimschulen, in denen regelmäßig körperlich gezüchtigt wird, machen also das zugehörige Heim ungeeignet zur Einweisung von Minderjährigen.

Wir bitten daher dringend, wenigstens in Schulen der zu unserem Aufsichtsbereich gehörenden Heime die körperliche Züchtigung mit sofortiger Wirkung zu untersagen."

4. Erziehung als Gewalt – die Folgen der Konsequenz

Ein besonderes Anliegen von Bernhard Bueb ist die konsequente Haltung des Erziehers (Bueb 2004: 28ff.). Disziplin als „Fundament aller Erziehung" verkörpert „Zwang, Unterordnung, verordneten Verzicht, Triebunterdrückung, Einschränkung des eigenen Willens" (a.a.O.: 17f.). Sinnhaft angewendet werden kann Disziplin nur mit Konsequenz, d. h. dass ein Verlangen auf vorbehaltlose Anerkennung der Autorität auch durchgesetzt werden kann. Deshalb geißelt Bueb an vielen Stellen die Inkonsequenz, also die Praxis, auf Grund eines Widerstandes des Kindes oder Jugendlichen ein vom Erzieher eingeleitetes Verlangen abzubrechen oder zu korrigieren. Die Aufforderung zur Konsequenz wird zugleich verbunden mit der Ermunterung: „Mehr Mut zur Strenge" (a.a.O.: 32).

Die Umsetzung eines solchen Programms lässt sich beispielsweise nachlesen im ‚Strafbuch der Gruppe Wolfsburg' aus einem Erziehungsheim einer süddeutschen Kleinstadt. In einem Ringordner sind 109 Seiten mit Eintragungen über die in dieser Gruppe verhängten Strafen vom 22. August 1962 bis zum 2. Juli 1966 zusammengefasst. Auf den letzten Seiten findet sich ein ‚Strafaufsatz' über das Thema ‚Die Gefahren eines feststehenden Messers' und eine ‚Strafarbeit Nr. 1', in der 103mal der Satz „Ich darf nicht stehlen" feinsäuberlich geschrieben ist. Am Ende der Strafarbeit ist vermerkt: „Auf Grund des Diebstahls einer Zigarettendose"; es folgt das Datum und die Unterschrift des Erziehers. Doch diese Übungen scheinen die Ausnahme gewesen zu sein. Das Strafbuch beginnt am 22. 8. 1962 mit dem Eintrag:

„Wegläufer: F., Z., S.
Bestrafungen: D. eine Ohrfeige, da er R. trotz Ermahnung ärgerte. K. erhielt von Herrn J. eine Tracht Prügel, da er mit Gemüse im Garten herumwarf."

Der Heimleiter, der wöchentlich die Eintragungen abzeichnete, notiert am 22. 8.:

„Ist die Ohrfeige bei D. notwendig?" Ob diese Rückfrage Folgen hatte, ist nicht vermerkt. Die Wegläufer F., Z. und S. werden auch am 23. und 24. 8. erwähnt. Am 25. 8. heißt es dann: „Z. isoliert und einige Schläge, da er sich aufsässig verhielt und aus dem Keller ausbrach." Das Ausbrechen aus dem Keller, in dem Z. eingesperrt war, wird durch einen Zusatz des Heimleiters „Rückkehr vom Weglaufen" erläutert, also eine Erläuterung für eine mögliche Einsichtnahme durch Dritte.

Am 8. 9. heißt es:
„H. P. B. keinen Ausgang wegen Diebstahls."
14. 9.: „W. K. eine Ohrfeige wegen frechen Benehmens."
15. 9.: „M. H. isoliert". Rückfrage des Heimleiters: „warum?"
17. 9.: „M. H. isoliert."
Die nächste Eintragung datiert vom 22. 9.:
„G. keinen Ausgang, da er Einnässen nicht meldete". Unter dem 24. 9. ist vermerkt: „K. G. und E. steigen nachts aus. Zwei Wochen Ausgangs- und Taschengeldsperre."
Im Jahr 1966 endet das Strafbuch mit den folgenden Eintragungen:

10. 6.: „H.S. verhielt sich öfters ungebührlich. Er gab Widerrede und verweigerte die aufgetragene Arbeit beim Hausputz. Er wurde oft von mir ermahnt. Bei meiner letzten Ermahnung erhielt S. drei Ohrfeigen."
18. 6.: „H. S. vergriff sich wiederholt an D. W., K. L. und F. E. Dieses artete trotz Ermahnung durch mich an H. S. in eine Schlägerei mit D. W. aus. Ich wurde gerufen, sah dies und schlug mit einem Besenstil S. einen Hieb über."
28. 6.: „A. F. und H. P. bekommen 4 Wochen ihr Kleiderkonto gesperrt, da sie Kleider (Hemden) verliehen."
„J. S. – 4 Wochen Küchendienst in Hauptküche und 4 Samstage Arbeiten in der Gärtnerei, er besuchte während seiner Krankheit (Bänderriss) 4 x nicht die Berufsschule."
2. 7.: „M. verrichtete eine Sonderarbeit in der Anlage um unser Haus. Er behielt immer das letzte Wort in seiner taktlosen Art, als ich ihn auf die Sauberkeit seines Amtes aufmerksam machte."

Die Eintragungen am Ende der Dokumentation lassen ausführlichere Begründungen erkennen, aber dies variiert von Handschrift zu Handschrift; auch werden die Eintragungen jetzt namentlich von den Erziehern abgezeichnet. Die verhängten Strafen decken auch 1966 das gesamte Spektrum vom Taschengeldentzug bis hin zu Ohrfeigen und der ‚Isolierung'. Diese Maßnahmen werden aber seltener im Vergleich zum Jahr 1962. Häufiger wird die Ausgangssperre und der Taschengeldentzug eingesetzt.

Maßnahmen der Isolation (‚wird isoliert') werden nicht generell erläutert, sondern nur ganz knapp vermerkt. Der Code „wird isoliert" signalisiert eine eindeutige Maßnahme, die von allen Beteiligten ohne weitere Erläuterung entschlüsselt und verstanden werden kann. In einem Vermerk am 15. 5. 1966 findet sich schließlich eine Erläuterung: „Nach einem Gespräch mit Herrn B. [Erziehungsleiter, F.H.] wurde S. für eine Nacht in die Besinnungsstube eingewiesen." Auf das „Besinnungsstübchen" hatte auch Siegfried Müller (1999: 110) hinge-

Erziehung als Gewalt 109

wiesen, womit ironisch eine Isolationszelle, aus der man keinen Kontakt nach außen aufnehmen konnte, bezeichnet werde. Isolationshaft, Tracht Prügel und Ohrfeigen waren die ständig praktizierten Methoden einer *strengen* und *konsequenten* ‚Erziehung', die auf die *vorbehaltlose Anerkennung von Autorität und Disziplin* Wert legte.

Die *Eintragungen* im ‚Strafbuch der Gruppe Wolfsburg' werden hier deskriptiv analysiert. Die 413 Eintragungen dokumentieren ein breites Feld von bestraften Handlungen und Bestrafungsformen. Es ist anzunehmen, dass, je nach Handlung, Situation, beteiligten Jugendlichen und Erziehern, die Grenze zwischen einer im Strafbuch festzuhaltenden Strafhandlung und anderen Handlungen unterschiedlich gezogen wurde. Weiter ist zu vermuten, dass im Strafbuch nur die ‚Spitze des Eisbergs' erscheint und insbesondere Formen des Anschreiens, des Demütigens, der Bedrohung, des Einschüchterns, des ‚Fertigmachens' u. ä. nicht dokumentiert sind. Allerdings geben viele Eintragungen Aufschluss über die *Dynamiken* des Aufschaukelns von Auseinandersetzungen und der Konflikteskalation. Lediglich einmal wird vermerkt, dass ein Jugendlicher ‚zurückgeschlagen' habe. Ebenso selten sind Hinweise, dass sich Jugendliche nach der Bestrafung für eine Handlung entschuldigt haben. Viele Eintragungen lassen vor allem die Konsequenz erkennen, mit der eine Anweisung der Erzieher durchgesetzt wurde, bis der Wille des Jugendlichen gebrochen war.

Die Dynamiken von Konflikten werden aus der Erzieherperspektive dargestellt und rechtfertigen starke Interventionen. Beispielsweise heißt es: „S. verharrte in den letzten Tagen wieder in seiner unzugänglichen Gleichgültigkeit", „F. zeigte mal wieder sein ungebührliches Verhalten", es ist von „ständiger Aufsässigkeit" die Rede, was dann auch die Einkerkerung rechtfertige.

Die *Handlungen* der Jugendlichen, die eine Strafe begründeten, decken ein breites Feld ab:

- Unordentlichkeiten im Alltag, Unordnung in den Zimmern und in Gemeinschaftsräumen, Verhaltensweisen beim Essen oder dass das Licht am Abend nicht ausgemacht wird und die übertragenen Ämter (Küchendienste, Reinigungsdienste, Besorgungen, Arbeiten im Garten usw.) nicht ordentlich ausgeführt werden, sind in 65 Fällen Anlass für Strafen. So heißt es einmal: „B.: Taschengeldsperre, er ging mit verschmutzten Füßen ins Bett, hat sich morgens nicht gewaschen und tätigte sein Amt nicht ordentlich." Oder: „1 x Ausgangssperre; er schlief beim Gottesdienst, und zeigte auch auf der Arbeitsstelle eine schlechte Arbeitshaltung." „Strafe, weil sie verbotener Weise das Heimgelände über die Einfriedungsmauer betraten." Die Konstellation der umfassenden Kontrolle wird an dem folgenden Eintrag sichtbar: „K. D. bekam das Fahrrad eingezogen und muss zu Fuß zur Arbeit gehen. Er

tauschte Fahrradzubehör für Zigaretten ein und ließ das Rad stets ungepflegt."
- Unpünktlichkeit ist in 58 Fällen die Interventionsursache. Dabei kann es sich um gezielte Schikanen handeln („S. kam drei Minuten später vom Sonntagsausgang zurück"), von Bummeleien zwischen Arbeitsplatz, Dorf und Heim oder andere Verspätungen. Eine besonders zynische Eintragung findet sich am 29. 5. 1966: „H. D. hat für die Verspätung von zehn Minuten bei seinem Sonntagsausgang angegeben, dass der Film länger lief. Er wird den 2 Jungen vom Heim, die früher die Vorstellung verlassen haben, um noch pünktlich hier zu sein, 2 Filmvorstellungen von seinem Taschengeld bezahlen." Wenn Jugendliche eine Filmvorführung vor dem Ende verlassen, dann ist dies ein Hinweis auf das Ausmaß der Angst vor den strafenden Erziehern.
- Ein weiterer Typus von Handlungen (58) bezieht sich laut Interpretation auf „vorlautes, unverschämtes, ausfallendes, flegeliges, ungehorsames, ungebührliches, ungezogenes freches" Verhalten der Jugendlichen. „Widerrede, Aufsässigkeit, Ungehorsam, Widersätzlichkeit, Widerspenstigkeit" wird nicht geduldet. Auch wenn ein Jugendlicher sich „weigert, etwas zu tun" (18 Fälle), wird er bestraft.
- Auch in den Außenbeziehungen werden die Jugendlichen streng sanktioniert (33 Mal genannt). Sie werden bestraft, wenn sie beispielsweise die Hausaufgaben nicht gemacht haben, die Berufsschule nicht besuchen, Beschwerden von der Arbeitsstelle beim Heim eingehen, die Jugendlichen zu spät kommen oder „die Arbeit verweigern". Auch andere Verhaltensweisen im Dorf/in der Kleinstadt, wie tagsüber dort spazieren gehen, Zigaretten oder ein Feuerzeug kaufen, mit dem Fahrrad oder dem Moped fahren, Schulden machen beim Einkaufen oder durch „Schwarzarbeit" Geld verdienen (32-mal dokumentiert) werden mit Strafe belegt. Die kollektiven Aufenthalte außerhalb des Heims werden streng kontrolliert; Anlass für Strafen ist das Entfernen von der Gruppe: „P. und M. bekommen Ausgangssperre; sie entfernten sich beim Kinogang von der Gruppe und gingen in die Eisdiele." Auch das „Halten eines Mopeds", das nicht genehmigte Fahrradfahren in die nahegelegene Kreisstadt oder der unerlaubte Besuch bei den Eltern wird sanktioniert.
- Eine Gruppe von Handlungen bezieht sich auf schwerwiegendere – an der entsprechenden Strafe gemessen – Taten wie Diebstahl (35mal) von Zigaretten, von Lebensmitteln aus der Küche oder von Bekleidungsstücken („zeitweilige Entwendung") sowie Schlägereien der Jugendlichen untereinander mit unterschiedlicher Intensität (21-mal). „Lügen" (10-mal) sowie Rauchen und Trinken im Haus (10), Betrunken ins Heim kommen (6) oder

Sachbeschädigung (9) sind ebenfalls Sachverhalte, die eine Strafe nach sich ziehen. Eine Häufung von Übertretungen zog die Höchststrafe nach sich: „E. isoliert, da er ohne Erlaubnis das Tonbandgerät von P. benutzte, Zigaretten entwendet und sich schlecht benommen hat."

- Bestraft wurde auch das Unterlassen von Handlungen: „G., H., S., P. und E. keinen Ausgang, da sie von dem Diebstahl wussten und nichts gesagt haben." Denunziation wurde erwartet, um eine vollständige Kontrolle durchsetzen zu können.
- Bis Ende 1962 werden täglich im Strafbuch die aufgetretenen Fälle von ‚Bettnässen' dokumentiert. Vom 22. August bis Jahresende sind 47 Fälle festgehalten – mit regelmäßig wiederkehrenden Namen. Wenn ein Bettnässen vom Jugendlichen nicht gemeldet wurde, wurde er bestraft. Auch die Beseitigung der Folgen wurde überwacht: „R. K. hat trotz mehrmaliger Aufforderung seine Bettnässerlaken nicht ausgewaschen." Der Umgang mit ‚Bettnässen' lässt auf intensive Praktiken des Demütigens und des Beschämens schließen.
- Das schlimmste Vergehen war das Weglaufen. Es ist 30-mal dokumentiert und zog immer die Höchststufe Isolation für mehrere Tage oder das Wochenende nach sich. Zusätzlich wurden weitere Strafen wie Taschengeldentzug und Ausgangssperren verordnet. Im dokumentierten Zeitraum von 1962 bis 1966 wird Weglaufen seltener.
- Gelegentlich werden auch Formen der Sexualität sanktioniert: „D. isoliert, da er und G. sich homosexuell belästigten." An anderer Stelle heißt es: „P. G. zwei Ohrfeigen, weil er mit E. zusammen liegend auf dem Bett angetroffen wurde und bei der Zurechtweisung frech wurde." Diese Stelle wird vom Heimleiter kommentiert: „Es besteht der Verdacht der Homosexualität bei P." Auch in Bezug auf Sexualität sind angesichts des Umstands, dass Homosexualität gesellschaftlich stark geächtet war, Praktiken der Beschämung und der Degradierung zu vermuten.

Die Strafpraxis im Heim weist im dokumentierten Zeitraum von 1962 bis 1966 nur eine schwache Veränderungstendenz auf. Härtere Strafen wie Isolation, Ohrfeigen und Schläge nehmen etwas ab; Ins-Bett-geschickt-werden verschwindet ganz; sehr selten wird die Auflage, sich zu entschuldigen, in das Strafrepertoire aufgenommen.

- Die wichtigste Strafe (208-mal dokumentiert, d. h. in der Hälfte aller Vergehen allein, in der Regel aber zusätzlich angewandt) ist die Begrenzung des Ausgangs und des Urlaubs; er wird ganz verboten oder beschränkt, bezieht sich auf Zeiträume von einzelnen Tagen oder einigen Wochen. Die

Reglementierung der Freiheit und der Möglichkeit, über die Zeit bestimmen zu können, erweist sich als das wichtigste Disziplinierungsmittel der Heimerziehung.
- An zweiter Stelle der Strafen steht mit 121 Eintragungen die Sanktionierung des Taschengeldes. Es wird ganz oder teilweise gesperrt, gelegentlich werden Auflagen zu seiner Verwendung gemacht.
- Auch die Bestrafung durch und mit Arbeit (80 Fälle) erfreut sich großer Beliebtheit. Da es sich hierbei aber um ausgesprochen alltägliche Vorgänge handelt (insbesondere wenn Tätigkeiten wie Reinigen usw. wiederholt werden müssen, wie gelegentlich festgehalten), ist besonders schwer einzuschätzen, wie häufig die Arbeiten in Küche und Garten oder in den Räumen des Heimes als Sanktion auferlegt wurden. Auch die Begleiterscheinungen der Erteilung von Sonder- und Strafarbeiten sind nicht dokumentiert.
- Ebenso häufig wie Strafarbeiten verhängt werden, sind die Jugendlichen geschlagen worden. Diese Schläge werden ausgesprochen „technisch" beschrieben; in der Regel ist nur von „Schlägen", überwiegend von „Ohrfeigen" (75-mal) die Rede. Etwa in einem Drittel dieser Fälle ist von mehr als einer „Ohrfeige" explizit die Rede. Welche Intensität dieses Schlagen hatte, wird grundsätzlich nicht beschrieben. Nur einmal wird von einer intensiven Auseinandersetzung berichtet: „L. wurde weiter zudringlich, worauf ich ihm in Gegenwart fast der ganzen Gruppe eine Ohrfeige versetzte. L. schlug zurück." Während in diesem Fall eine Eskalation der Gewalt vermutet werden kann, sind ‚Ohrfeigen' nicht an die Schwere eines ‚Delikts' gebunden und werden vorzugsweise bei Zuschreibungen wie ‚frech' erteilt.
- Quantitativ an letzter Stelle steht die qualitativ bedeutendste Strafe, die ‚Isolierung'. Auch sie wird höchst sparsam und stereotyp nur mit dem Wort ‚isoliert' festgehalten; am Anfang der Aufzeichnungen wird regelmäßig auch der Zeitraum festgehalten, später nur unregelmäßig. Die Einkerkerung im Karzer, in der ‚Besinnungsstube', wird immer im Falle des Weglaufens vorgenommen, gelegentlich aber auch bei anderen Vergehen.

Insgesamt werden Strafen fast immer sofort verhängt, nur gelegentlich werden Strafen zur Bewährung ausgesetzt. Die Fälle des Bewährungswiderrufs werden dokumentiert. Die Bürokratie der gewalttätigen Erziehung hat reibungslos funktioniert.

Erziehung als Gewalt 113

5. Disziplin – für die Elite und das Prekariat

Mit dem ‚Strafbuch der Gruppe Wolfsburg' liegt ein Dokument vor, in dem die Erziehungspraktiken in Heimen der 1960er Jahre exemplarisch objektiviert werden. Die Praktiken des Bestrafens und Beschämens, des Isolierens und des Schlagens, der Disziplinierung und Drangsalierung bilden sich in den Protokollsätzen der Erzieher ab. Die stark vernachlässigte Geschichtsschreibung der Jugendhilfe nach 1945 kann durch Dokumente wie das Strafbuch auf entscheidende Weise fundiert werden. Die Berichte der betroffenen Jugendlichen dagegen, auch diejenigen, die in Peter Wensierskis Skandalisierungstext eingegangen sind, konnten als subjektiv gefärbte Erfahrungen relativiert werden. Die Absicht, Wiedergutmachungsforderungen oder Gerichtsprozesse mit dem ‚Verein ehemaliger Heimkinder e. V.' abzuwehren, hat diese Relativierung zusätzlich bestärkt. Insbesondere der Hinweis darauf, dass die Erziehung in jener Zeit sich *generell* der inkriminierten Praktiken bedient hätte, wird in dieser Auseinandersetzung als Argument verwendet. Als ob es nicht immer schon die Kritik der Heimerziehung – seit dem Waisenhausstreit – gegeben hätte und wie wenn durch diese Relativierung einer der Schläge seine Verletzungswirkung verlieren würde! Wie immer aber die Aufarbeitung der Geschichte der Heimerziehung genutzt wird, sie muss erst einmal als historische Forschung betrieben werden.

Was die Auseinandersetzung mit B. Bueb betrifft, so gibt es just vor ‚1968', dem Sündenfall der neueren deutschen Geschichte, wenn man ihm folgen würde, und gerade in dem im Strafbuch dokumentierten Zeitraum eine durchaus abschließende Analyse der Prügelpraxis und ihrer Legitimation (Horn 1967). Klaus Horn hat nicht nur damals aktuelle Diskussionen über Strafverschärfung im Falle der Jugenddelinquenz untersucht, sondern mit dem Text von Hävernick (1964) eine Apologie der Prügelpädagogik analysiert. Hävernick hatte sich ebenso wie Bueb mit der angeblich grassierenden Orientierungslosigkeit der Eltern bei der Erziehung befasst und als Heilmittel die Sitte der Schläge propagiert. Auch bei ihm liegt der Gedankengang zu Grunde, dass die Höhe der Zivilisation nur durch einen Durchgang durch die Nöte der Geschichte, also Selbstdisziplin nur durch Fremddisziplin erreicht werden könnte, weshalb die Schläge bei der Erziehung der Menschen wesentlich härter sein müssten als bei der Dressur der Tiere; so "bedarf die europäische Kultur Stimulantia schärferer Art, da das junge Individuum nur widerwillig den weiten Weg der Zivilisationsentwicklung seinerseits nochmals bis zur völligen Aneignung des Erworbenen gehen will" (Hävernick 1964: 60).

Bueb's Lob der Disziplin steht bei ihm explizit im Rahmen der Eliteerziehung des Internats Schloss Salem. Dieses Lob kann sich nur begrenzt auf dessen Praxis beziehen und berücksichtigt an vielen Stellen die weniger „durch 1968 verdorbene" englische Internatserziehung. Wenn man dieses Lob in die schwarze Tradition der europäischen Kultur, nämlich ihren Kolonialismus und seine Vorbereitung durch Erziehung einordnet, wird deutlich, welche Disziplin die Elite zur Beherrschung der heimischen Untergebenen und der Kolonialvölker brauchte. ‚Triebunterdrückung' als Modus der Selbstdisziplin ist die Bedingung für die Unterdrückung anderer Menschen und ihre Ausbeutung, müssen doch gerade menschliche Regungen bei der Disziplinierung der Untertanen und Kolonialvölker ausgeschaltet werden. Selbstdisziplin verschafft das ‚gute Gewissen' bei der Schwarzen Pädagogik.

Der zentrale Bezugspunkt der Kritik ist bei Klaus Horn ‚Demokratie' – nicht mehr und nicht weniger. Mit dem Anspruch der Demokratie ist eine Erziehungsnorm gegeben, die dem Anspruch des Erziehers den Anspruch des Kindes prinzipiell gleichberechtigt gegenüberstellt. Erst auf dieser Grundlage beginnt demokratische Erziehung.

Bueb glaubt, sich auf die „alten Demokratien Frankreich, England oder ... [die] Vereinigten Staaten" (Bueb 2006: 88) berufen zu können, in denen die Schülermitverwaltung ja auch nicht auf einer Wahl durch die Schüler beruhe. Dieser Bezug zur Demokratie ist umstandslos möglich, wenn man das von Klaus Horn zitierte Diktum des Demokratieverächters Carl Schmitt nicht vergessen hat:

> „Im übrigen muß man sagen, dass eine Demokratie – weil zur Gleichheit immer auch die Ungleichheit gehört – einen Teil der vom Staat beherrschten Bevölkerung ausschließen kann, ohne aufzuhören, Demokratie zu sein, dass sogar im allgemeinen bisher zu einer Demokratie immer auch Sklaven gehörten oder Menschen, die in irgendeiner Form ganz oder halb entrechtet oder von der Ausübung der politischen Gewalt ferngehalten waren, mögen sie nun Barbaren, Unzivilisierte, Atheisten, Aristokraten oder Gegenrevolutionäre heißen." (Schmitt 1961: 15, zitiert nach Horn 1967: 126)

Wer durch die Disziplinierung in der Elitenerziehung hindurchgegangen ist und die Regeln der Schwarzen Pädagogik verinnerlicht hat, darf mit dem Lohn des Herrschers rechnen. Der Preis, den er mit der Selbstentfremdung bezahlte, rechnet sich umstandslos mit der gesellschaftlichen Position auf, die er nach Schloss Salem in der Regel erreicht. Er kann problemlos die Erziehung des Prekariats gutheißen, denn er kennt die Bueb'sche Maßgabe: „Ein ungestörtes Verhältnis zu Disziplin und zu Gehorsam werden wir erst gewinnen, wenn wir das Machtgefälle zwischen Eltern, Erziehern und Lehrern zu Kindern und Jugendlichen ohne Vorbehalte anerkennen. Ein möglicher Missbrauch darf kein Einwand sein." (Bueb 2006: 60) Die Jugendlichen der Gruppe Wolfsburg haben in praxi erlebt, was dies bedeutet. Ihre Erzieher haben die von Bueb geforderte Konsequenz verstanden und in Handeln umgesetzt. Darüber schweigt sich Bueb ja aus, wo die von ihm geforderte Strenge, Konsequenz und Vorbehaltlosigkeit enden. Aber dies wissen wir sehr genau; im Strafbuch heißt es am 1. 9. 1965: „R. Kiefer wird übers Wochenende isoliert."

Literatur

Aich, Peter (Hrsg.) (1973): Da weitere Verwahrlosung droht. Hamburg: Rowohlt
Arbeitsgruppe Heimreform (2000): Aus der Geschichte lernen: Analyse der Heimreform in Hessen (1968 – 1983). Frankfurt/M.: Walhalla-Fachverlag
Brosch, Peter (1971): Fürsorgeerziehung, Heimterror und Gegenwehr. Frankfurt/M.: Fischer-Bücherei
Brumlik, Micha (Hrsg.) (2007, 3. Aufl.): Vom Missbrauch der Disziplin. Antworten der Wissenschaft auf Bernhard Bueb. Weinheim u. a.: Beltz
Bueb, Bernhard (2006, 4. Aufl.): Lob der Disziplin. Eine Streitschrift. München: List
Bueb, Bernhard (2008): Von der Pflicht zu führen. Berlin: Ullstein
Castells, Manuel (1996): The Rise of the Network Society. Volume I: The Information Age. Cambridge: Blackwell
Forum Erziehungshilfen 14 (4). 2008.
Hamburger, Franz (2006): 50 Jahre Landesjugendamt Rheinland-Pfalz. In: Hamburger (2006): 33 – 67
Hamburger, Franz (2006): Jugendhilfe im Wandel. Gesammelte Festreden. Mainz: Institut für Sozialpädagogische Forschung
Hävernick, Walter (1964): „Schläge" als Strafe. Ein Bestandteil der heutigen Familiensitte in volkskundlicher Sicht. Hamburg: Museumsverein e.V.
Holzner, Michael (1978): Treibjagd. Die Geschichte des Benjamin Holberg. Hamburg: Rowohlt
Homes, Alexander Markus (1982, 3. Aufl.): Prügel vom lieben Gott. Eine Heimbiografie. Bensheim: Päd. Extra-Buchverlag
Homfeldt, Hans Günther/Merten, Roland/Schulze-Krüdener, Jörgen (Hrsg.) (1999): Soziale Arbeit im Dialog ihrer Generationen. Baltmannsweiler: Schneider-Verlag Hohengehren
Horn, Klaus (1967): Dressur oder Erziehung. Schlagrituale und ihre gesellschaftliche Funktion. Frankfurt/M.: Suhrkamp
Kappeler, Manfred (2008): Von der Heimkampagne zur Initiative des Vereins ehemaliger Heimkinder. Über den Umgang mit Vergangenheitsschuld in der Kinder- und Jugendhilfe. In: neue praxis 38. 2008 (4). 371 – 384
Landeswohlfahrtsverband Hessen/Internationale Gesellschaft für erzieherische Hilfen (Hrsg.) (2006): Aus der Geschichte lernen – die Heimerziehung in den 50er und 60er Jahren, die Heimkampagne und die Heimreform. Tagungsdokumentation. Kassel: Landeswohlfahrtsverband Hessen
Müller, Siegfried (1999): Von der fachlichen Befähigung persönlich und charakterlich geeigneter Personen zur Professionalisierung der Sozialen Arbeit. In: Homfeldt et. al. (1999): 107 – 114

Schmitt, Carl (1961, 3. Aufl.): Die geistesgeschichtliche Lage des heutigen Parlamentarismus. Berlin: Duncker & Humblot
Wensierski, Peter (2006): Schläge im Namen des Herrn – Die verdrängte Geschichte der Heimkinder in der Bundesrepublik. München: Deutsche Verlags-Anstalt

Das Darüberhinausgehende: Detlef Garz und die Idee der vertikalen Bildung

Fritz Oser

1 Drei Bücher

Drei Bücher von Detlef Garz habe ich mit mehr Vergnügen gelesen als seine anderen, nicht weil die anderen weniger wertvoll wären, sondern weil die drei einen narrativen Zug aufweisen, der mit Subtilität und Einfühlsamkeit daherkommt, einer Stille, die einem den Atem verschlägt, einer Empirie, die Inhalt vor Formalität stellt und existentiell werden lässt. Es sind dies die Schriften „Lawrence Kohlberg. Zur Einführung" (1996), eine sorgfältig bearbeitete Biographie, dann „Moral, Erziehung und Gesellschaft" (1998), und „Über den Mangel an Charakter des deutschen Volkes. Zu den autobiographischen Aufzeichnungen des jüdischen Arztes und Emigranten Dr. Julian Kretschmer aus Emden" (mit Gesine Janssen, 2006). Da hier ein pädagogisches und allemal auf Entwicklung und Veränderung gerichtetes, also ein vertikales Anliegen sichtbar wird, stellt sich die Frage, wie Garz in der Vielfalt pädagogischer Strömungen ein Bild von Bildung und Sprache zeichnet, das tragfähig ist und mehr als akademischen Ehrgeiz darstellt. Es stellt sich die Frage, wie Bildung im traditionellen Gewand mit einer vertikalen Sicht von Entwicklung und Strukturtransformation sichtbar wird. Auch kann man erahnen, dass dieses Narrative und Interpretative nicht ohne Weiteres mit der vertikalen, strukturgenetischen Dimension vereinbar ist.

2 Bildung und ihre Abwertung

Zuerst zwei Gedanken zum Bildungsbegriff, der bei Garz von wo ganz anders als in der deutschen Tradition üblich herkommt. In diesen Bildungsbegriff ist in den letzten drei Jahrzehnten zu vieles hinein geflossen, und zu sehr ist der Begriff missbraucht oder doch funktionalisiert worden. Einerseits spricht man ja nicht mehr von Erziehungsministerien, sondern von Bildungsministerien, man spricht nicht mehr von Pädagogischer Psychologie, sondern von Bildungspsychologie, und die Lehrstühle, einstmals z.B. Ordinariat für Pädagogik, heissen jetzt Lehrstühle für Bildungsforschung. All das hat zur Verschleierung des Begriffs beigetragen, all das hat dem Begriff nicht gut getan. Denn, was diese jeweilige Begriffskombination verbindet, ist eben gerade nicht Bildung. Die Erziehungsdirektoren und -direktorinnen (Minister und Ministerinnen) hätten besser der Bildung einen neuen Stellenwert gegeben, anstatt ihre Departemente mit Namensänderungen zu belasten. Denn das sind nur Retouchen, die nichts bewirken. Und die Vertreterinnen der Bildungspsychologie hätten lieber neue Forschung zur Frage dessen, was Bildung sein könnte und wie man z. B. wenig begabte Schüler und Schülerinnen dafür gewinnen könnte, statt Neues im alten Gewande zu verkaufen. Angesichts der Woge von Entwicklungseuphorie von Bildungsstandards, von auf Kernfächer reduzierter Bildung durch PISA und durch die zweifelsohne schwierige Ökonomisierung der Lebenswelt, ist Bildung beinahe in Vergessenheit geraten. Viele Schriften deuten dies für die letzten zwanzig Jahre schon an, etwa „Hat Bildung noch Zukunft" von Heipcke (1989), oder „Vorrang für Bildung" der Gewerkschaft für Erziehung und Wissenschaft oder „Gefährdung der Bildung – Gefährdung des Menschen" von Breinbauer und Langer (1988) sowie „Theorie der Unbildung" von Liessmann (2006) und noch andere.

3 Thesen zu Humboldt

Ich möchte mit einer Doppel-These einfahren und eine sicher unverständliche Behauptung aufstellen. Sie lautet, dass die Schule zum beginnenden 21. Jahrhundert von der Bildung in einem Ausmaß und in einer Vielfältigkeit Abstand genommen hat, dass fast nicht mehr zu reparieren ist, es wird nicht mehr verstanden, was der Begriff im positiven Sinne eigentlich meinte. Die zweite These lautet, dass Bildung kein Produkt, sondern ein Prozess ist und als solcher unter den schlechtesten Bedingungen wahrgenommen werden kann. Weil es keine gebildeten Menschen gibt, sondern nur Menschen, die gebildet denken und handeln, haben die Bildungstheoretiker mit der Darstellung der Bildungslandschaft, die in allem Bildung verhindert, unrecht. Daraus folgt, dass Bildungsstandards, die nichts mit Bildung zu tun haben, PISA und Bologna, und deren Status eben genau das Gegenteil von Bildung beinhaltet, Bildung niemals zerstören können. Oder mild abgeschwächt: Die These, dass die Erreichung von Bildungsstandards Voraussetzung für das sei, was allgemein als Bildung bezeichnet werden kann, ist falsch.

In Leo Roths „Handbuch Pädagogik" (1991) kommt der Begriff der Bildung selten vor; es ist, als ob man sich des Begriffes schämen würde. Durch die totale Abzweckung der Bildung für Industrie und Produktion habe, so Roth, der Neuhumanismus, allen voran Humboldt, eine Theorie Bildung formuliert, die folgenschwer sei und oft missverstanden werde. Er zitiert Humboldt, nachdem Bildung

„allgemeine Übung der Hauptkräfte des Geistes und (nicht) die Einsammlung der künftig notwendigen Kenntnisse, welche zum wirklichen Leben vorbereitet" sei (a.a.O.: 470). Schulen müssten „nur allgemeine Menschenbildung bewirken. – Was das Bedürfnis des Lebens oder eines einzelnen seiner Gewerbe erheischt, muss abgesondert, und nach vollendetem allgemeinen Unterricht erworben werden". Roth bedauert diese Stoßrichtung, wie sie bis heute der Bildung durch die geisteswissenschaftliche Pädagogik gegeben werde. Denn sie sei höher gewichtet worden als etwa die Berufsbildung, weil sie sich von Gesellschaft und Nützlichkeitserwägungen abhebe. „Sie vollzog sich individuell, abgehoben von Beruf, Arbeit und Politik, Ökonomie und Technik. Allgemeinbildung wird von beruflicher Bildung durch unterschiedliche und z.T. aufeinanderfolgende Bildungsinstitutionen getrennt" (ebd.).

4 Das Trennende neu zusammen bringen

Es scheint nun, dass die Arbeit so vieler Bildungstheoretiker so viele Jahrzehnte darin bestand und besteht, das, was Humboldt – in der damaligen Zeit zu Recht (es ging um eine reine Vorbereitung der Jugend auf industrialisierte Produktion und Kinderarbeit) – auseinandergerissen hat, wieder zusammenzubringen. Und dieses Zusammenbringen hat die unterschiedlichsten Varianten geboren, von der Unverbindlichkeit der Inhalte über die immer wieder einsetzende Kanondiskussion bis hin zur Erstellung einer dynamischen Tugendlehre (Brumlik). Im Grunde genommen ist dies ein Ringen, dem alle, die sich mit der Frage auseinandersetzen, was Bildung sei, in die Arme laufen. Es wird nämlich geglaubt, dass man durch bestimmte Inhalte mehr als diese Inhalte erreicht, eben Bildung. Es wird angenommen, dass es einen Transfer gäbe von allgemeiner griechisch-eurozentrischer Kultur zur Veredelung des Menschen, dass durch die Verarbeitung eines Kanons in der Literatur mehr als dieser Kanon, nämlich kulturelle Sensitivität, durch das Hineinbegeben in bestimmte Inhalte mehr als diese Inhalte, eben das, was diese Inhalte transzendiert, erlangt werde. Es wird angenommen, dass durch alle Verunsicherung hindurch dieses Mehr auch Glück, ‚eudaimonia', sein kann, etwas, das durch mein eigenes Tun und die Selbstvergewisserung in ihm zustande kommt. Es wird angenommen, dass dieses Mehr aus der Auseinandersetzung mit Gegenständen der Welt entsteht, wenn diese kommunikativ reflexiv gedeutet werden, und dies in dreierlei Weise: 1. Im Sinne öffentlicher Politik, 2. Im Sinne des Erwerbs und des Herstellens, 3. Im Sinne einer Welt, die wir erst schaffen, wenn wir in einer bestimmten Weise miteinander kommunizieren, nämlich nicht-strategisch, auf Interpretieren und Verstehen hin gerichtet. Bildung ist also immer ein Mehr von dem, was jemand in all dem, was getan wird, tut, dies durch eine entstehende Kompetenz, die beiläufig ist, oder aber durch eine Betrachtung der Welt ohne Absicht. Dieses Mehr zu erzeugen, kann in den schlechtesten schulischen Bedingungen geschehen, wenn einzelne Lehrpersonen es erzeugen können.

Hier prallen mindestens vier verschiedene Ansichten aufeinander:

1. Wenn Denkende sich darüber einig sind, dass das Dazugegebene entstehen muss, dann ist es doch möglich, den inhaltlichen Diskurs offen zu führen, und den Kanon auf das den Menschen treffende, glücklich Machende, in Anspruch Nehmende zu reduzieren. So wie Gymnasiallehrpersonen glauben, dass das Dazugegebene wirkt, wenn Gedichte von Hölderlin gelesen werden und ‚edle Gefühle' erwecken, so ist es doch auch möglich, aus dem einfachen täglich Handwerklichen Bildung herauskristalliert zu denken. Es könnte sein, dass das Darüberhinausgehende eine Verantwortung für eine Sache ist und somit Bildung wird. Es könnte sein, dass es eine Sorge für die überstrapazierte Natur ist, und so Bildung wird.
2. Man kann nun aber auch annehmen, dass das Darüberhinausgehende, was Bildung ist, viel präziser gefasst werden müsste und nicht dem Zufall des Einzelnen anheim fallen dürfe. Das ist der Versuch jener, die nicht von Bildungsstandards, sondern von Bildung trotz der Bildungsstandards sprechen. Bildungsstandards sind nach Klieme (2003) in Leistungsstufen orientiert zu erreichende ‚output'-orientierte Lernziele. Diese werden durch die Notwendigkeiten der beruflichen, sozialen und kommunikativen Dimensionen der Lebenswelt bestimmt. Man gibt die Wege frei, lässt aber die Ziele politisch, wissenschaftlich kultur-koordinativ absichern. So sagt Baumert (2002):

„Lässt man vor dem Hintergrund dieser bildungs- und institutionstheoretischen Skizze die längeren internationalen und nationalen Large-Scale-Assessment Studien Revue passieren, wird deutlich, dass die thematischen Auswahlentscheidungen, die diesen Untersuchungen zugrunde liegen, keineswegs beliebig sind. Es macht durchaus Sinn, dass sich diese Studien nicht auf die Erfassung fächerübergreifender Schlüsselqualifikationen fachlicher, personaler oder sozialer Art eingelassen haben." (ebd.)

5 Bildungsgelegenheiten und Bildungsdispositionen

Aber wo soll nun dieses Darüberhinausgehende Platz haben, wo legt es seinen Anker an, und wie fest hält er im Treibsand der ökonomischen Trivialisierung der Lebenswelt? Es gibt dazu zwei Antworten, und die erste könnte so lauten: Da

Das Darüberhinausgehende 121

jeder Gegenstand transzendiert werden kann, müssen Lehrpersonen lernen, alles was sie tun zu transzendieren, das heisst auf die dahinter liegenden menschlichen Sinndimensionen zu befragen und folgende zusätzliche Verhaltensdispositionen beim Lernenden stets mit oder eben zusätzlich zu stimulieren:

- Unabsichtliche, zweckfreie Betrachtung versus technisch absichtliche Betrachtung
- Bewunderung des unmittelbar Schönen, Einfachen oder Ergreifenden
- Gemeinsinn und Sinn für universale Differenz
- Prosozialität und strukturale Begrenzung davon
- Politische Teilnahme und Anerkennung durch Partizipation
- Moralische Sensitivität (Reversibilität) und Autonomie
- Vielfalt des Eingebundenseins und Trennung (Einsamkeit)
- Chance und Kritik der Psychologisierung der Lebenswelt
- Tugenden als Kräfte (Gerechtigkeit, Mut, Mässigung Hoffnung, Glaube, Liebe, Freundschaft, Toleranz) und als Negativ-Gefahr
- Zeitlichkeitsempfindung versus Überzeitlichkeit

Diese sind entstanden durch die Lektüre unterschiedlicher Schriften zum Thema Bildung, inklusive von Hartmut von Hentigs Buch „Bildung" (2004). Sie können hier nicht weiter begründet werden, sind aber auch unter allen gegebenen Umständen, wie etwa Bildung als individueller Bestand, Bildung als individuelles Vemögen, Bildung als individueller Prozess, Bildung als individuelle Selbstüberschreitung und als Höherbildung der Gattung, Bildung als Aktivität bildender Institutionen oder Personen (vgl. Ehrenspeck 2005: 145), gültig.

Zweitens wäre nochmals die Diskussion um den Bildungs-Kanon (nicht Allgemeinbildung) zu nennen. Es ist offensichtlich, dass es Inhalte gibt, die eher zur Bildung führen und wo eher die Chance besteht, dieses Darüberhinausgehende einzufangen. Es hängt von der verborgenen Referenz ab: Mit welchen Inhalten glauben wir diese Verhaltensdispositionen (Kräfte) zu wecken oder zu erreichen. Die Auswahl und das Auswählen, was vermittelt werden soll, bedürfen der kulturellen Akzeptanz. Von Hentig spricht von geeigneten Anlässen. Und er zählt dazu die Ilias und Odysee, Gespräche, Theater, Musik, das bildnerische Gestalten, Politikdiskurse. Wie diese hergestellt werden (Diskurs, Delphi, Korrespondenz, Konsens etc.) ist keineswegs gleichgültig. (Prototypdiskussion in der Psychologie, Exemplarizität bei Wagenschein).

Reid (1991) sagt über Böll in seiner schönen Biographie:

„(...) und 1978 erschien bei Fischer eine von Böll zusammengestellte Anthologie unter dem Titel ‚Mein Lesebuch', die interessante Einblicke in eine weitreichenden literarischen, politischen und theologischen Interessen bietet. Neben Virginia Woolf, Camus und Dostojewski, dem Neuen Testament und Dokumenten aus dem Dritten Reich, neben Rosa Luxemburg und Theresa von Avila findet man ein ausgeprägtes Interesse für Südamerika, und man wird an Bölls Optimismus erinnert, als Salvador Allende in Chile an die Macht kam, und an seine Verbitterung, als die Demokratie in diesem Lande mit Hilfe der CIA wieder zu Fall gebracht wurde" (a.a.O.: 261-262).

Ein Entwurf zu einem Kanon muss aber auch definieren, was das Darüberhinaus-Gehende, das wir als Bildung bezeichnet haben, ist. Und Stuck (2004) verweist auf der Suche nach einem Kanon für Literturstudierende auf die Komplexität der funktionalen Begründungen und die Notwendigkeit des immersiven Wandels.

Wenn nun diese drei Elemente, nämlich a) Trennung von Bildung und Ausbildung und individuelles Zusammenführen der beiden durch jede Lehrperson all überall und an allen Inhalten; b) Transzendierung im Bewusstsein der oben beispielhaft genannten zehn Dispositionen, und c) vorgängig gewählte spezielle Inhalte und Situationen zur Bildung führen können, dann kann das Bedauern der Bildungstheoretiker (allen voran etwa Liessmann) nicht ganz verstanden werden. Nicht an den unzulässigen Schulstrukturen, nicht an den unzulässigen Inhalten und ‚teuflischen' PISA- und Bolognakonzepten liegt die verloren gegangene Bildung, sondern an uns, den Unterrichtenden, den Einzelnen, die dieses Darüberhinausgehen vergessen und den Widerstand gegen all das aufgeben. Uns fehlt eine entscheidende Souveränitätskompetenz. Ich würde behaupten, dass hier eine andere Form des Themas „Menschen in finsteren Zeiten" vorliegt: Die finsteren Bildungszeiten könnten – dies hat Hannah Arendt für politische Zeiten sehr schön gezeigt – Bildung erst recht ermöglichen, Bildung als Widerstand gegen die Vermessung der Bildung, Bildung als allüberall über das Gelesene, Gehörte, Gestaltete hinausgehende Sinndimension: Es ist von Bedeutung, was wir tun.

6 Strukturgenese und Bildung

Bildung im strukturgenetischen Ansatz von Garz bedeutet Stimulierung der Entwicklung durch Kritik und Infragestellung vorgegebener Urteile. Es bedeutet, pädagogisch gesprochen, durch kognitive und affektive Disäquilibration, psychologisch gesprochen durch bestimmte Verfahren deren Be- und Verarbeitung dieses erwähnte Darüberhinausgehen. Wie immer man den strukturgenetischen Ansatz diskutiert und ausdifferenziert (Garz hat seine Gefahren in der Einleitung zum Buch „Moralisches Urteil und Handeln" (1999) sehr schön ausgebreitet), er behält eine gewisse Ordnung schaffende holistische Sichtweise des Gegebenen, eben den Blick auf Strukturzusammenhänge und deren Bedeutung für das Subjekt. Wenn man Bildung als das Darüber-Hinausgehende, die Sache Transzendierende und Tugendorientierte – stimuliert durch Lehrende – bestimmt, dann kann dies ein vorgegebenes Modell von Entwicklung sehr gut leisten, auch wenn hinsichtlich einer möglichen Transferierung dieser Struktur auf andere Inhalte und Situationen transferale Vorbehalte angebracht sind (siehe z.b. Bereichsspezifität und Segmentierung bei Beck 2004). Höherbildung heisst dann weder schneller noch besser noch moralischer noch unmittelbarer. Es heisst vielmehr z. B. autonomer, dies mit Referenz auf die ein Subjekt umgebenden Personen, auf unsichtbare Personengruppen, auf Zugehörigkeiten und kulturübergreifende Verhaltensnormen. Dass dies je nach Phase mehr internal oder external geschieht, ist nicht von Bedeutung; es steht nur die Frage an, wie sehr man von diesen Einzelnen oder Gruppen oder vorgestellten Gruppen bei seiner Entscheidung abhängig ist. Diese Abhängigkeit bedeutet, dass darauf geachtet wird, wie die Anderen von einem in dieser Situation denken oder ob man trotz dieses Denkens eigenständig Verantwortung übernimmt. Dieser Teil des strukturgenetischen Ansatzes ist von grosser Bedeutung, weil darin das Subjekt in seiner gefühlten Verflochtenheit angesprochen ist. Wo diese Verflochtenheit zerbricht, sind nur zwei Ausgänge möglich, der Suizid oder Gewalt gegen andere. (In diesem Sinne ist die grassierende Kritik am strukturgenetischen Ansatz beinahe lächerlich; die Behauptung, man spreche von Einteilung in Boxen und diskriminiere dadurch Menschen, ist wie wenn man gute Schulleistung als gegen den Sozialismus gerichtet empfindet. Die Ausdifferenzierung hin zu inhaltlicher Bestimmtheit, zur Bereichsspezifität, zur individuellen Segmentation ändert nichts an der Idee, wie sie der strukturgenetische Ansatz entworfen hat.

Ein weiteres Element des strukturtheoretischen Fortschritts ist grössere Reversibilität, und damit auch grössere Perspektivenübername. Höhere Übereinstimmung mit den eigenen Gefühlen und breitere Respektierung des Handelns in der Gegenwart sind Resultate dieses Ansatzes.

7 Garz und das Anliegen der Bildung

Ich habe oben Schriften von Detlef Garz genannt, die ich mit besonderer Ergriffenheit gelesen und rezipiert habe. Es ist die Feinheit des Umgangs mit fremden Dokumenten, die in der Interpretation zum Leben erweckt werden, und es ist die Kunst, das Leben anderer nachzuzeichnen, die mich bewegen. Da wird eine Person aufgegriffen, und ihre Existenz wird in den feinsten Empfindungen nachgestellt und nacherzählt, sodass man in ihre Lebens- und Denkgewohnheiten, ihren Habitus, die Welt zu sehen und zu interpretieren, hineingezogen wird. Vielleicht ist dies die intensivste Form von Darüberhinausgehen, wenn man

Menschen in ihren „dunklen Zeiten" zu verstehen sucht, Kohlberg etwa im Zerbrechen der Bindung mit seinem Vater, Kretschmer in den Anfangsjahren in Israel oder wenn Garz vom „Zurück in die Vergangenheit" spricht, wo wir unsere Geschichte betrachten und kommunitaristische Vorstellungen des Zusammenlebens als Sinndimension auch zweifelnd beschreiben. Überall, wo Garz die Menschen mit in die Welt anderer Menschen hineinzieht, geschieht es in einem der zehn erwähnten, darüber hinausgehenden Zuweisungen. Und am Rande der Nichtmöglichkeit von Bildung, auf den Kommunitarismus verweisend, fragt er:

„Zusammengefasst interpretiert der Kommunitarismus diese Mobilitätserfahrungen als Verlustgefühle, als Gefühle, die zu einer Entfesselung im Sinne einer Entgrenzung führen und die die Subjekte – uns nämlich – zumindest der Tendenz nach regional heimatlos, sozial nicht verortet, politisch richtungslos und partnerschaftlich verunsichert hinterlassen. Was kann diesem Zustand – wenn überhaupt – entgegengehalten werden? Gibt es Alternativen zum Individuum, das ‚nur noch um sich selber kreist'?" (1998, S. 121).

Für Garz liegt die Antwort in einer der zehn oben erwähnten Bildungsdispositionen, nämlich im Projekt Gemeinwohl. Im Gemeinwesen, in dem „a community has to stand for something" (Garz zit. hier Noddings, 1996, S. 259) sieht Garz eine differenzierte Antwort, in die er sich selber stets neu einloggt und wo die gegenseitig tragende Kraft wichtiger ist als eine gegenseitig sich bekämpfende und zerstörende, dies weil sie vertikal gerichtet und auf Entwicklung bezogen ist. Dieses auf den Gemeinsinn gerichtete Denken ist bei ihm also nicht horizontal gedacht, es wird als subjektiv zu Erfüllendes nochmals durch Entwicklung, durch Phasen, Stufen und Stile ausdifferenziert. Es ist nicht ein Einziges, sondern eine Vielheit in Formen und Qualitäten.

Vielleicht ist es das, was wir oben vergessen haben: Bei allen noch nicht beantworteten Fragen, wie Situativität des Lernens, Bildung ohne Fortschritt, Bildung und grosse Halbwertszeit, Bildung als das Nichtmessbare, Bildung als das, was nicht wirkt, geschieht sie, bzw. das Darüberhinausgehende stets im Stillen, es lebt von der Einsamkeit mit den Texten, oder andern Produkten menschlicher Schaffung, die erst bewusst machen, dass sie einem Gemeinsinn unterliegen. Dieser Gedanke sollte an anderer Stelle weiter ausdifferenziert werden.

Literatur

Baumert, Jürgen (2002): Deutschland im internationalen Bildungsvergleich. In: Kilius et. al. (2002): 100-151
Beck, Klaus (2004): Role requirements and moral segmentation – An empirical perspective on the basis of moral education. Mainz: Johannes-Gutenberg-Universität
Beinbauer, Ines/Langer, Michael (Hrsg.) (1988): Gefährdung der Bildung – Gefährdung des Menschen. Wien u.a.: Boehlau
Brumlik, Micha (2002): Bildung und Glück. Versuch einer Theorie der Tugenden. Berlin: Philo
Ehrenspeck, Yvonne (1999): Philosophische Bildungsforschung: Bildungstheorie. In: ZfP 1999. 141-154
Garz, Detlef/Oser, Fritz/Althof, Wolfgang (Hrsg.) (1999): Moralisches Urteil und Handeln. Vorwort. In: Garz et.al. (1999): 7-12
Garz, Detlef/Oser, Fritz/Althof, Wolfgang (Hrsg.) (1999): Moralisches Urteil und Handeln. Frankfurt/M.: Suhrkamp
Garz, Detlef (1996): Lawrence Kohlberg. Eine Einführung. Hamburg: Junius.
Garz, Detlef/Janssen, Gesine (2006): Über den Mangel an Charakter des deutschen Volkes. Zu den autobiographischen Aufzeichnungen des jüdischen Arztes und Emigranten Dr. Julian Kretschmer aus Emden. Oldenburg: BIS-Verlag.
Garz, Detlef (1998): Moral, Erziehung und Gesellschaft. Bad Heilbronn: Klinkhardt.
GEW (1995): Vorrang für Bildung. Analysen und Perspektiven für eine neue Reformbewegung. Weinheim/München: Juventa
Heipcke Klaus (Hrsg.) (1989): Hat Bildung noch Zukunft? Weinheim: Deutscher Studienverlag
Hentig, Hartmut von (2004): Bildung: Ein Essay. München: Hanser
Kilius, Nelson/Kluge, Jürgen/Reisch, Linda (Hrsg.) (2002): Die Zukunft der Bildung. Frankfurt/M.: Suhrkamp
Klieme, Eckhard et al. (2003): Zur Entwicklung nationaler Bildungsstandards. Eine Expertise. Bonn: Bundesministerium für Bildung und Forschung
Liessmann, Konrad Paul (2006): Theorie der Unbildung. Wien: Zsolnay
Marotzki, Winfried (1990): Entwurf einer strukturalen Bildungstheorie. Weinheim: Deutscher Studienverlag
Noddings, N. (1996).On community. In: Educational Theory 46, 245-267.
Reid, James H. (1991): Heinrich Böll. München: dtv
Roth, Leo (1991): Allgemeine und berufliche Bildung. In: Roth (1991): 469-481
Roth, Leo (Hrsg.) (1991): Pädagogik. Handbuch für Studium und Praxis. München: Ehrenwirth
Stuck, Elisabeth (2004): Kanon und Literaturstudium. Theoretische, historische und empirische Untersuchungen zum akademischen Umgang mit Lektüre-Empfehlungen. Paderborn: mentis

Vom Scheunenviertel nach Hasorea. Deutsch – jüdische Jugendbewegung als Avantgarde sozialistischer Kollektiverziehung

Micha Brumlik

Wie nur wenige deutsche Erziehungswissenschaftler hat sich Detlef Garz in seinen biographischen Forschungen dem Leiden und Leben vom Nationalsozialismus verfolgter und vertriebener Juden zugewandt und anhand ihres Schicksals eine weit reichende Theorie sozialer An- und vor allem Aberkennung entworfen, bzw.: sich jenen Strategien zugewandt, die das Überstehen von Aberkennungsprozessen und zudem den Aufbau eines neuen Selbstbewusstseins ermöglichten. Dabei hat sich Garz vor allem mit Immigration nach Nordamerika auseinandergesetzt.

Der nachfolgende, dem Mainzer Kollegen, dem die nordamerikanische akademische Szene stets soviel näher lag als die deutsche, zu seinem sechzigsten Geburtstag gewidmete Beitrag will den Blick auf bestimmte Eigentümlichkeiten der deutsch-jüdischen Emigration nach Palästina lenken und damit auf das Potential hinweisen, das der Kultur der Jugendbewegung bei der Bewältigung von Aberkennungserfahrungen zukam.

Kibbuz Hasorea liegt etwa vierzig Kilometer südöstlich von Haifa, in einer Landschaft, die „Emek Jesreel", also das „Tal von Jesreel" – nicht „Tal von Israel" – genannt wird. Heute, nach langen Jahren positiver ökonomischer Entwicklung, ist diese linkssozialistische, kommunistisch organisierte Gemeinschaftssiedlung ein ausgesprochen florierender Betrieb; die dort – mit modernsten Techniken betriebene Fischzucht – hat Hasorea in diesem Marktsegment geradezu zu einem ‚global player', einem auf dem Weltmarkt erfolgreichen Anbieter gemacht, der zugleich in Forschung und Entwicklung auf dem Gebiet der Biotechnologie führend ist. Hasorea, der hebräische Ausdruck bedeutet ins Deutsche übersetzt ‚Sämann', gehört zu jenen Kibbuzim, die die Kürzung staatlicher Zuschüsse durch neoliberale israelische Regierungen seit den achtziger Jahren erfolgreich überstanden haben und wurde 1936, zu einer Zeit, als in Deutschland die Nürnberger Rassegesetze bereits verabschiedet und Palästina noch ein britisch verwaltetes Völkerbundmandat war, gegründet. Die meisten israelischen Kibbuzim gehören parteipolitisch orientierten Verbänden an – die Gründer von Hasorea beschlossen früh, sich der Organisation ‚Kibbuz Artzi', also jenem Verband anzuschließen, der zu der linkssozialistischen Partei ‚Mapam' gehört, die sich lange Jahre marxistisch und an der damals noch bestehenden Sowjetunion orientierte.

Wenn auch auf freiwilliger, auf demokratischer Basis, so stellte doch das Modell der Kollektiverziehung, wie es bis in die 1970er Jahre die meisten israelischen Kibbuzim praktizierten, die radikalste Verwirklichung jenes schon von Platon formulierten Soupçons gegen die Familie dar – oft genug zum Leidwesen sowohl der dort erzogenen Kinder als auch deren Eltern. Im Rückblick wird klar, dass es die Gründung einer landwirtschaftlichen Siedlung auf den unwirtlichen Böden des Palästinas jener Jahre nicht ermöglichte, dass sich alle jungen Frauen, die hart arbeiten mussten, intensiv um ihre Kinder kümmern konnten, so dass das Modell einer Frühbetreuung vom neunten Tag nach der Geburt an zunächst eine arbeitsökonomische Notwendigkeit war. Indes – warum wurde dieses Modell auch nach erfolgter Gründung und Etablierung beibehalten? Anfang der 1980er Jahre erinnerte sich eine inzwischen etwa siebzig Jahre alte Gründerin:

> „Warum wir es beibehalten haben, das ist nun wahrscheinlich ihre zweite Frage, das ist eine ideologische Frage, die ich beantworten kann. Wir strebten ja nach einer sehr durchgreifenden Kollektivierung wir wollten die ganze Lebensform auf kollektiver Basis gestalten. Und lehnten auch eigentlich, so wie wir es kannten, das Familienleben ab. Wir wollten eine große Familie sein, wir haben niemals abgelehnt, dass ein Kind seinen Eltern gehört, und dass es Vater und Mutter hat und dass die Elternliebe zur Erziehung gehört, aber wir strebten einen Kollektivismus an, der sich heute geändert hat (...) also ich spreche", so fährt diese Zeitzeugin nun fort, „aber jetzt nur für mich persönlich und ich geniere mich überhaupt nicht, das zuzugeben: Mir persönlich war das sehr schwer, mir persönlich war es schwer, mein Neugeborenes in das Kinderhaus sofort zu geben, und zwar vom ersten Tag an nach den acht Tagen im Krankenhaus nach der Geburt, war mir das persönlich sehr schwer. Ich kann das nicht ableugnen und ich hätte es wahrscheinlich persönlich lieber anders gehabt. Aber alles andere fand ich ja im Kibbuz nun so positiv, dass ich es eben mit in Kauf genommen hatte." (Kolb 1983: 20f)

Spätestens seit der Moderne, wenn nicht schon seit der griechischen Antike, ist das Aufgeben und zur Disposition stellen familiärer Bande, zumal jener zwischen Müttern und Kindern, noch stets Ausdruck entweder drückender materieller Zwänge oder eines entschlossenen weltanschaulichen Willens gewesen. Im Falle Hasoreas trifft gewiss beides zu, wobei als Besonderheit hinzukommt, dass der dort umgesetzte weltanschauliche Wille besonders stark ausgeprägt war, genauer, dem Idealtyp dessen, was man als ‚Weltanschauung' bezeichnen könnte, in jeder Hinsicht entsprach.

Von all den vielen Kibbuzim, die während der britischen Mandatszeit in Palästina gegründet wurden, unterscheidet sich Hasorea dadurch, dass es geradezu in Reinkultur ein authentischer Sproß der in Deutschland um die Jahrhundertwende entstandenen jugendbewegt-bündischen Subkulturbewegung war. Gewiss: viele Kibbuzim entstanden aus zionistischen Jugendbewegungen vor allem Polens und Österreich-Ungarns, Jugendbewegungen, die ebenfalls die Formen der bündischen Jugendbewegung übernommen hatten, aber es dürfte nur Hasorea gewesen sein, dessen Gründer und Mitglieder ihr Ethos Leben und Werk Martin Bubers und Stefan Georges zugleich entlehnten. Hasorea wurde von der Jugendgruppe ‚Die Werkleute' gegründet, einer späten Abspaltung der 1932 an inneren Spannungen zugrunde gegangenen ‚Kameraden'. Die Kameraden wiederum waren eine mehrere tausend jüdischer Jugendlicher zählende Jugendbewegung, die, 1916, im Jahr der Judenzählung im deutschen Heer gegründet, eine bewusst jüdische, wenn auch – wie man das damals nannte – assimilatorische Haltung mit den jugendkulturellen Formen der bündischen Jugend verband. Wie in allen – nichtjüdischen und jüdischen – Gruppen der Jugendbewegung üblich, gab es auch unter den Kameraden vielfältige Gruppen und Untergruppen, Arbeitsgruppen und weitere weltanschauliche Zirkel, so schon lange vor 1932 den von Hermann, später Menachem Gerson gegründeten ‚Kreis', dem es um eine Intensivierung eines religiös begründeten Gemeinschaftsdenkens ging.

1934, bereits in Palästina, in der Stadt Chedera, hielt Menachem Gerson am Grab eines wohl kürzlich verstorbenen Mitglieds der Gruppe, Sergej, eine Rede, in der er die innerjüdische Stellung der ‚Werkleute' zu charakterisieren suchte:

„In unseren Elternhäusern fanden wir fast nichts Jüdisches vor, und von den öffentlichen Einrichtungen bekamen wir meist nur einen negativen Anstoß. Unsere jüdische Haltung begann und erwuchs aus einer persönlichen Fragestellung (...) wir stellten fest, dass es in uns drinnen eine große Zerrissenheit gab, dass bei uns das Intellektuelle in eine Abgelöstheit geraten konnte, die wir von vorneherein als furchtbar empfanden. Wir merkten, dass vieles von der edlen Haltung, die wir, vor allem unter dem Einfluß Stefan Georges, lieben lernten, uns gerade durch unsere jüdische Herkunft lebensmäßig fern lag." (Gerson 1935: 5)

Das im Rückblick zu verstehen, fällt auf den ersten Blick schwer. Denn: Stefan George, daran besteht seit langem kein vernünftiger Zweifel mehr, pflog nicht nur die Pose eines geistesaristokratischen Sehers, sondern war durchaus – auf den Spuren Nietzsches – ein Verächter der modernen Massendemokratie, gewiss kein Mörder der Weimarer Republik, wohl aber ein Nagel zu ihrem Sarg und ein Dichter, der der völkischen Ideologie keineswegs fernstand. Sein 1921 geschriebenes Gedicht „Der Dichter in Zeiten der Wirren" lässt daran allen Kontextuierungen zum Trotz keinen Zweifel:

"Der sprengt die ketten fegt auf trümmerstätten
Die ordnung, geisselt die verlaufnen heim
Ins ewige recht wo grosses wiederum gross ist
Herr wiederum herr, zucht wiederum zucht, er heftet
Das wahre sinnbild auf das völkische banner
Er führt durch sturm und grausige signale
Des frührots seiner treuen schar zum werk
Des wachen tags und pflanzt das Neue Reich."[1]

Es war also alles andere als ein Missverständnis, als der preussische Kultusminister Rust, Mitglied der NSDAP, 1933 darauf drang, Stefan George mit dessen Zustimmung als ‚Ahnherr der neuen Regierung' bezeichnen zu dürfen und ihm – nach dem Hinauswurf der Gebrüder Mann und anderer aus der preussischen Akademie der Künste – dort eine ‚Ehrenstellung ohne jede Verpflichtung' anzubieten. Zudem: Obwohl sich der Dichterfürst von jüdischen Jüngern anhimmeln, aus- und unterhalten ließ, obwohl er von fanatischen Judenhassern als ‚den Juden untertan' angesehen wurde, war er durchaus ein – wenn auch nicht besonders fanatischer – Antisemit. Schon 1905 war ihm die deutsche Hauptstadt – so im Brief an einen Buchillustrator – unsympathisch: „dieser Berliner mischmasch von beamten, juden und huren." (Karlauf 2008) Juden galten ihm als besonders geschäftstüchtig, nicht zuletzt in Erinnerung an seine Kindheit als Sohn eines Weinhändlers, aber eben auch als Repräsentanten einer ‚geschäftigen Geistmacherei' als ‚andere Menschen', ja als ‚Fremdstämmige'. In der für die deutsche Jugendbewegung maßgeblich gewordenen Gedichtsammlung „Der Stern des Bundes" aus dem Jahr 1914 hat George seiner Auffassung vom Verhältnis von Juden und Nichtjuden dichterisch pathetischen Ausdruck verliehen:

"Ihr äusserste von windumsauster klippe
Und schneeiger brache ! Ihr von glühender wüste!
Stammort des gott-gespenstes..gleich entfernte
Von heitrem meer und Binnen wo sich leben
Zu ende lebt in welt von gott und bild!..
Blond oder schwarz demselben schooss entsprungene
Verkannte brüder suchend euch und hassend
Ihr immer schweifend und drum nie erfüllt!"
(George 2003: 683)

Das Gedicht enthielt in den Augen seiner jüdischen Anhänger beides: den Inbegriff der Hoffnung, dass auch Juden allen Rassenstereotypen zum Trotz gleichberechtigte Mitglieder einer geistesaristokratischen Gemeinschaft werden könnten:

---

[1] S. George, Die Gedichte, Stuttgart 2003

„demselben schooss entsprungen" – aber eben auch ihre gleichsam ahasverische Kennzeichnung: „...immer schweifend und drum nie erfüllt". Enthält die eine Verszeile jenes Versprechen, das nicht wenige assimilierte jüdische Intellektuelle in den Bannkreis Georges zog, so drückt die andere Zeile schon zwanzig Jahre vor der nationalsozialistischen Machtübernahme eine nie wirklich überbrückte und auch nie zu überbrückende Distanz aus.

Hermann Gerson, der Gründer und Chefideologe der ‚Werkleute', wurde 1908 in Frankfurt an der Oder in einem assimilierten, durch die Inflation verarmten Elternhaus geboren und näherte sich schon früh, in Reaktion auf den Mord an Walter Rathenau 1922, sozialistischen Ideen an. Als Leiter einer Ortsgruppe der Kameraden lud Gerson 1925 Gustav Wyneken nach Frankfurt/Oder ein und verfiel nach eigener Auskunft dessen Charisma. Innerhalb der ‚Kameraden' initiierte Hermann Gerson den sogenannten ‚Kreis' als Gegenstück zu dem von dem Frankfurter Rechtsanwalt, 1932 bei einem Unfall gestorbenen, Ernst Wolff gegründeten ‚Ring', der anders als dieser nicht auf einen freiheitlichen Individualismus, sondern auf eine neue Form religiös und jüdisch-national begründeter Gemeinschaftsbildung setzte (Gerson 1982).

Geistiger Bezugspunkt dieser Gründung war Martin Buber, mit dem Gerson über lange Jahre einen intensiven Briefwechsel führte und bei dem er vor allem einen Begriff für das ihn quälende Problem der Zerrissenheit und des sogenannten ‚Intellektualismus' fand. 1919 hielt Martin Buber vor jüdischen Jugendverbänden eine Rede über eine jüdisch verstandene Freiheit, in der es u.a hieß:

„Unter Intellektualisierung verstehe ich die Hypertrophie des aus dem Zusammenhang des organischen Lebens herausgebrochenen, parasitär gewordenen Intellekts im Gegensatz zu einer organischen Geistigkeit, in der sich die Totalität des Lebens umsetzt. Diese Intellektualisierung macht einsam, denn nur von Mensch zu Mensch (...) nicht aber von Denkapparat zu Denkapparat führt die Brücke unmittelbarer Gemeinsamkeit, heiße sie nun Liebe, Freundschaft, Kameradschaft, Genossenschaft." (Buber 1919: 14)

Als der 1878 geborene Martin Buber diese Rede hielt, war er immerhin älter als vierzig Jahre und gerade dabei, sich vom überzeugten Befürworter eines deutschen Sieges im ersten Weltkrieg zum Pazifisten zu wandeln (Sieg 2001: 139-149). Martin Buber war darüber hinaus Zionist und – dem nur vermeintlich zum Trotz – einer der wichtigsten, wenn nicht gar der wichtigste Inspirator zumal der nicht-zionistischen jüdischen Jugendbewegung in der Zwischenkriegszeit. Eines allerdings war Buber nicht: er gehörte nicht zu jenen realpolitisch gehärteten staatsbildenden Zionisten, denen klar war, dass man einen jüdischen Staat nur durch wirtschaftlichen Aufbau oder militärische Gewalt erringen konnte, für ihn war Zionismus letztlich eine spirituelle Haltung:

„Zion", so Buber, „ist Größeres als ein Stück Land in Vorderasien (...) Zion ist das neue Heiligtum im Bilde des alten. (...) Es ist der Grundstein des messianischen Menschheitsbaus.(...) An euch, an der Jugend wird es liegen, ob aus Palästina die Mitte der Menschheit oder ein jüdisches Albanien wird, das Heil der Völker oder ein Spiel der Mächte. Zion wird nicht in der Welt erstehen, wenn ihr es in der Seele nicht bereitet." (Buber 1969: 39)

Fragt man nun, bei welchen Jugendlichen derlei Ansprachen auf geistig und seelisch fruchtbaren Boden fielen, so zeigt die Forschung schnell, dass es sich dabei um jüdische Jugendliche der Jahrgänge 1910 – 1920, im Allgemeinen deutsch-jüdischen Elternhäusern entstammend handelte, wobei der übliche Hinweis, es habe sich um assimilierte Elternhäuser gehandelt, in dieser Allgemeinheit nicht zutreffen dürfte. Denn immerhin zeigen stichprobenartig erhobene exemplarische Fälle, dass in vielen Familien zumindest die Mütter noch stark an die religiös-jüdische Tradition gebunden waren (Weigele 2004: 14f.). Gleichwohl waren die Bindung an und die Bewunderung für die deutsche Kultur – von Schiller und Goethe zu Rilke und George – undiskutiert und ungebrochen und stellte den über Jahrzehnte zunächst nicht in Frage gestellten Horizont des eigenen Selbstverständnisses dar. Der gesellschaftliche Antisemitismus der wilhelminischen Zeit, der sich in den Jahren der Weimarer Republik immer stärker auszuprägen begann, konfrontierte diese Jugendlichen, zumal wenn sie männlichen Geschlechts waren, mit zwei, eng miteinander verwobenen Entwicklungsaufgaben: einer Definition ihrer Männerrolle sowie einer Entscheidung, welcher, partikularen oder universalistischen Weltanschauung sie sich anschließen wollten. Es war Hermann Meier-Cronemeyer, der auf den zunächst befremdenden Umstand aufmerksam gemacht hat, dass die judenfeindlichen Schriften Hans Blühers, der den Juden eine ‚Männerbundschwäche' attestiert hatte, auf das Selbstverständnis der jüdischen Jugendbewegung in all ihren Schattierungen erheblichen Einfluss hatte (Meyer-Cronemeyer 1969: 48; vgl. auch Brumlik 2006). Auch in dieser Hinsicht hatte Buber den Nerv dieser vor allem männlichen Jugend präzise getroffen:

„Der westjüdische Jüngling, der zum Bewusstsein seines Verhältnisses zur Gemeinschaft erwacht, findet sich zwischen zwei Gemeinschaften gestellt, gleichsam zwischen sie aufgeteilt. (...) Die eine, der er durch seine Geburt entstammt, die andere (...), die die Sprache geschaffen hat, die er spricht und in der er denkt, die die Kultur geschaffen hat, die ihn gebildet hat (...). Aber eines fehlt, ein Letztes, Innerlichstes, das fundamentale Prinzip der wahrhaften Verbindung mit einer Volksgemeinschaft und doch nur selten in seiner Bedeutung gekannt und bewusst: das Gemeinschaftsgedächtnis." (Buber 1969: 39)

Wie auch in der allgemeinen, nicht-jüdischen Jugendbewegung wurde die Lösung dieser Aufgabe in Bildung und Sozialarbeit gesucht: Bildung im Sinne einer persönlichen Weiterentwicklung im Dienste eines übergreifend Allgemeinen, das diese Jugend in dem fand, was es für das jüdische Volk hielt, eine Überzeugung, der bekanntlich auch der junge Siegfried Bernfeld mit allen Konsequenzen, einschließlich einer Verehrung für den damals schon in Verruf geratenen Gustav Wyneken anhing (Meyer-Cronemeyer 1969: 46). Dies übergreifend Allgemeine, das jüdische Volk, wähnten die sich selbst als ‚Westjuden' verstehenden Jugendlichen vor allem in jenen in den Jahren vor, während und nach dem Ersten Weltkrieg nach Deutschland eingewanderten Juden aus Posen und Galizien zu erkennen, die etwa im Berliner Scheunenviertel eine ebenso fremdartige wie faszinierende Immigrantenkultur entfalteten (vgl. Maurer 1986). Der Wunsch, diesen so fremden und doch so eigentlichen Geschwistern nahe zu sein, kleidete sich in caritative und pädagogische, in bildende und sozialpädagogische Bemühungen. Politisches Ziel, der aus dem ‚Kreis' hervorgegangenen, 1932 organisatorisch selbständig gewordenen ‚Werkleute' war es, sich an der Volksheimbewegung zu orientieren, die 1916 zum ersten Mal im Berliner Scheunenviertel ein soziokulturelles Zentrum für geflohene und soeben immigrierte Ostjuden eingerichtet hatte.

Der Entschluss, sich in der Großstadt, in der größten Großstadt, die Deutschland damals aufzuweisen hatte, zu engagieren, geschah bewusst: nirgend anders als dort, wo die Hektik und Desintegration ihren stärksten Ausdruck gefunden hatte, wo also jedwede Entfremdung alle gewachsenen sozialen und gemeinschaftlichen Beziehungen aufgelöst hatten, sollte die Umkehr und der Neubeginn anheben. Im Berliner Scheunenviertel schienen das Älteste und Fremdeste, nämlich ‚Ostjuden' und die Stein gewordene Moderne, die Großstadt, so zusammenzutreffen, dass dort und nur dort die Bewährungsprobe für ein neues Gemeinschafts- und Volkstum stattzufinden hatte. Indes:

„Unsere soziale Arbeit", so die Erinnerung einer der Gründerinnen von Hasorea, „sollte eben diese Bevölkerungsschicht, die vollkommen verelendet war, integrieren – ohne sie zu assimilieren. Wir hatten uns vorgestellt, dieses verarmte Judentum in Heimen zu erziehen, ihnen Ausbildung zu geben und mit ihnen zu lernen. (...) Natürlich wollten wir mit ihnen auch Feiern gestalten, so ein richtiges Heimleben halt. (...) Ich traf mich auch mit Einzelnen aus dieser Gruppe und versuchte, mit ihnen ihre Probleme zu klären. Das war für mich ziemlich schwierig, denn diese Jugendlichen waren fast im selben Alter wie ich, und ich war verhältnismäßig unerfahren in jeder Beziehung. Die waren in vielen Sachen erfahrener als ich. Das kam durch das Leben, das sie zu leben gezwungen waren." (Godenschweger/Vilmar 1990: 47)

Die Faschisierung Deutschlands ließ es zu einer eigenständigen Verwirklichung dieser Gedanken durch die erst 1932 als eigene Organisation ausdifferenzierten ‚Werkleute', denen schätzungsweise eintausendfünfhundert Mitglieder angehörten, nicht mehr kommen. Bei allem sozialromantischen Schwärmertum verfügten diese jungen Bildungsbürger doch über genügend Realitätssinn, um einzusehen, dass sie ihre Wünsche und Aufgaben in einem nationalsozialistischen Deutschland nicht mehr würden erfüllen können, weswegen sie sich in ihrer Ende April 1933 auf einem sogenannten Führertreffen verabschiedeten neuen Satzung dem Zionismus im Sinne Theodor Herzls verpflichteten und in den §§ 2 und 3 dieser Satzung festhielten:

> „Der Bund erstrebt die Errichtung einer eigenen Siedlung in Palästina. Die Sondertendenz des Bundes innerhalb der zionistischen Bewegung ergibt sich durch die bewusste Pflege der religiösen Werte des jüdischen Volkstums und seiner Geschichte. Entsprechend seiner palästinozentrischen Einstellung verbietet der Bund seinen Mitgliedern jede politische Betätigung in Deutschland." (Weigele 2004: 66/67)

In den darauf folgenden Jahren unterzogen sich die Mitglieder des Bundes beruflichen Umschulungen und wanderten in kleinen Gruppen nach Palästina aus, um schließlich 1936 den Kibbuz zu gründen.

Hermann Gerson ging es bei alledem noch 1935 nie um weniger als um die „Herausstellung eines neuen jüdischen Typs": „des Menschen, der aus der Versprengtheit und Substanzlosigkeit des Westjuden zu jüdischer Verbundenheit gelangt" (Gerson 1935: 3).

Die Wirklichkeit im Palästina der Mandatszeit und die Jahre danach sollten auch diese Wünsche und Vorstellungen widerlegen. 1983 noch gab ein Mitglied zu Protokoll, dass es doch eher um einen liberalen Wunsch ging:

„Im Grunde", so ein frühes Mitglied von Hasorea, „für die Kinder probierten wir von vorneherein eine Gesellschaft zu schaffen, die ihnen die Möglichkeit gibt, wirklich das, was in ihnen steckt, herauszuleben und zu entwickeln." (Kolb 1983:33)

Indes: gerade dieser Mann musste schließlich einräumen, dass seine vier Söhne allesamt den Kibbuz verlassen hatten, zwei Söhne wanderten in die USA aus, während die beiden jüngeren Söhne zu streng orthodoxen Juden wurden. Einen Generationenkonflikt verneinte dieser Vater:

> „Und es gab eigentlich zwischen meinen Söhnen und mir, besonders meinen jüngeren Söhnen, die fromm geworden sind, (...) keine Spannungen. Das ist mehr in der Opposition gegen den Kibbuz als zu mir. Vielleicht ist da der Kibbuz der Ersatzvater. Ja, vielleicht." (Kolb 1983: 5)

Wenn man dieser sehr kurz gehaltenen Fallgeschichte etwas entnehmen kann, dann womöglich die Einsicht, dass ein interner, begrifflich notwendiger Zusammenhang zwischen dem Wunsch, einen neuen Menschentypus zu schaffen und einem daraus erwachsenden Elitismus, einer Selbstprivilegierung jener, die diesen Wunsch hegen, existiert sowie dass die ambivalent konflikthafte Beziehung zwischen Eltern und Kindern jedenfalls dann, wenn sie demokratisch gerahmt ist, den totalitären Überschuss dieses platonischen Willens wieder aufhebt.

Literatur

Brumlik, Micha (2006): Jenseits des Eigenen und des Fremden. In: Göhlich et.al. (2006): 57-68
Buber, Martin (1919): Cheruth. Eine Rede über Jugend und Religion, Wien/Berlin: Löwit
Buber, Martin (1969): Zion und die Jugend. Eine Ansprache. In: Meier-Cronemeyer (1969)
George, Stefan (2003): Die Gedichte. Stuttgart: Klett-Cotta
Gerson, Hermann (1935): Probleme der Gemeinschaftsverwirklichung im Kibbuz. Miteilungsblatt vom Juli 1935. In: Gerson (1935): 3
Gerson, Hermann (1935): Werkleute. Ein Weg jüdischer Jugend. Berlin: Kommissionsverlag Kedem
Gerson, Martin (o.Jahr): Eine Jugend in Deutschland. Archiv des Kibbuz Hasorea, Nr. 74 vom April 1982
Godenschweger, Walter B./Vilmar, Fritz (1990): Die rettende Kraft der Utopie. Frankfurt/M.: Luchterhand
Göhlich, Michael/Leonhard, Hans-Walter/Liebau, Eckart/Zirfas, Jörg (Hrsg.) (2006): Transkulturalität und Pädagogik. Interdisziplinäre Annäherungen an ein kulturwissenschaftliches Konzept und seine pädagogische Relevanz. München: Juventa
Karlauf, Thomas (2008): Stefan George. München: Bertelsmann
Kolb, U. (1983): Utopie als Zuflucht. Unveröffentlichtes Manuskript. Frankfurt/M.
Maurer, Trude (1986): Ostjuden in Deutschland 1918-1933. Hamburg: Christians
Meier-Cronemeyer, Hermann (1969): Jüdische Jugendbewegung, Teil 1 u.2. Germania Judaica, Köln
Sieg, Ullrich (2001): Jüdische Intellektuelle im Ersten Weltkrieg. Berlin: Akademie Verlag
Weigele, R (2004): Die Werkleute als ein Beispiel der jüdischen Jugendbewegung in der Weimarer Republik. Unveröffentlichte Magisterarbeit. Heidelberg

Der Intellektuelle, seine Kritik und die Öffentlichkeit: Benjamin, Adorno, Habermas

Stefan Müller-Doohm

Der folgende Text beinhaltet die Thesen, die der Autor zur Eröffnung des Symposiums *Kritik als Beruf. Gesellschaftstheorie und intellektuelle Praxis* vorgetragen hat. Das Symposium fand am 8. und 9. 2. 2008 an der Carl von Ossietzky Universität in Oldenburg aus Anlass der Emeritierung des Autors statt.

I.

Schon von seiner physiognomischen Erscheinung und der Physiognomie des Denkens her repräsentierte Walter Benjamin den Prototyp des Intellektuellen. Mit Haut und Haaren Zeitkritiker – für George Steiner ist er der Größte des 20. Jahrhunderts – hat Benjamin für eine Theorie des Intellektuellen zwei ‚Denkbilder' beigetragen. Ich gehe bei der folgenden Überlegung davon aus, dass diese Denkbilder den Möglichkeitsspielraum intellektueller Praxis in unserer Epoche veranschaulichen. Ich meine die beiden metaphorischen Bezeichnungen des *Feuermelders* und der *Notbremse*. Für Benjamin als den Zeugen der Geschehnisse am Ausgang der Weimarer Republik, im Schatten der heraufziehenden Nazidiktatur sind Intellektuelle Feuermelder, die angesichts der krisenhaften Zuspitzung gesellschaftlicher Widersprüche mit den Mitteln des sprachästhetischen Ausdrucks und der Militanz der Diagnose Alarm schlagen. Diese Warnung vor der Gefahr für Leib und Leben ist insofern politisch, als sie den Machtbestrebungen der Bourgeoisie gilt: Wer nicht gegen die bürgerliche Klasse „Partei ergreifen kann", so Benjamin, „der hat [als Intellektueller, d.V.] zu schweigen" (1969: 51). Bevorzugte Medien der intellektuellen Kritik Benjamins, die er als „eine moralische Sache" (ebd.) bezeichnet und für deren Artikulation einzig der avantgardistische Standpunkt angemessen ist, sind linksdemokratische Zeitschriften und Zeitungen, aber nicht zuletzt auch der Rundfunk. Trotz dieser Parteinahme besteht Benjamin geradezu programmatisch für sein von Brecht inspiriertes Konzept „eingreifenden Denkens" (vgl. Wizisla 2004: 139) auf der Außenseiterstellung des dem Bürgertum entlaufenen Intellektuellen, seiner parteipolitischen Ungebundenheit. Auch wenn seine Zeitkritik an ein Publikum adressiert ist, widersetzt er sich dessen Erwartungen. „Das Publikum muß stets Unrecht erhalten und sich doch immer durch den Kritiker vertreten fühlen" (Benjamin 1969: 52). Der Intellektuelle als Feuermelder ist Gefangener der Paradoxie, dass er sich appellativ an eine bürgerliche Öffentlichkeit mit dem Ziel ihrer Politisierung wendet und doch darum weiß, dass „Überzeugen (...) unfruchtbar" ist (a.a.O.: 12). Wie unfruchtbar, beweist die Faktizität des zeitgeschichtlichen Verlaufs am Vorabend des Faschismus. Aufgrund der Machtergreifung der Nationalsozialisten und angesichts der Pariser Exilsituation ab 1933 muss sich für Benjamin die Funktion der Intellektuellen ändern. Mehr noch als zuvor müssen sie ihre Kritik aus „dem Bewusstsein ihrer Einsamkeit" formulieren (Benjamin, GS II.2: 800), dürfen aber nicht davon ablassen, sich als Exponenten revolutionärer Prozesse zu sehen, revolutionärer Prozesse freilich, die dem Kontinuum der Geschichte als Fortschrittsgeschichte ein Ende setzen. Wie die Revolution selbst aufgrund des katastrophischen Gesichtsverlaufs nicht länger teleologisch konzipiert werden kann, so fungiert der Intellektuelle – analog der Revolution – als Notbremse. Was der Intellektuelle als Zeitdiagnostiker und Schriftsteller tut, steht im Zeichen der Erkenntnis: „daß es ‚so weiter' geht, *ist* die Katastrophe" (Benjamin, GS I.2: 683). Wenn sämtliche Häuser schon brennen – und davon war Benjamin aufgrund der zeitgeschichtlichen Ereignisse in der Folge des Hitler-Stalin-Pakts überzeugt –, dann haben die Feuermelder keine Funktion mehr. Angesichts lodernder Flammen kann intellektuelle Praxis nichts anderes sein, als das Äußerste für die Rettung der utopischen Gehalte der Idee einer befreiten Menschheit zu tun.

In diesem Sinne möchte ich von der Gegenüberstellung zweier Begriffe Gebrauch machen, wie sie Habermas schon 1972 in seinem kontrovers diskutierten Benjamin-Essay eingeführt hat (Habermas 1972: 175). Er kontrastiert *rettende Kritik* mit dem Begriff der *bewusstmachenden* Kritik. Während rettender Kritik die Absicht zugrunde liegt, dem katastrophischen Geschehen die Vision eines von sozialer Unterdrückung und politischer Gewalt befreiten Lebens zu entreißen bzw. zu bergen, rechnet bewusstmachende Kritik mit der Möglichkeit einer Aufhebung von Herrschaft durch Erkenntnisfortschritte als Selbstaufklärung. Bewusstmachende Kritik mag dem nahe kommen, was Benjamin in seinem Surrealismus-Essay von 1929 „profane Erleuchtung" genannt hat (Benjamin, II.1: 279). Rettende Kritik reagiert darauf, dass bei der profanen Erleuchtung die erwarteten politischen Konsequenzen ausgeblieben sind. Sie speist sich aus einem apokalyptischen Gefühl. Dennoch meint Rettung für den Benjamin der späten Schriften keineswegs den pessimistischen Rückzug des ohnmächtigen Intellektuellen auf die Kontemplation. Vielmehr will diese Form der Kritik die Erfahrung der geschichtlichen Möglichkeit des Umbruchs retten. Rettung ist für Benjamin eine politische Kategorie, denn sie steht im Dienste des Versuchs, die kollektive Erfahrungsfähigkeit von realem Unrecht nicht untergehen zu lassen.

Das Konzept der rettenden Kritik koinzidiert mit der selbst wieder zeitgeschichtlich bedingten Erfahrung Max Horkheimers, wonach die Sozialkritik „keine spezifische Instanz für sich (hat) als das mit ihr selbst verknüpfte Interesse an der Aufhebung des gesellschaftlichen Unrechts". Er schlussfolgert: „An der Existenz des kritischen Verhaltens (...) hängt heute die Zukunft der Humanität" (Horkheimer, GS, Bd. 4: 216). Die *Dialektik der Aufklärung*, die Horkheimer und Adorno 1944 geschrieben haben, kann mit ihrer eigenwilligen Rhetorik beschwörender Sprachgesten durchaus als Intervention der Philosophen verstanden werden, die sich als Intellektuelle kritisch verhalten, indem sie an die Menschheit appellieren, angesichts des Versinkens in „eine neue Art von Barbarei" die Notbremse zu ziehen – obwohl ihnen bewusst ist, dass „Propaganda für die Änderung der Welt (...) Unsinn" (Horkheimer, GS, V: 16 u. 287) ist und dass der Adressat ihres Appells „ein eingebildeter Zeuge (ist), dem wir es hinterlassen, damit es doch nicht ganz mit uns untergeht" (a.a.O.: 288).

II.

Weitaus tiefgehender als Benjamin und Horkheimer hat Adorno in der amerikanischen Emigration über den Stellenwert intellektueller Praxis als einer an die Öffentlichkeit adressierten Kritik reflektiert. Für seine Position greift die Gegenüberstellung zwischen bewusstmachender und rettender Kritik nur sehr bedingt. Denn er bemüht sich um eine geschichtliche Verortung der Funktion intellektueller Kritik. Mit anderen Worten: Der Intellektuelle fungiert je nach Wahrnehmung des geschichtlichen Verlaufs als *Feuermelder* und/oder als einer, der jenen letzten Ausweg nutzt, um sich tatkräftig auf seine Weise am Griff nach der *Notbremse* zu beteiligen (vgl. Benjamin, I.3: 1232).

Als rettende Kritik darf Adornos Verteidigung des untergehenden bürgerlichen Subjekts gelten („Wendung aufs Subjekt, Verstärkung von dessen Selbstbewusstsein", Adorno GS 10.2: 579), das er gegen das ‚Diktat von Anpassung' und gegen den Konformismus der Kulturindustrie in Schutz nimmt.

Gerade die intransigente Kritik an der Omnipräsenz der Kulturindustrie steht im Zeichen jener Rettung der Autonomie des Individuums und der Kunst. Das Regulativ dieser Kritik ist der von der gesellschaftlichen Systemdynamik liquidierte Zustand, in dem man „ohne Angst verschieden sein kann" (Adorno, GS 4: 116). Für seine eigene intellektuelle Praxis hat Adorno über den defensiven Gestus der Rettung hinaus postuliert, „Bangemachen gilt nicht" (a.a.O.: 77). Damit fordert er als intellektuelle Grundtugend jene Bereitschaft des auf sich selbst gestellten Subjekts, sich der „wütenden Harmonie aller vernünftigen Leute" entgegenzustellen (ebd.), der Majorität sich eben nicht zu unterwerfen, nur weil es die Majorität ist. Auch wenn der Intellektuelle auf seiner Unabhängigkeit und Distanz beharren muss, so darf er doch keineswegs bei bloßer Reflektion stehen bleiben, weil er dann sein Privileg als jemand verspielen würde, dem aufgrund seines geistigen Rangs die Möglichkeit der Kritik gegeben ist, – freilich „ein Luxus, den einzig der Betrieb abwirft" (a.a.O.: 27). So sind Intellektuelle als Nutznießer eines Privilegs umso mehr zur Redlichkeit verpflichtet. Und dazu gehört an erster Stelle, wie Adorno in einem Brief an Thomas Mann formuliert, „die strikte Askese gegen die unmittelbare Aussage des Positiven" (Adorno/Mann Briefwechsel 2000: 128). Folglich kann es keinesfalls Aufgabe des Intellektuellen sein, wie Adorno in eindeutiger Abgrenzung zu Intellektuellen wie Sartre, Brecht und Hochhuth geltend macht, einen positiven Sinn durch Weltdeutung zu vermitteln oder sich gar für eine politische Programmatik einzusetzen, sei sie noch so fortschrittlich. Adorno hält den Intellektuellen zur Abstinenz gegenüber dem politischen Engagement an. Aber er verlangt von ihm mehr als selbstgenügsame Kontemplation. Dieses Mehr ist nichts anderes als die Praxis der bewusstmachenden Kritik.

Zu ihrem Protagonisten entwickelt sich Adorno als der tonangebende Intellektuelle der ersten beiden Nachkriegsjahrzehnte, als ein Intellektueller, der die deutsche Öffentlichkeit 1951 mit dem Verdikt provoziert: „Nach Auschwitz ein Gedicht zu schreiben, ist barbarisch" (Adorno, GS 10.1: 30). Seit dieser Provokation, im Land des Henkers vom Strick zu sprechen, hat Adorno so gut wie jede Gelegenheit genutzt, um beispielsweise im Rahmen von Vorträgen, öffentlichen Podien, Diskussionen im Rundfunk und Fernsehen in der Rolle des Intellektuellen an die Bürger einer sich erstarkenden Öffentlichkeit zu appellieren. Als politischer Aufklärer versucht er zu zeigen, dass es der Aufarbeitung der Vergangenheit dringend bedarf, weil „das Nachleben des Nationalsozialismus *in* der Demokratie (...) potentiell bedrohlicher (ist) denn das Nachleben faschistischer Tendenzen *gegen* die Demokratie" (Adorno, GS 10.2: 555 f.).

Auch wenn sich Adorno als bewusstmachender Kritiker in den öffentlichen Diskurs einmischt, bleibt er in der Öffentlichkeit der Dissident, der den Konformitätszwängen in allen Bereichen opponiert. Er positioniert sich als Ruhestörer, der das Risiko eingeht, bewusst Tabus zu brechen. Dadurch hat er wesentlich Anteil daran, dass in Deutschland ein Selbstverständigungsprozess über den Zivilisationsbruch sowie über die Funktion der Demokratie in Gang kommt. Er plädiert vehement für die Wahrnehmung der Chancen, die eine demokratische Verfassung bietet, um doch im gleichen Atemzug darüber aufzuklären, wie sehr die Sphäre der Politik Fassade ist und die Öffentlichkeit „zur geschäftlichen Branche (wird), die aus den Informationen, die sie der Bevölkerung zuführt, ihren Profit zieht" (GS 8: 533).

Für Adorno ist bewusstmachende Kritik die Negation des Bestehenden, das sich nur durch sein Bestehen rechtfertigt. Bewusstmachende Kritik operiert im Modus bewusst provokanter Übertreibung. Diese Kritikform ist von der Überzeugung getragen, dass Änderungen zum Guten auch im negativen Ganzen der verwalteten Welt möglich sind.

III.

In der Auseinandersetzung von Jürgen Habermas mit dem Konzept der rettenden Kritik macht er hinreichend deutlich, dass für ihn nur eine Form der bewusstmachenden Kritik aktuell sein kann. Ist Habermas als Kritiker an politischen Missständen der Bonner und Berliner Republik somit der legitime Erbe Adornos als öffentlicher Intellektueller? Er ist es insofern, als er an dem kritischen Impetus der intellektuellen Intervention festhält, also den Intellektuellen mit seinem avantgardistischen Spürsinn für Relevanzen als Feuermelder begreift und sich als Feuermelder im Dauereinsatz praktisch betätigt hat und betätigt (vgl. Müller-Doohm 2008: 120 ff.). Die Art und Weise der Kritik, die Habermas als öffentlicher Intellektueller praktiziert, differiert von der Adornos (und natürlich der Benjamins) ebenso, wie er die Funktion des öffentlichen Intellektuellen weitaus bescheidener versteht, nämlich als Aufgabe eines partizipierenden Bürgers unter Bürgern einer deliberativen Demokratie. „Der Denker als Lebensform, als Vision, als expressive Selbstdarstellung, das geht nicht mehr" (Habermas 1985: 207). Für Habermas ist die bewusstmachende Kritik des Intellektuellen eine Beziehung zur sozialen Praxis, die im Lichte moralischer Grundsätze und Normen beurteilt wird. Kritik setzt konkret bei den gesellschaftlichen Institutionen an und bringt das Ausmaß der in sie eingelassenen strukturellen Gewalt zum Vorschein. Bewusstmachende Kritik, wie Habermas sie in der Rolle des Intellektuellen praktiziert, ist subjektiv weniger von Verzweiflung gespeist, als dass sie von Entrüstung getragen ist; sie resultiert aus dem Vertrauen in das emanzipatorische Potential demokratischer Institutionen, sie rechnet mit der Einsichtsfähigkeit verständigungsorientiert handelnder Akteure. So ist diese bewusstmachende Kritik nicht objektiv besseres Wissen, sondern geht von der Binnenperspektive der eigenen politischen Kultur aus. Für sie gibt es keine letzten Antworten, weil für Habermas intellektuelle Praxis ein offener, fehlbarer, stets aufs Neue durchzuführender Prozess des Argumentierens ist.

IV.

Am Schluss dieses kursorischen Rückblicks auf drei idealtypische Modelle des Intellektuellen wird deutlich, dass es wenig Sinn macht, für die alles andere als sichere Zukunft des Intellektuellen auf den Prototyp eines Feuermelders zu bauen. Vom Intellektuellen kann nur im Plural die Rede sein.

Dennoch sei die Frage aufgeworfen: Lässt sich eine Familienähnlichkeit, ein übergreifendes intellektuelles Denkstilmuster freilegen so wie der Stil des Impressionismus oder Expressionismus in den verschiedenen Gattungen signifikante Merkmale aufweist? Zu diskutieren wäre, ob Agonalität als argumentatives Gegenspiel (und nicht als Feinderklärung) ein interpersonales Kennzeichen des intellektuellen Denkstilmusters etwa im Sinne einer spezifischen Gruppensprache der Intellektuellen ist? Weiterhin: Tritt Agonalität – als „Erzeugung von Differenz" (Nullmeier 2000: 156) – selbst wieder in graduell unterschiedlichen, vielleicht sogar divergenten epochenspezifischen Spielarten in Erscheinung?

Wenn der Intellektuelle eine historisch variierende Sozialfigur ist, dann ist die von Habermas repräsentierte Variante agonaler Positionierung angemessen für eine demokratische Gesellschaft, die auf die Funktion des Intellektuellen als Impulsgeber einer diskursiv prozessierenden Öffentlichkeit angewiesen ist: Auf den Intellektuellen als einer Instanz gesellschaftlicher Selbstbeobachtung, die trotz ihres agonalen Auftretens Zustimmung zu den zentralen Fragen des moralisch Richtigen erreichen will.

Der Intellektuelle unserer Tage, so erklärt Habermas, hält sich aus jenen letzten Fragen des guten Lebens heraus. Er scheidet die Fragen des guten Lebens vom Gerechten und beschränkt sich darauf, auf die Universalisierung von Gerechtigkeit zu beharren. Für Habermas ist der Intellektuelle nicht mehr als eine Person, die sich im Nebenberuf politisch engagiert, dies ungefragt, ohne politisches Mandat tut. Der Intellektuelle will nicht auf den politischen Machtkampf strategisch Einfluss nehmen, sondern kommunikativ, das heißt verständigungsorientiert auf die plurale Öffentlichkeit. Die öffentliche Anerkennung des Intellektuellen resultiert aus der Überzeugungskraft seiner kontroversen Argumente, durch die er die Produktivkraft Kommunikation praktisch unter Beweis zu stellen versucht. Sinn und Zweck des öffentlichen Streits, den der Intellektuelle vom Zaun bricht, besteht darin, Diskursivität herzustellen: ein Modell für den öffentlichen Gebrauch der Vernunft vorzuführen.

Literatur

Adorno, Theodor W. (1997): Gesammelte Schriften. Bd. 10.1 und 10.2. Kulturkritik und Gesellschaft. Frankfurt/M.: Suhrkamp
Adorno, Theodor W. (1997): Gesammelte Schriften. Bd. 4. Minima Moralia. Reflexionen aus dem beschädigten Leben. Frankfurt/M.: Suhrkamp
Adorno, Theodor W. (1997): Gesammelte Schriften. Bd. 8. Soziologische Schriften. Frankfurt/M.: Suhrkamp
Adorno, Theodor W./Mann, Thomas (2000): Briefwechsel 1943-1955. Frankfurt/M.: Suhrkamp
Benjamin, Walter (1969): Einbahnstraße. Frankfurt/M.: Suhrkamp
Benjamin, Walter (1980): Gesammelte Schriften. Bd. I.1. Abhandlungen. Frankfurt/M.: Suhrkamp
Benjamin, Walter (1980): Gesammelte Schriften. Bd. I.3. Abhandlungen. Frankfurt/M.: Suhrkamp
Benjamin, Walter (1980): Gesammelte Schriften. Bd. II.2. Essays, Vorträge, Frankfurt/M.: Suhrkamp
Habermas, Jürgen (1972): Bewusstmachende oder rettende Kritik – Die Aktualität Walter Benjamins. In: Unseld (1972.): 173-224
Habermas, Jürgen (1985): Die Neue Unübersichtlichkeit. Kleine Politische Schriften V, Frankfurt/M.: Suhrkamp
Horkheimer, Max (1987): Gesammelte Schriften. Bd. 5. Dialektik der Aufklärung und Schriften 1940-1950. Frankfurt/M.: Suhrkamp
Horkheimer, Max (1988): Gesammelte Schriften. Bd. 4. Schriften 1936-1941. Frankfurt/M.: Suhrkamp
Müller-Doohm, Stefan (2008): Jürgen Habermas. Frankfurt/M.: Suhrkamp
Nullmeier, Frank (2000): Politische Theorie des Sozialstaats. Frankfurt a.M./New York: Campus
Unseld, Siegfried (Hrsg.) (1972): Zur Aktualität Walter Benjamins. Frankfurt/M.: Suhrkamp
Wizisla, Erdmut (2004): Benjamin und Brecht. Die Geschichte einer Freundschaft. Frankfurt/M.: Suhrkamp

Menschenrechtspolitik in der globalen *res publica*

Hauke Brunkhorst

1

Es gibt eine *Weltöffentlichkeit*, und neugierig beobachtet sie sich selbst. 529.000 Einträge bei Google, 1.070.000 Treffer bei ‚global public', 672.000 mal ‚world public', und selbst die Dreiwortfolge ‚global civil society' bringt es auf 413.000 Nennungen. Die Existenz der Weltöffentlichkeit ist mit der Weltgesellschaft, die es deutsch auf 294.000 Einträge, englisch als ‚world society' auf 800.000 und als ‚global society' auf 1.020.000 bringt, gleichursprünglich. Die Bildung einer Weltöffentlichkeit ist erst durch die *kommunikative Nutzung neuer Kommunikationsmedien* und *Verkehrsmittel* möglich geworden. Nach dem Zweiten Weltkrieg wurden die *elektronischen Verbreitungstechniken* und die bald *düsengetriebenen Großraumflugzeuge* perfektioniert, massenhaft produziert und Flugreisen, Telefonieren, Fernsehen usw. so billig, dass sie auch noch für soziale Unterschichten und Arbeitsimmigranten aus Armutsregionen erreichbar wurden. In kürzester Zeit war der Erdball von einem erdumspannenden und in den näheren Weltraum ausgreifenden Netz immer dichter werdender Kommunikations- und Verkehrsströme umschlossen. Der nicht mehr abreißende, immer breitere und schnellere Strom der Informationen und Nachrichten, der in jeden Winkel der Erde dringt und überall *Gleichzeitigkeit* herstellt, führt jedem Erdbewohner vor Augen, dass es keine noch so ferne Kommunikation mehr gibt, die nicht mit jeder anderen Kommunikation kurzgeschlossen werden *könnte* und über das riesige Netzwerk aller Kommunikationen wenigstens indirekt mit allen andern *vermittelt* ist. Nahezu alle Informationen, die im kulturellen Gedächtnis der Weltgesellschaft abgespeichert werden, sind heute – sofern das nötige, technische Gerät vorhanden (und die manchmal nötige und nicht immer einfache, hermeneutische Arbeit der Rückerinnerung erfolgreich) ist – jederzeit und überall abrufbar.

2

Die Weltöffentlichkeit ist *eine einzige* Öffentlichkeit, die *in sich stark differenziert* ist und immer wieder neue Unterschiede produziert. Sie teilt sich zunächst und primär *funktional* und *wertrational* in globale Expertenöffentlichkeiten und Sportpublikum, in Weltkunst rezipierendes und Weltkunst konsumierendes Publikum, in feministische und muslimische Sparten, in politische Öffentlichkeit und ein breites Wissenschaftspublikum, das argwöhnisch die Aussagen der lokalen Ärzte und Umweltschützer mit den medizinischen und biologischen Forschungen von anderswo vergleicht, und so weiter. Wie einst die nationale, so ist auch – zweitens – die Weltöffentlichkeit in *soziale* Schichten und Klassen gespalten. Die einen versammelt der Unfalltod der Princess Diana oder der Billigtourismus zu einem globalen Publikum, das sich am unteren Ende der Schichtungsskala zentriert, die andern der Luxusurlaub und die Lektüre der Börsenkurse an deren oberem Ende. Es gibt eine eher bürgerliche und eine eher proletarische Weltöffentlichkeit, und sie ist, nach der Logik des jeweils zur Anschauung gebrachten symbolischen Kapitals, in viele feine Unterschiede gestuft. Schließlich teilt die Weltöffentlichkeit sich nicht nur in globale, regionale, nationale und lokale *Segmente*, sondern segmentiert sich überdies in eine variable Vielzahl von Zentren und Peripherien, und sie beobachtet und kontrolliert die Differenz von Zentrum und Peripherie dadurch, dass sie das politische Subjekt der Menschenrechte, die Weltbevölkerung, quer zur sozialen Schichtung, in zwei große Klassen teilt, Leute mit guten und Leute mit schlechten Pässen.

3

Die Weltöffentlichkeit wird fast täglich *einflussreicher*, im Guten wie im Bösen. Der Tod einer englischen Prinzessin in Paris erregt sie ebenso wie der Tsunami im längst nicht mehr fernen Osten. Die Prinzessin wird vom englischen Premierminister vor den laufenden Kameras zur *Princess of the Hearts* deterritorialisiert, und das löst eine nationale Verfassungskrise aus, die heute als Film um die Welt geht. Der global kommunizierte Tsunami ist nicht nur Ursache einer zerstörerischen Meereswoge, sondern auch Anlass einer beispiellosen internationalen Hilfsaktion. Die Mobilisierung der Weltöffentlichkeit gegen den Irak-Krieg führt zur Bildung einer immensen kommunikativen Macht, die sogar den amerikanischen Präsidenten in eine Bedrängnis bringt, aus der er sich nur deshalb retten kann, weil es regierungsnahen und ihrerseits global operierenden Fernsehkonzernen wie Fox in einem beispiellosen Fall von Massenmanipulation gelingt, die Bevölkerung des eigenen Landes wirksam gegen die grenzüberschreitende Kommunikation offen zu Tage liegender Tatsachen abzuschirmen. In der heutigen Weltöffentlichkeit kann die Feder eines Karikaturisten im Königreich Dänemark einen globalen *hurricane* auslösen, dessen Nachwehen dann bis in die bayrische Provinz zurückschlagen und – anlässlich eines MTV-Comics über den Papst – die dort herrschende Staatspartei veranlassen, gleich das Verbot der Serie und schärfere Gesetze für Gotteslästerung einzufordern, kräftig unterstützt von Teilen der schon seit längerer Zeit global organisierten, katholischen Zivilgesellschaft. Die Beispiele für den wachsenden *politischen Einfluss* der Weltöffentlichkeit sind Legion. *Global blaming* und *global shaming* staatlicher Akteure ist mittlerweile zu einem der erfolgreichsten Instrumente der Menschenrechtspolitik geworden (vgl. Risse et.al. 1999; 2002; Deitelhoff 2006).

4

Die Weltgesellschaft ist nicht nur durch kommunikative Erreichbarkeit und globale Funktionssysteme *negativ integriert* (Luhmann), sondern längst auch *normativ integriert* (Stichweh, Habermas). Global konstitutionalisierte *Menschrechte* und ihre wenigstens teilweise Umsetzung in einfaches, nationales und internationales Recht *erzeugen* im Verfassungsverbund mit nationaler und internationaler *Rechtstaatlichkeit* sowie staatlichem und poststaatlichem *Zivilrecht* Gleichheitsnormen, die eine halbwegs ungezwungene, *weltöffentlichen Meinungs- und Willensbildung* ermöglichen sollen. Als normative Ermöglichungsbedingungen einer (wie immer herrschaftlich eingeschränkten und verzerrten) globalen Meinungs- und Willensbildung *sind* die Menschenrechte *politische Weltbürgerrechte*. Die weltöffentliche Meinungs- und Willensbildung aller sozialen Akteure (Individuen, Organisationen und Staaten) wird darüber hinaus durch eine übergreifende *Weltkultur* und insbesondere *Weltmenschenrechtskultur* in ihren *Motiven und Handlungsgründen* geformt (s. nur *shaming* von Staaten). Schließlich bilden sich, verstärkt durch eine kaum noch überschaubare, täglich wachsende Zahl globaler und regionaler Regierungs- und Nichtregierungsorganisationen und Assoziationen Kerne einer *globalen Zivilgesellschaft* und Vorformen *transnationaler politischer Parteien*. Es gibt also weltöffentliche Angelegenheiten oder: eine globale *res publica* ohne Staat, in der die Menschenrechte Bürgerrechte sind und eine *Weltbürgerschaft* konstituieren. Damit erscheint – wie in den Europäischen Verträgen[1] – neben dem staatlich intergovernmentalen ein zweites, bürgerschaftliches Legitimationssubjekt auf die Bühne der Weltinnenpolitik: das

---
[1] EuGH Rs. 26/62, Slg.1963, 1 – Van Gend v. Loos. Dazu: Joerges (1996). Zur doppelten, gemeinschaftsbürgerrechtlichen und nationalen Legitimationsbasis der EU: Classen (1994: 259f.) sowie Schönberger (2005: 519ff.).

als „We the peoples of the United Nations" nicht mehr nur national, sondern durch eigene Weltbürgerrechte konstituiert ist.

5

Historisch geht die Idee einer Transsubstantiation vorpolitischer Menschenrechte (des Naturzustands) in politische Bürgerrechte (einer *association politique*) auf die Autoren der Menschenrechtserklärung vom August 1789 zurück. Menschenrechte sind der berühmten *Déclaration* zufolge nämlich diejenigen Rechte, die Menschen im Naturzustand oder von Natur aus haben. Eines schönen Tages geben sie sich dann eine Verfassung und treten mit diesem Akt in den in den öffentlichen Rechtszustand ein.[2] Mit diesem Akt werden Menschen Bürger und Menschenrechte Bürgerrechte. Die *Déclarartion* schließt hier unmittelbar an den kosmopolitischen Konstruktivismus der Lehre vom Gesellschaftsvertrag an. Dann kommt aber der 3. September 1791. Der Mensch erhält eine wirkliche Verfassung und muss verdutzt feststellen, dass nur der besitzende, männliche und französische Teil des Menschen der Bürgerrechte im Staat teilhaftig werden soll. Mit dieser regressiven Bewegung ist die Geschichte freilich noch keineswegs zu Ende erzählt, denn sie wird die Opposition gegen die restriktiv exklusive Ausgestaltung elementarer Rechte nicht mehr los, und nach heftigen Kämpfen und einem langen, schmerzlichen Lernprozess demokratischer Inklusion[3] können wir heute die ersten Formen *wirklicher Weltbürgerschaft* in einem *globalen* (und regionalen) *Konstitutionalismus* beobachten.[4]

6

Um das gegenwärtige Menschenrechts*verständnis*, das die *sozialen Akteure* (Individuen, Staaten, Organisationen) in ihrem Handeln teilen, richtig zu verstehen, ist ein Perspektivenwechsel von den eingespielten *Kulturvergleichen* (Taylor u.a.) zur Perspektive einer *konstitutiven*[5] *Weltkultur* (Meyer (1997), Ramirez

---

[2] Diesen Zustand betrachten die Autoren der *Déclaration* zunächst noch nicht als Staat (*état*) – das Wort kommt in dem Dokument kein einziges Mal vor – sondern als Zivilgesellschaft oder bürgerliche/ politische Gesellschaft. Wenn sie vom Staat reden, reden sie immer nur von Staat der Monarchie, für die ihre *Erklärung* keinen Raum mehr läßt.
[3] Zu „democratic inclusion": Marks 2000; zum Lernprozess: Menke/Pollmann 2008: 98ff. und 186ff..
[4] Zur facettereichen Diskussion nur: Fassbender 1998, Frowein 2000, Brunkhorst 2002; 2004; 2005, Fischer-Lescano 2005, Teubner 1996; 1997; 2003, Langer 1994, Uerpmann 2001, Habermas 2004, v. Bogdandy 2001; 2006; 1999, siehe auch die Beiträge in: v. Bogdandy 2003, Möllers 2005a.
[5] ‚Konstitutiv' hier nicht im juristischen, sondern im soziologisch-phänomenologischen Sinn.

u.a.) hilfreich. Geht man mit Meyer und der *Stanford School of Sociology* von der empirisch gut begründeten Annahme einer einheitlich säkularen, universalistischen, rationalistischen und individualistischen Weltkultur aus, zu deren Kernbereich die Menschenrechte gehören, dann zeigt sich, dass nicht etwa den vielen Kulturen ein – im übrigen schwer erklärliches – Überlieferungssubstrat menschenrechtlich getönter Wertbindungen, ein bislang nur *unentdeckt* gebliebener *overlapping consensus* gemeinsam ist, sondern dass die Verschiedenheit der vielen Kulturen (einschließlich ihres vermeintlichen *overlap consens*) bereits durch eine einheitliche Weltkultur *konstituiert* und *geformt*, d. h. aber überhaupt erst *erzeugt* worden ist und – *by the way* – eine gewaltige Individualisierungsleistung darstellt.[6]

Erst vor dem Hintergrund einer *allen gemeinsamen* Weltkultur konnte nämlich die (individuelle) Verschiedenheit der vielen Kulturen *als* ein Unterschied, der *für* die Akteure einen Unterschied macht, hervortreten und sich als kulturelle 'Identität' (und als Identitätsdiskurs) immer schärfer und immer wieder neu ausprägen. Erst der Hintergrund einer geteilten Weltkultur macht die *reziproken* Verstehens-, Aufbau- und Entwicklungsleistungen der *entangled modernities* (Randeira 2004) möglich, denn ohne einen solchen, für beide Seiten konstitutiven Hintergrund geteilten kulturellen Wissens (Habermas' ‚Lebenswelt') wäre weder der Literaturkanon des englischen Schulcurriculums, der im fernen Indien aus der Kooperation mit der Bramanenkaste entstand (Randeira 2004), erklärbar, noch die zu selben Zeit entstehende Befreiungsideologie des indischen Volkes und seine Aufstände gegen die Engländer, in denen die Ideen der Verfassungsrevolutionen des 18. Jahrhunderts in neuer Gestalt lebendig wurden, erklärbar. Aber ohne einen gemeinsamen Horizont kulturellen Wissens, der im 19. Jahrhundert noch regional eingegrenzt war, wären auch die schrecklichen Schlächtereien nicht möglich gewesen, die nach 1945 infolge der Entkolonialisierung, zuletzt der Entsowjetisierung in Bosnien/Tschechenien etc. und im Namen soziokultureller, nationaler, ethnischer oder religiöser ‚Identität' verübt wurden. Das Schema der kollektiven Identitätskonstruktionen ist Teil des impliziten Wissens einer über alle Fronten hinweg geteilten und für die Frontbildung konstitutiven, modernen und säkularen Lebenswelt. Es ist, wie die Menschenrechte, in der Weltgesellschaft zu einem universell verfügbaren Handlungsschema geworden und eng mit dem (menschenrechtsanalogen) Selbstbestimmungsrecht der Völker (Art. 1 Abs. 2 UN) verbunden.

---

[6] *Individualisierung* hat, wie die Geschichte der deutschen Romantik zeigt, immer fast gleichzeitig eine *kollektive* (Individualisierung der geschichtlichen Gestalt eines Landes, einer Nation, eines Rechtssystems usw.) und eine *einzelmenschliche* Seite (dazu, Brunkhorst 1985).

7

Nur durch die Annahme einer konstitutiven Weltkultur lässt sich die überraschend hohe Einheitlichkeit der weltgesellschaftlichen Akteure (Individuen, Staaten, Organisationen) überhaupt *erklären* (Meyer 1997; 2005): Die überall fast isomorphe Organisationsstruktur, die hohe Ähnlichkeit der Ziele, die sehr weit gehende Übereinstimmung in den Wertorientierungen und in den Sozial- und Sozialisationstechniken, die es erst seit wenigen Jahrzehnten gibt. Bei der Reform staatlicher Bildungseinrichtungen kommt fast überall das 6-3-3-Schema der Schulstufen zur Anwendung, wird fast überall zur selben Zeit der schülerzentrierte Unterricht eingeführt (und das *blaming* der japanischen Schulpädagogik hat bereits begonnen). Das Recht nahezu aller Staaten ist weitgehend durchpositiviert und akademisch professionalisiert, Verfassungs- und einfaches Recht sind getrennt, es gibt Oberste- oder Verfassungsgerichte, *judicial review* usw. Die Regierungen gleichen sich in ihrer basalen Organisationsstruktur fast wie ein Ei dem andern, überall Minister und Staatssekretäre, überall Bildungs- und Umweltministerien, fast überall Antidiskriminierungsquoten, Frauenrechte, und die politischen Führen aller Länder versprechen Fortschritt, Wachstum, Frieden, Umweltschutz und soziale Gerechtigkeit. Die Programme sind fast austauschbar, und überall dieselbe Kluft zwischen progressivistischer Rhetorik und hinterher hinkender Realisierung. Aber niemand verspricht heute noch Eroberung und fette Beute in Nachbarländern oder auf fernen Kontinenten, niemand mehr Rache im nächsten Feldzug, auch der blutigste Diktator nicht.

8

Was für die kollektiven Akteure gilt, gilt auch fürs individuelle Personal. Während die *funktionale Gliederung* der Weltgesellschaft – gleichsam ihr Unterbau – alle menschlichen Akteure *ohne Ausnahme* denselben *strukturellen Zwängen* unterwirft und alle – unter freilich höchst unterschiedlichen soziokulturellen Startbedingungen – der hohen Selektivität von Schulen und Arbeitsmärkten ausliefert, *formt die Weltkultur* – der „ungeheure Überbau" (Marx) – *die Motive und Handlungspläne der Akteure.* Dadurch gerät die jeweils besondere und höchst unterschiedliche Herkunftskultur in Abhängigkeit von global abrufbarem kulturellem Wissen und kulturellen Wertorientierungen. Binnen kürzester Zeit haben sich, nach Vernichtung der letzten Hauswirtschaften, individualistische und konsumistische Lebensstile ubiquitär verbreitet, in fundamentalistischen Armuts- ebenso wie in liberalen Reichtumsregionen. Gut beobachtbar ist die globale Kulturrevolution gerade am religiösen Fundamentalismus. Statt sie zu

Menschenrechtspolitik in der *res publica* 151

bewahren und zu erneuern, vernichtet er die religiösen Traditionen und individualisiert die Religion bis zur Perversion des Selbstmordattentats. Im Fundamentalismus scheint sich die Enttraditionalisierung, Dekontextualisierung, Individualisierung, Universalisierung und Dezentrierung der Religion, die sich während der protestantischen Revolutionen in Europa im 16. und 17. Jahrhundert vollzogen hat, auf Weltniveau zu wiederholen (vgl. Berger 1999, Roy 2006, Vasquez/Friedmann 2003)[7]. Der Ausgang dieser hoch dynamischen, sehr vielfältigen und keineswegs eindeutigen Entwicklung (Stauth 2001) ist zwar ganz ungewiss, aber die konstitutive Kraft der universalistischen Weltkultur erhöht die Wahrscheinlichkeit, dass *alle* sozialen Akteure, *Individuen, Staaten* und *Organisationen* in Situationen geraten können und immer häufig geraten, die ihnen positive *oder* negative Stellungnahmen zur *globalen* (und *nicht mehr westlichen*) Menschenrechtskultur abverlangen. Sie mögen diese Kritik als Verteidigung des ‚Eurozentrismus'/des ‚Westens'/der ‚Moderne' oder als deren Kritik ausgeben, beide, der Kritiker und der Apologet, sind unmittelbar zur *vollständig dezentrierten Weltkultur.*

Das zeigt sich schlagend, wenn sich plötzlich die Fronten umdrehen und aus Apologeten Kritiker, aus Kritikern Apologeten werden. Dann kann es zu überraschenden Frontwechseln kommen. So hat die Irakische Verfassungskommission vorgeschlagen, im Art. 44 die internationalen Menschrechtskonventionen zu unmittelbar geltendem, irakischem Recht zu erklären. Das hat die US-Amerikaner, die gerade zuvor Frauenrechte in die Verfassung haben schreiben lassen, dazu veranlasst, einen so starken Druck auf die verfassungsgebende Versammlung auszuüben, dass der Art. 44 wieder verschwunden ist. Was also ist an den Menschenrechten noch westlich? Ihre Herkunft?

Aber die Menschenrechte, die wir heute verteidigen, stammen nur noch höchst vermittelt aus der großen Französischen Revolution, sie sind, zumindest in ihrer derzeitigen *weltbürgerlichen* Gestalt und mit ihrer spezifischen Kraft, Staaten fürs internationale Recht zu *öffnen*, das Produkt einer jüngeren Revolution (Wahl 2003). Sie sind aus der *Menschheitskatastrophe* des Zweiten Weltkriegs (Zimmermanns ‚Gattungsbruch') und aus der *ersten globalen Rechtsrevolution*, die sich in den Gründungen, Pakten und Erklärungen von 1944 bis 1948 vollzogen hat, hervorgegangen. Meine These ist also, dass die *heutigen* Menschenrechte sich bereits einer nicht mehr europäisch-westlichen, sondern bereits globalen Völkerrechtsrevolution verdanken und insofern *auch in ihrer Genealogie nicht mehr westlich* sind.[8]

---

[7] Zur protestantischen Revolution instruktiv: Berman 2006.
[8] Mit ähnlicher Betonung des Bruchs in der Menschenrechtsevolution: Menke/Pollmann 2008: 10ff. und 18ff.,

9

Erst die Existenz einer menschenrechtlich imprägnierten Weltkultur hat es möglich gemacht, dass nicht nur jede Menschenrechtsverletzung, die ‚an einem Ort der Erde' geschieht, an dem ‚andern gefühlt wird' (Kant) und *moralische Empörung* auslöst, sondern von der internationalen Gemeinschaft auch *als Rechtsbruch* registriert und skandalisiert wird. Das wiederum verschafft humanitären Interventionen ein erhebliches Legitimationspolster und hat mittlerweile zur Änderung des bis zu Beginn der 1990er Jahre geltenden Völkerrechts geführt, so dass heute zumindest massive Menschenrechtsverletzungen als Bedrohung des Weltfriedens gelten. Dieser Friede wird nicht erst angetastet, wenn ein *Staat* einen andern angreift, sondern bereits wenn ein *Weltbürger* (durch einen Staat oder eine Bürgerkriegspartei) in seinen elementaren Menschen- bzw. Weltbürgerrechten verletzt wird. So völkerrechtlich problematisch die Ausweitung und Flexibilisierung des Interventionsrechts der internationalen Gemeinschaft (Kap. VII UN) auch sein mag (vgl. Brunkhorst 1998: 117ff.), sie impliziert doch eine (paradoxe) *Anerkennung des einzelnen Individuums in seiner/ihrer Völkerrechtssubjektivität* (mit z.T. auch fatalen Folgen: z. B. das *Listing of terror suspects* durch den SC, das jeden und jede von uns *als Individuum* zur potentiellen Gefahr für den Weltfrieden macht).

10

Die Menschenrechte erscheinen nicht nur auf der *Eingabeseite* der Weltöffentlichkeit als deren Ermöglichungsbedingungen (s. o. These 4), sondern ebenso auf der *Ausgabeseite*. Die weltöffentliche Thematisierung und Skandalisierung von *Menschenrechtsverletzungen* hat nicht nur zur Folge, dass ihnen durch weiche, aber sehr wirksame (*blaming and shaming*) oder durch harte Sanktionen (SC-Maßnahmen bis zur bewaffneten Intervention) rechtliche Nachachtung verschafft wird. Sie trägt auch erheblich, wie Fischer-Lescano (2005) am Fall der Madres der Plaza de Majo in Buenos Aires zur Zeit der letzten Militärdiktatur gezeigt hat, zur *Veränderung oder Erweiterung der Menschenrechte* bei und hat insofern auch eine *legislative Funktion*. Die in den Straßen begonnene Protestbewegung hat in dem genannten Fall zu einer Fokussierung des Menschenrechtsschutzes auf das Verschwinden der Opfer geführt. Fischer-Lescano (2005) und Ramatulla Khan (2001) sprechen von spontanem *lawmaking in the streets*.

11

Die Parole *lawmaking in the streets* erinnert daran, dass der demokratische Willensbildungsprozess und die Partizipation der Bürger an diesem Prozess demokratischer Gesetzgebung bereits auf der Straße, bei der Demonstration, beim *small-talk* mit den Nachbarn, auf der Taxifahrt, am politisierenden Stammtisch, bei der Lektüre der Tageszeitung und der Tagesschau anfängt. Demokratische Wahlkämpfe ohne die Mobilisierung der Marktplätze wären nicht mehr demokratisch.[9] Dieser erste, fundamentale Schritt jeder demokratischen Gesetzgebung: die *Bildung kommunikativer Macht* im spontanen und sozial inklusiven mit- *und* gegeneinander Handeln, im *acting in concert and conflict* (Hannah Arendt) ist auch in der Weltöffentlichkeit bereits Alltag. Aber an dieser Stelle bricht die *Demokratie* an der Staatsgrenze abrupt ab, fehlen ihr die *organisationsrechtlichen Normen*, um bindende Entscheidungen auf allen Stufen des gesetzlichen Konkretisierungsprozesses, bei Wahlen, in Referenden, in Parlamenten, aber auch in Regierungs- und Verwaltungsapparaten und vor Gericht durch den Willen der Rechtsadressaten hinlänglich zu bestimmen und zu konkretisieren.

Menschenrechte und Menschenrechtskultur haben zwar in der weltöffentlichen Willensbildung juristisches und politisches Gewicht. Sie können von unten mobilisiert, zur kommunikativen Macht gegen menschenrechtsverletzende Staaten, Regional- und Weltorganisationen, multinationale Konzerne und Nichtregierungsorganisationen werden und so die Ausgestaltung und Konkretisierung der Menschenrechte *beeinflussen*. Aber der demokratische Selbstbestimmungsprozess der Weltöffentlichkeit *endet* hier, denn der weltöffentlichen Willensbildung fehlen die *globalen und regionalen Äquivalente für ein demokratisches Staatsorganisationsrecht*. Das wiegt umso schwerer, je deutlicher sich Konturen von *Weltstaatlichkeit* (nicht zu verwechseln mit *Weltstaat*) abzeichnen, die bis hin zur Entstehung globaler Sozialpolitik und globaler Sozialstaatlichkeit reichen.[10] Sogar dort, wo die *pouvoir constituant* gründend und umgründend aktiv wird, beobachten Völkerrechtler heute die (paradox anmutende) Ersetzung des nationalen durch einen *pouvoir constituant international* (Dann 2003: 3ff.).

---

[9] Die Straße ist ein wichtiges Element der Demokratie. Alt-Bundeskanzler Schröder hat den letzten Wahlkampf bei riesigem Rückstand gegen eine überwältigende Medienmacht, die den Wechsel wollte, geführt und auf den Marktplätzen fast noch zu seinen Gunsten gedreht. Das war eine eminent demokratische Leistung. Wenn das nämlich nicht mehr möglich ist, ist die Demokratie am Ende.

[10] Leisering 2007. Generell und kontrovers zur Weltstaatlichkeitsthese neben den Beiträgen des Sammelbandes ‚Weltstaat und Weltstaatlichkeit' herausgegeben von Matthias Albert und Rudolf Stichweh (2007): Müller 2003; Lutz Bachmann/Bohman 2002, Chimni 2004.

12

Weltstaatlichkeit entsteht, wenn inter-, trans- oder supranationale Organisationen nicht mehr nur Staatsfunktionen intergovernmental *ergänzen*, sondern *substituieren* (Albert 2005, Brunkhorst 2007: 71). Das ist in der Weltgesundheitspolitik, in der Welthandelspolitik oder der Weltfinanzpolitik ebenso der Fall wie im Bereich globaler Friedenssicherung und Menschenrechtspolitik, mittlerweile auch in der Bildungspolitik, wenn man etwa in der Vorlage zum Schleswig-Holsteinischen Hochschulgesetz lesen kann: „Der Bologna-Prozeß mit seinen 45 Mitgliedstaaten setzt Standards, die auf der Ebene des jeweiligen Landes umgesetzt werden müssen." (Abschnitt A, Abs. 2).

In diesem und in einer wachsenden Zahl von Fällen wird internationales Recht mit hoher faktischer Bindungskraft von weitgehend *informellen Assoziationen* informell (als *soft law* in Erklärungen, Protokollen, Empfehlungen etc.) gesetzt. Die informellen Regierungsvereinigungen sind bestenfalls wie der Europäische Rat (Brunkhorst 2007, Dann 2003: 261ff.) oder der mächtige Baseler Bankenausschuss (Möllers 2005b.) für *nationale Außenpolitik* demokratisch legitimiert, aber keineswegs für das, was sie überwiegend machen, *globale oder europäische Innenpolitik*. Je informeller und hochrangiger die internationalen Regierungsorganisationen (inclusive Zentralbanken) sind, desto schwerer ist es, ihre folgenreichen Entscheidungen, die formell niemanden binden, gerichtlich zu überprüfen oder gar den Entscheidungsprozess gesetzlich auszugestalten. Etwas polemisch gesagt, entsteht auf diese Weise Zug um Zug ein neuartiger, transnationaler und kooperativer Bonapartismus. Sein Regime ist *soft law governance without democratic government*: Globales und regionales Regieren mit Menschenrechten und *rule of law*, aber *ohne Demokratie*, und genau das festigt und vergrößert die verselbständigte und von den Quellen demokratischer Legitimation abgeschnittene Machtposition der global operierenden Exekutivgewalten. Komplementär dazu reduziert sich der menschenrechtliche Kosmopolitismus dann auf einen *cosmopolitanism of the few* (Craig Calhoune).

13

Das internationale Recht hat eine Licht- und eine Schattenseite. Die Lichtseite (bei Martti Koskenniemis ist das immer Mr. Hyde), das sind die zu zwingendem Recht (*ius cogens*) positivierten Menschen- und Weltbürgerrechte. Wo das Licht hinfällt, geht es egalitär und demokratisch zu, in seinem Schein lässt sich sogar ein *emerging right to democratic governance* beobachten (Franck 1992, Cerna 1995, Marks 2000). Auf der Lichtseite des *global constitutionalism* also nichts als Egalitarismus, individuelle Freiheit, Antidiskriminierungsrechte, kurz: Menschenrechte und Demokratie. Kaum noch einer wagt, etwas anderes zu verlangen, und wenn, dann wird daraus, wie im Iran, wenigstens eine konstitutionelle Theokratie. Zu den politischen Ideen von 1789 fällt, so scheint es, niemandem mehr eine ernsthaft vertretbare Alternative ein.

Anders auf der Schattenseite des internationalen Rechts (dem Reich von Koskenniemis' Dr. Jekyll), beim *internationalen Organisationsrecht* (oder dem *constitutional law of check and balances*). Seine undemokratischen und unzureichend ausgestalteten Verfahrensnormen widersprechen den strahlend verkündeten egalitären Rechten der Weltbürgerschaft. Die deklarierten und positivierten Rechte werden mit jedem Schritt ihrer Umsetzung aus ‚Normtexten' in ‚Rechtsnormen' (Müller 2003) dementiert. Die gegenwärtige Verfassung der Weltbürgerschaft ist eine Verfassung ohne demokratisches Organisationsrecht, und ohne demokratisches Organisationsrecht hat sie dann doch, legt man den Maßstab des Art. 16 der *Déclaration des droits de l'homme et de citoyen* von 1789 zugrunde, ‚keine Verfassung'.

Das Problem mit der Lichtseite des internationalen Rechts, das Problem Mr. Hydes, der von Dr. Jekyll nichts weiß, besteht darin, dass die globale Menschen- und Völkerrechtsverfassung eine bestenfalls *herrschaftsbegrenzende* Kraft hat. Da ihr bislang die Kraft zur *demokratischen Begründung von Herrschaft als Herrschaft Beherrschter* fehlt, führt das aber zu einer Situation, in der die bloße *Herrschaft des Rechts* die *politische Herrschaft* des *cosmopolitanism of the few* über den *cosmopolitanism of the many* gleichzeitig begrenzt *und* steigert. Damit wird auch im heutigen, menschrechtlich geprägten Weltrecht die herrschaftsnahe Seite des Rechts, die ihm ein „Janusgesicht" (Habermas) verleiht, erkennbar. Das Recht ‚schützt' nicht nur, wie es die Päpstliche Revolution des späten 11. und frühen 12. Jahrhunderts den unteren Ständen schon versprochen hatte, „die Schwachen" (Berman 1991). Es erhält und erweitert auch die Macht der Starken und der starken Organisationen, die – wie der moderne Staats- und Exekutivapparat – zunächst und zuerst an der eigenen Selbsterhaltung interessiert sind und *nicht schon von sich aus* am Gemeinwohl oder gar, wie Hegel noch am Beginn der Epoche, gehofft hatte, an der *volonté generale*.

Literatur

Albert, Matthias (2005): Politik der Weltgesellschaft und Politik der Globalisierung: Überlegungen zur Emergenz von Weltstaatlichkeit. In: Zeitschrift für Soziologie. Sonderheft Weltgesellschaft 2005: 223-238

Albert, Matthias/Stichweh, Rudolf (Hrsg.) (2007): Weltstaat und Weltstaatlichkeit. Wiesbaden: VS-Verlag

Berger, Peter L. (1999): The Desecularization of the World: A Global Overview. In: The Desecularization of the World: Resurgent Religion and World Politics, Washington, D.C.: Ethics and Public Polity Center 1999: 1-18

Berman, Harold (1991): Recht und Revolution. Frankfurt/M.: Suhrkamp

Berman, Harold (2006): Law and Revolution II: The Impact of the Protestant Reformation on the Western Legal Tradition. Cambridge MA: Belknap Press

Bogdandy, Arnim von (2001): Verfassungsrechtliche Dimensionen der Welthandelsorganisation. In: Kritische Justiz 34, Heft 3. 2001. 264-281

Bogdandy, Arnim von (2006): Constitutionalism in International Law. In: Harvard International Law Journal, 47. Heft 1. 2006. 223-242

Bogdandy, Arnim von (1999): Supranationaler Föderalismus. Baden-Baden: Nomos

Bogdandy, Arnim von (Hrsg.) (2003): Europäisches Verfassungsrecht. Theoretische und dogmatische Grundzüge. Heidelberg: Springer Verlag

Brunkhorst, Hauke (2007): Unbezähmbare Öffentlichkeit – Europa zwischen transnationaler Klassenherrschaft und egalitärer Konstitutionalisierung. In: Leviathan, Heft 1. 2007. 12-29

Brunkhorst, Hauke(2007): Die Legitimationskrise der Weltgesellschaft. Global Rule of Law, Global Constitutionalism und Weltstaatlichkeit. In: Albert/Stichweh (2007): 63-108

Brunkhorst, Hauke (2004): A Policy Without a State? European constitutionalism between evolution and revolution. In: Eriksen et. al. (2004): 90-108

Brunkhorst, Hauke (2005): Demokratie in der globalen Rechtsgenossenschaft. Einige Überlegungen zur poststaatlichen Verfassung der Weltgesellschaft. In: Zeitschrift für Soziologie (ZfS): Sonderheft Weltgesellschaft 2005. 330-347

Brunkhorst, Hauke (2002): Globalising Democracy Without a State: Weak Public, Strong Public, Global Constitutionalism. In: Millenium: Journal of International Studies, Vol. 31. No. 3. 2002. 675-690

Brunkhorst, Hauke/Costa, Sergio (Hrsg.) (2005): Jenseits von Zentrum und Peripherie. Zur Verfassung einer fragmentierten Weltgesellschaft. München: Hampp

Brunkhorst, Hauke (1985): Romantik und Kulturkritik. In: Merkur 1985. 484-496

Brunkhorst, Hauke (Hrsg) (1998): Einmischung erwünscht? Menschenrechte und bewaffnete Intervention. Frankfurt/M.: Fischer-Verlag

Calhoun, Craig (2002): The Class Consciousness of Frequent Travelers: Toward a Critique of Actually existing Cosmopolitanism. In: The South Atlantic Quarterly 1001. 4/2002. 869-897

Cerna, Cecilia (1995): Universal Democracy. In: New York University Journal of International Law ans Politics. 86. 1995. 289ff.

Chimni, Bhupinder Singh (2004): International Institutions today: An Imperial Global State in the making. In: European Journal of International Law. Vol. 15, Heft 1. 2004. 1-37
Classen, Claus Dieter(1994): Europäische Integration und demokratische Legitimation. In: Archiv für öffentliches Recht 119. 1994. 238-260
Deitelhoff, Nicole (2006): Überzeugen in der Politik. Grundzüge einer Diskurstheorie des internationalen Regierens. Frankfurt/M.: Suhrkamp
Dann, Phillip (2003): The Political Institutions. In: Bogdandy (2003): 229-279
Dann, Philip/Ali-Ali, Zaid (2006): The International Pouvoir Constituant – Constitution-Making Under External Influence in Iraq, Sudan and East Timor, Max Planck UNYB 10/2006
Di Fabio, Udo (1998): Das Recht offener Staaten. Tübingen: Mohr Siebeck
Eriksen, Erik O./Fossum, John E./Menendez, Augustin J. (Hrsg.) (2004): Developing a constitution for Europe. London/New York: Routledge
Fassbender, Bardo (1998): The United Nations Charter as Constitution of the International Community. In: Columbia Journal of Transnational Law Vol. 3. 1998. 529-619
Fischer-Lescano, Andreas (2005): Globalverfassung. Die Geltungsbegründung der Menschenrechte. Weilerswist: Velbrück Wissenschaft
Fischer-Lescano, Andreas (2005): Vom Lawmaking in the Streets zum globalen Konstitutionalismus. Die Verschwundenen und der Protest der Madres in Argentinien. In: Brunkhorst/Costa (2005): 81-112
Franck, Thomas (1992): The Emerging Right to Democratic Governance. In: American Journal of International Law 86. 1992. 46-91
Frowein, Jochen A (2000): Konstitutionalisierung des Völkerrechts. In: BDGVR, Völkerrecht und Internationales Recht in einem sich globalisierenden internationalen System. Heidelberg: C.F.Müller: 427-447
Habermas, Jürgen (2004): Hat die Konstitutionalisierung des Völkerrechts noch eine Chance? In: Habermas (2004): 113-193
Habermas, Jürgen (2004): Der gespaltene Westen. Frankfurt a.M.: Suhrkamp
Joerges, Christian (1996): Das Recht im Prozeß der europäischen Integration. In: Jachtenfuchs/Kohler-Koch (1996): 78-108
Jachtenfuchs, Markus/Kohler-Koch, Beate (Hrsg.) (1996): Europäische Integration. Opladen: Leske + Budrich
Khan, Rhamatulla (2001): The Anti-Globalization Protests: Side-show of Global Governance, or Law-making on the Streets? In: Zeitschrift für ausländisches öffentliches Recht und Völkerrecht. Heft 61. 2001. 323-355
Langer, Stefan (1994): Grundlagen einer internationalen Wirtschaftsverfassung. München: Beck
Leisering, Lutz (2007): Gibt es einen Weltwohlfahrtsstaat? In: Albert/Stichweh (2007): 185-205
Loch, Dietmar/Heitmeyer, Wilhelm (Hrsg.) (2001): Schattenseiten der Globalisierung. Frankfurt/M.: Suhrkamp
Lutz-Bachmann, Matthias/Bohman, James (Hrsg.) (2002): Weltstaat oder Staatenwelt. Frankfurt/M.: Suhrkamp
Marks, Susan (2000): The Riddle of all Constitutions Oxford: Oxford Univ. Press

Meyer, John W. (1997): World Society and the Nation-State. In: American Journal of Sociology. Vol. 103. Heft 1. 1997. 144-181
Meyer, John W./Krücken, Georg/Kuchler, Barbara (Hrsg.) (2005): Weltkultur. Wie die westlichen Prinzipien die Welt durchdringen. Frankfurt/M.: Suhrkamp
Menke, Christoph/Pollmann, Arnd (2008): Philosophie der Menschenrechte,.Hamburg: Junius
Möllers, Christoph (2005a): Gewaltengliederung. Tübingen: Mohr Siebeck
Möllers, Christoph (2005b): Transnationale Behördenkooperation. Verfassungs- und völkerrechtliche Probleme transnationaler administrativer Standardsetzung. In: Zeitschrift für ausländisches öffentliches Recht und Völkerrecht. Heft 65. 2005. 351-389
Müller, Friedrich (2003): Demokratie zwischen Staatsrecht und Weltrecht. Nationale, staatlose und globale Formen menschenrechtsgestützter Globalisierung. Elemente einer Verfassungstheorie VIII. Berlin: Duncker & Humblot
Risse, Thomas/Ropp, Stephen C./Kathyrn, Sikkink (Hrsg.) (1999): The Power of Human Rights. Cambridge: Cambridge Univ. Press
Risse Thomas/Jetschke, Anja/Schmitz, Hans-Peter (2002): Die Macht der Menschenrechte. Internationale Normen, kommunikatives Handeln und politischer Wandel in den Ländern des Südens. Baden-Baden: Nomos
Randeira, Shalini (2004): Verwobene Moderne. In: Soziale Welt: Sonderband 15. 2004. 155-178
Schönberger, Christoph (2005): Föderale Angehörigkeit. Habilitationsschrift. Freiburg 2005
Roy, Olivier (2006): Der islamistische Weg nach Westen. Globalisierung, Entwurzelung und Radikalisierung. München: Pantheon
Stauth, Georg (2001): Religiöser Fundamentalismus zwischen Orient und Okzident: Religiöse Identitätspolitik und ihr Verhältnis zur Demokratie In: Loch,/Heitmeyer (2001): 140- 164
Teubner, Gunther (Hrsg.) (1997): Global Law Without a State. Aldershot: Dartmouth
Teubner, Gunther (2003): Globale Zivilverfassungen: Alternativen zur Staatszentrierten Verfassungstheorie. In: Zeitschrift für ausländisches öffentliches Recht und Völkerecht Heft 63. Nr. 1. 2003. 1-28
Teubner, Gunther (1996): Globale Bukowina. Zur Emergenz eines transnationalen Rechtspluralismus. In: Rechtshistorisches Journal 15. 1996. 255-290
Uerpmann, Robert (2001): Internationales Verfassungsrecht. In: Juristenzeitung 11. 2001. 565-616
Vasques, Manuel A./Friedmann Marquardt Marie (2003): Globalizing the Sacred. Religion and the Americas, New Brunswick: Rutgers Univ.Press
Wahl, Rainer (2003): Verfassungsstaat, Europäisierung, Internationalisierung. Frankfurt/M.: Suhrkamp

Zur Bewältigung der ‚Seneszenzkrise' – Bedingungen einer professionalisierten Hilfe für Menschen im ‚Vierten Lebensalter'

Uwe Raven

1. Vorbemerkung

Die Genese von personaler Identität und damit einhergehender autonomer Handlungsfähigkeit einerseits, aber auch die Degeneration von personaler Identität mit ihrem drohenden Endzustand totaler Abhängigkeit des Subjekts im Alter andererseits, sind als krisenhaft verlaufende Prozesse zu verstehen, die Bewältigungshilfen Dritter zwingend erforderlich machen.

Insofern haben Hilfe gewährendes pädagogisches und pflegerisches Handeln eine grundlegende Gemeinsamkeit, als ihnen jeweils eine ‚naturwüchsige' und eine ‚professionalisierungsbedürftige' Seite zueigen ist. Bezogen auf den Bildungsprozess des autonom handlungsfähigen Subjekts heißt dies, wenn das naturwüchsige sozialisatorische Potential der Familie an seine – der Komplexität der Wissensbasis moderner Gesellschaften geschuldete – Grenze stößt, wird professionelles pädagogisches Handeln von Lehrkräften in dafür eingerichteten Institutionen (allgemein- bzw. berufsbildende Schulen) notwendig, um die Krise der familialen Lebenspraxis stellvertretend zu bewältigen. In ähnlicher Weise stößt das naturwüchsige pflegerische Potential von Familienangehörigen, Freunden oder auch Nachbarn an seine Grenze, wenn es um Fürsorge und Unterstützung von in körperliche und seelische Not geratenen Personen jeglichen Lebensalters geht. Im Falle substanzieller und nachhaltiger Krisen der autonomen Lebenspraxis, ist dann – auf einem ausdrücklichen Mandat beruhend – professionelles Handeln von therapeutischen Experten, zu denen nicht zuletzt auch examinierte Pflegekräfte zählen, in speziellen Einrichtungen erforderlich.

So wie es im o.a. Kontext der Unterstützung der Entwicklung autonomer Handlungsfähigkeit einen öffentlichen z.T. sehr kontrovers geführten Diskurs über die Institution Schule und die Qualität des von den Lehrkräften dort durchgeführten Unterrichts gibt, findet seit geraumer Zeit auch eine nicht minder aufgeheizte Debatte um einen besonderen Bereich stellvertretender Krisenbewältigung, die pflegerische Versorgung von alten Menschen in dafür vorgesehenen

Altenpflegeeinrichtungen, statt. Auch hier geht es um die Qualität dieser Einrichtungen selbst und die der dort geleisteten Arbeit.

Angesichts der Brisanz der sich immer dramatischer abzeichnenden demographischen Entwicklungen – Stichwort ‚Überalterung der Bevölkerung' einerseits und der fortschreitenden Erosion traditionaler Familienstrukturen – Stichworte ‚Patchwork-Familie', ‚berufliche Mobilität' und dem damit verbundenen Wegbrechen des naturwüchsigen Unterstützungspotentials – andererseits, wird diese Debatte durch regelmäßig publik werdende Pflegeskandale immer wieder aufs Neue befeuert. In der Folge der allgemeinen Aufregung bleibt es jedoch i.d.R. bei der üblichen politischen Betroffenheitsrhetorik sowie ökonomistisch motivierten und technokratisch ausgerichteten Qualitätssicherungsinitiativen, deren ‚Erfolge' in periodisch erscheinenden Sachstandsberichten (siehe z.B. MDS 2007) dokumentiert, dann zu erneuten, ebenso wenig ‚zielführenden' Diskussionen führen.

Um diesen circulus vitiosus aufzubrechen, bedarf es vielmehr – so die zentrale These dieses Beitrags – eines theoretischen Anstoßes zur Überprüfung der für das Handlungsfeld der Altenpflege Richtung gebenden normativen Grundlagen und deren Geltungsbegründung. Nur auf diese Weise besteht die Chance, die hinter dem Rücken der Akteure deren Handlungen determinierenden Strukturen ins Blickfeld einer sicherlich vorhandenen politischen Absicht zur Verbesserung noch immer defizitärer Versorgung alter Menschen zu rücken, und es werden sich Chancen eröffnen, jene institutionellen Arrangements zu schaffen, „die den betreuten Personen genügend Spielraum lassen, um in der ihnen möglichen Eigenverantwortlichkeit ihr Lebensende zu gestalten." (Honneth 2007: 151)

Die Basis eines solchen, im Folgenden in ersten Ansätzen entfalteten theoretischen Anstoßes zur Überprüfung geltender normativer Grundlagen ambulanter und vor allem stationärer Altenpflege, ist zum einen die von Ulrich Oevermann und seinen Mitarbeitern entwickelte *strukturale Theorie professionellen Handelns* (Oevermann 1996, 1999, 2002) und zum anderen das von Detlef Garz in Anlehnung an Axel Honneth weiterentwickelte *Konzept der Aberkennung* (Garz 2004, 2006, 2007, 2007a).

2. Strukturtheoretische Grundbegriffe professionalisierten altenpflegerischen Handelns[1]

Strukturtheoretisch betrachtet ist institutionalisierte Altenpflege die auf einem je geltenden historisch variablen Entwurf von menschlicher Würde basierte Bereitstellung therapeutischer Hilfestellungen zur „Gewährleistung der somato-psycho-sozialen Integrität der je konkreten Lebenspraxis" alter Menschen. Die jenseits privater Unterstützung gesellschaftlich für notwendig erachtete Organisation von Hilfestellungen ist also als eine funktionale Reaktion auf die speziell im hohen Alter auftretenden krisenhaften Störungen der Gestaltung prinzipiell autonomer Lebenspraxis zu verstehen. Daran anknüpfend, ist es m.E. für das Selbstverständnis der Altenpflege und deren seit geraumer Zeit schon überfällige Neupositionierung im Bewertungsgefüge gesellschaftlich relevanter beruflicher bzw. professioneller Handlungsfelder ratsam und wichtig, diesen Zusammenhang von Hilfebedürftigkeit im Alter und Bereitstellung entsprechender Unterstützungsformen noch einmal gründlich zu durchleuchten und in einen breiteren handlungstheoretischen Begründungsrahmen zu stellen.

2.1 Das autonom handlungsfähige, mit sich identische Subjekt

Die menschliche Gattung ist die einzige Lebensform, die sich ihres Lebens und dessen Endlichkeit bewusst ist. Schon im Mutterleib entsteht die diesem Bewusstsein zugrunde liegende „Einheit des Lebendigen", die Oevermann mit dem Begriff der *Lebenspraxis* belegt und als „widersprüchliche Einheit von Entscheidungszwang und Begründungsverpflichtung" definiert. Damit ist gemeint, dass der Mensch von Anfang an gezwungen ist, auf Krisen zu reagieren, indem er „in einer Zukunftsoffenheit von Entscheidungsalternanten auswählen muss" (Entscheidungszwang). In echten Entscheidungssituationen steht für die gewählte Option kein Richtig-Falsch-Kalkül zur Verfügung. Die Begründungsverpflichtung ist in diesen Fällen jedoch nicht aufgehoben, sondern nur aufgeschoben. In dieser Dialektik des Zwangs zur Entscheidung und der Verpflichtung, diese verantwortlich zu begründen, konstituiert sich – scheinbar paradox – *Subjektivität* und personale *Autonomie*. Die hier angesprochene Dialektik von Wahlfreiheit und Verantwortung ist für die menschliche Lebensform insofern fundamental, als darin das „Zur-Autonomie-Verurteilt-Sein" der Gattung zutage tritt.

Für die Pflege alter Menschen – das sei an dieser Stelle bereits angemerkt – ist es wichtig festzuhalten, dass dieses „Zur-Autonomie-Verurteilt-Sein" prinzi-

---

[1] s. hierzu auch Raven 2006, 2007

piell nicht unterlaufen werden kann – es sei denn, um den Preis der Aberkennung der Würde der Menschen –, auch dann nicht, wenn autonomes Handeln in altersbedingte Krisen gerät und der alte Mensch genötigt wird, seine lebenspraktische Autonomie zeitweise oder dauerhaft, teilweise oder nahezu vollständig an eine andere Person zu delegieren, die stellvertretend für ihn krisenhaft gewordenen Praxisprobleme bewältigt.

Um dieser latenten Gefahr des Unterlaufens zu entgehen, muss sich die Pflegeperson darüber im Klaren sein, dass der als hilfebedürftige Person ihr gegenübertretende alte Mensch über eine lange biographische Praxis konkreter Lebensgestaltung verfügt, in der es ihm erfolgreich gelungen sein muss, seine lebenspraktischen Krisensituationen – mit und ohne temporäre Hilfestellung – zu meistern. Im Sinne von richtig verstandenem *Fallverstehen* ist es mithin eine grundlegende Aufgabe professioneller Altenpflege, ihr ‚therapeutisches' Handeln an den Ergebnissen eines rekonstruktiven – und eben nicht eines narrativen, einfühlenden oder introspektiven – Nachvollzugs der je konkreten Lebenspraxis auszurichten.

Diese Rekonstruktion der Lebenspraxis fördert nicht nur die individuelle biographische Verkettung von krisenhaften Ereignissen und deren mehr oder weniger gelungene Bewältigung zutage, sondern sie offenbart vor allem die Art und Weise des ‚Wie' der Krisenlösung, d.h. wie die zur Lösung der Krise notwendigen Entscheidungen zustande gekommen sind. In diesem ‚Wie' offenbart sich die tief sitzende Charakteristik einer Person – die sog. Fallstrukturgesetzlichkeit ihrer Lebenspraxis – die die generative Eigenlogik im Umgang mit lebenspraktischen Krisen und den darin angelegten Möglichkeiten und Einschränkungen der Zukunftsgestaltung bestimmt, die nun aber aufgrund degenerativer Alterungsprozesse an quasi natürliche Grenzen stößt und stellvertretendes Entscheiden und Handeln notwendig macht. So gesehen bedeutet das hohe Alter eine fundamentale Krise der Lebenspraxis insofern, als die physio-psychologische Basis für den autonomen Gebrauch von Erzeugungsregeln und Auswahlprinzipien schwindet, das Krisenlösungspotential selbst in die Krise gerät. Mit anderen Worten: das die Lebenspraxis bestimmende „Zur-Autonomie-Verurteilt-Sein" schlägt tendenziell um in ein „Zur-Heteronomie-Verurteilt-Sein".[2]

---

[2] Einen mündlichen Einwand Ulrich Oevermanns aufgreifend, wäre hier zu diskutieren, ob und inwieweit es das antizipationsfähige, autonom handelnde Subjekt überhaupt zulassen will, dass diese Tendenz zur Entfaltung kommen kann. Es muss nämlich – und das gehört zur nichtdeklinierbaren Respektierung der Autonomie der Lebenspraxis dazu – prinzipiell möglich sein, Hilfeleistungen zu verweigern, wenn diese mit der Vorstellung des hilfebedürftigen Subjekts von (s)einem ‚guten Leben' nicht mehr vereinbart sind. Und weiter wäre die einzige – eine solche „*Autonomie des Verzichts*" auf die Spitze treibende – noch verbleibende Form einer vom Hilfebedürftigen mandatierbaren stellvertretenden Krisenbewältigung, die ultimative Bitte um Sterbehilfe. Diese in der öffentlichen

Besonders augenfällig wird dies im Prozess neuro-degenerativer Erkrankungen alter Menschen, in dessen Verlauf sich die personale Identität sukzessive in dem Maße auflöst, wie die Wahlfreiheit und die Verantwortungsübernahme des ehedem autonom handlungsfähigen Subjekts von der Pflegeperson stellvertretend (auf Dauer gestellt) wahrgenommen werden muss. So wie es ehedem im krisenhaft verlaufenden Prozess der sozialisatorischen *Genese* des autonom handlungsfähigen Subjekts stellvertretender Krisenbewältigung durch professionelle Helfer bedurfte, so unumgänglich ist diese stellvertretende Krisenbewältigung durch Professionelle auch im altersbedingten Prozess der *Degeneration* des autonom handlungsfähigen Subjekts.

Die ethisch-moralische Rechtfertigung der beiden strukturhomologen Unterstützungsprozesse in Kindheit und Alter im Rahmen des Entwurfs einer „Advokatorischen Ethik" (vgl. Brumlik 1992, Raven 1995, Remmers 2000), ist jedoch in ihrer letzten Konsequenz sehr unterschiedlich. Während stellvertretende Krisenbewältigung im Bildungsprozess des Subjekts – etwa durch die Person des Lehrers – zunächst eine die Autonomie negierende ‚einspringende Fürsorge' erfordert, die dann, durch Lernergebnisse des Kindes bedingt, den Charakter einer ‚vorausspringenden Fürsorge' annimmt, die zu eigenverantwortlichem, autonomen Handeln ermutigt und durch Heranführung neuer Aufgabenstellungen u.U. sogar nötigt, verhält es sich im Begründungszusammenhang stellvertretender Krisenlösungen im Alter genau anders herum.

Die ethisch-moralische Rechtfertigung altenpflegerischen Handelns gründet zunächst – ganz im Sinne des Konzepts der aktivierenden Pflege – in ‚vorausspringender Fürsorge', d.h. Hilfe wird mit der Absicht geleistet, den alten Menschen zu ermuntern – vielleicht auch hier sogar im vorgenannten Sinne ein Stück weit zu nötigen – seine Handlungsprobleme, soweit es möglich ist, selbst zu lösen. Pflegerische Intervention ähnelt in diesem Sinne durchaus pädagogischer Intervention, wenn anscheinend ‚verlernte' Problemlösepotentiale wieder erlernt werden. So wie Eltern die Entwicklung ihrer Kinder stimulieren, indem sie durch ihr eigenes, das Kind mit einbeziehende Handeln, diesem eine latente Sinnstruktur vorgeben, die es dann sukzessive selbsttätig rekonstruiert (vgl. Wagner 2004: 44 ff.), können Pflegekräfte in einer analogen – quasi sozialisatorischen Interaktion – durch ihr aufmunterndes, beispielgebendes Pflegehandeln, den alten Menschen dazu stimulieren, gewissermaßen ‚verschüttetes' Problemlösungspotential zu reaktivieren. Erst dann, und in dem Maße wie die physischen und psychischen Kräfte des alten Menschen vollends schwinden, lässt sich pflegerisches Handeln durch eine bis zum Lebensende während ‚einspringende Fürsorge' ethisch-

---

Debatte höchst kontrovers diskutierte Möglichkeit des Helfens könnte so, jenseits utilitaristisch oder auch religiös motivierter Pro- oder Contra-Ideologien, als letztmöglicher Akt der Respektierung der Autonomie der Lebenspraxis, eine vernunftgeleitete Rechtfertigung finden.

moralisch rechtfertigen. Selbst im Gebot ‚einspringender Fürsorge' bleibt altenpflegerisches Handeln jedoch der Achtung der Autonomie der Lebenspraxis verpflichtet, auch wenn diese Autonomie, wie z.b. im Falle eines Alzheimer-Patienten im fortgeschrittenen Stadium, nur noch kontrafaktisch gegeben ist.

Es liegt auf der Hand, dass alte Menschen entsprechend der unterschiedlichen Ausprägung ihrer Charaktistik, genauer ihrer in der Gestaltung der Lebenspraxis ausdifferenzierten Fallstrukturgesetzlichkeit, sehr unterschiedlich auf den progredienten Verlust ihrer lebenspraktischen Autonomiepotentiale reagieren. Dem entstehenden Leidensdruck begegnen die einen mit schicksalhafter Ergebenheit, sie fügen sich z.b. ‚pflegeleicht', und dessen mehr oder weniger bewusst, in eine weitgehend heteronome Gestaltung der Lebenspraxis nach den Regeln einer stationären Pflegeeinrichtung. Für andere ist der notwendig gewordene Umzug in ein Pflegeheim ein (selbst)bewusster, autonomer Akt, dessen Kalkül auf eine weitgehende, möglichst langfristige Erhaltung noch vorhandener Restautonomie ebenso ausgerichtet ist, wie auf eine u.U. notwendig werdende Organisation ‚totaler Hilfe' im Falle einer Schwerstpflegebedürftigkeit. Wieder andere alte Menschen wehren sich, trotz offensichtlicher manifest gewordener Hilfebedürftigkeit, von Anbeginn einer Betreuungssituation gegen eine fremdbestimmte Gestaltung ihrer Lebenspraxis, sowohl in mehr oder weniger bewussten aber auch – wie das Fallbeispiel in Kapitel 3 zeigen wird – in unbewussten Akten.

In dieser hier nur holzschnittartig angedeuteten Typologie von Reaktionsmustern alter Menschen auf notwendig gewordene Hilfeleistungen Dritter, ist die für die professionelle Altenpflege konstitutive und handlungsleitende Bedingung der *Nicht-Standardisierbarkeit* ihrer Leistungen ebenso begründet, wie die daraus abzuleitende besondere Form der Interaktionsbeziehung zwischen Klient und hilfeleistender Person, die in der Terminologie der strukturalen Handlungstheorie als sog. *Arbeitsbündnis* auf den Begriff gebracht wird.

2.2 Das Arbeitsbündnis als Kern professionalisierten Handelns in der Altenpflege

Wie im vorigen Abschnitt 2.1 bereits ausgeführt, ist die professionelle Unterstützung pflegebedürftiger alter Menschen zunächst im Sinne ‚vorausspringender Fürsorge' daran orientiert, durch temporäre stellvertretende Krisenbewältigung die autonome Handlungsfähigkeit des Hilfebedürftigen, soweit dies möglich ist, wieder herzustellen. Diese Re-Autonomisierung des Klienten setzt voraus:

a. eine genaue Kenntnis von Art, Ausmaß und Ursache der die selbständige Krisenbewältigung verhindernden Autonomieeinschränkung auf der Basis einer rekonstruktiven Falldiagnostik und
b. das Gelingen stellvertretender Krisenbewältigung im Sinne einer ‚Hilfe zur Selbsthilfe', die die Entwicklungs- und Selbstheilungskräfte weckt, mobilisiert und erfolgreich in das stellvertretende Bewältigungshandeln einbezieht.

Beide Voraussetzungen der Re-Autonomisierung der Lebenspraxis alter hilfebedürftiger Menschen verweisen auf die Nicht-Standardisierbarkeit der Beziehungspraxis zwischen hilfebedürftiger und helfender Person. Nicht-Standardisierbarkeit gründet zum einen in der eo ipso gegebenen Geschichte, Eigenlogik und Zukunftsoffenheit eines Falles. Zum anderen ergibt sie sich durch die Spezifik der Ergebnisse von Diagnostik und Hilfebedarfsermittlung, die daraus abzuleitende fachlich begründete Indikation und Angebotsauswahl sowie die eigentliche Praxis des Arbeitsbündnisses selbst.

Was genau kennzeichnet nun die Besonderheit der Beziehungspraxis zwischen hilfebedürftiger und hilfeleistender Person im Rahmen eines sog. Arbeitsbündnisses?

Ausgangspunkt der Konstitution eines solchen Arbeitsbündnisses ist ein aus krisenhaften Störungen der Lebenspraxis resultierender *Leidensdruck*, der im Falle alt werdender Menschen auch und sehr häufig darin motiviert ist, dass die Bewältigung gerade jener ‚kleinen' Krisen der alltäglichen Lebensführung, die zuvor routiniert gelöst werden konnten, nun grundsätzlich und regelmäßig zu scheitern droht. Irgendwann gerät die gewohnte Lebensordnung mit ihren Versorgungsroutinen der Nahrungsbeschaffung bzw. -zubereitung, der Einhaltung gesunderhaltender Hygienestandards, aber auch die Pflege und Aufrechterhaltung sozialer Konventionen durch alterungsbedingte Ausfallerscheinungen derart unter Druck, dass lebenspraktische Hilfe erbeten werden muss, nicht zuletzt, um das noch vorhandene Autonomiepotential zu schützen und so lange als irgend möglich zu erhalten.

Grundlegend für die Gestaltung und Gewährung erbetener lebenspraktischer Hilfe ist die Beziehungspraxis zwischen zwei prinzipiell autonom handlungsfähigen Subjekten. Auf der einen Seite ist dies der alte Mensch als ‚ganze Person' mit seiner defizitär gewordenen Lebenspraxis und auf der anderen Seite ist es die professionelle Pflegekraft mit ihrer spezifischen Kompetenz der stellvertretenden Krisenbewältigung. Die Interaktion zwischen beiden Personen ist von zwei widersprüchlichen Komponenten geprägt, dem Modus der *diffus-familialen sozialen Beziehungen* (a) und dem der *rollenförmig-spezifischen Beziehungen* (b).

ad (a): Beide, sowohl die Pflegekraft als auch ihr Klient, haben in ihrem Sozialisationsprozess zunächst diffus-familiale Beziehungsformen erlebt. Als solche gelten zum einen die Gattenbeziehung, zum anderen die Eltern-Kind-Beziehung. Zentrales Merkmal dieses Beziehungstyps ist die „Nicht-Austauschbarkeit des Personals", die sich wiederum in vier Strukturkomponenten zerlegen lässt:

die Körperbasis	(d.h. diffuse Beziehungen gründen im ‚Körperlich-Beteiligt-Sein')
die prinzipielle Unkündbarkeit	(d.h. man ist und bleibt Kind zweier Eltern, auch im Falle einer Trennung)
die spezifische Form der Vertrauensbildung	(d.h. Vertrauen wird bedingungslos im Vollzug der Beziehung hergestellt)
die generalisierte affektive Bindung	(d.h. diffuse Beziehungen beruhen auf einer umfassenden und bedingungslosen Gefühlsbindung der Partner)

ad (b): Im weiteren Verlauf ihrer Sozialisation haben wiederum sowohl die Pflegekraft als auch ihr Klient in einem krisenhaften Prozess (Ablösung von der Triade Vater-Mutter-Kind und Eintritt in die Phase des Übergangs zur Adoleszenz) die zweite, ihre Lebenspraxis ebenso bestimmende Beziehungsform, die der rollenförmig-spezifischen sozialen Beziehungen kennengelernt. Für diesen Beziehungstypus sind gesellschaftlich definierte Rollen mit festgelegten spezifischen Verhaltenserwartungen kennzeichnend. Im Gegensatz zu diffus-familialen Beziehungen zwischen nicht austauschbaren Personen sind rollenförmig-spezifische Beziehungen nicht an bestimmte Personen gebunden. Sie behalten ihre strukturelle Form auch dann, wenn beteiligte Rollenträger ausgetauscht werden. So ist z.B. die rollenförmig-spezifische Beziehung zwischen Autobesitzer und Automechaniker eindeutig durch die Erwartung des ersteren bestimmt, dass der Mechaniker seinen Wagen repariert. Im Gegenzug erwartet dieser, dass der Kunde die dafür fällige Rechnung bezahlt. Sowohl Kunde als auch Mechaniker können ausgetauscht werden, die Struktur der Beziehung bleibt gleich und führt, bei entsprechend gegebener Fachkenntnis einerseits und gegebener Zahlungsfähigkeit andererseits, zu einem funktional erwünschten Ergebnis.

Kritisch wird die Gestaltung sozialer Beziehungen, wenn diffus-familiale und rollenförmig-spezifische Komponenten nicht eindeutig voneinander getrennt gehalten werden können. So z.B., wenn der Kunde des Mechanikers gleichzeitig dessen Bruder ist. Sollte dieser etwa den Rollenerwartungen des Mechanikers, seine Rechnung zu bezahlen nicht entsprechen, hat der Mechaniker zwar das Recht – wie bei jedem anderen Kunden auch – die Bezahlung juristisch einzufordern. Dies würde jedoch – ‚unter Brüdern' – deren Beziehungspraxis als ganze, nicht-austauschbare Personen sehr wahrscheinlich in eine empfindliche Krise stürzen. Sollte es nun – um im Beispiel zu bleiben – den beiden Brüdern nicht gelingen, diese Krise zu lösen, bedarf es einer stellvertretenden Krisenintervention durch Dritte. Das können zunächst Familienmitglieder oder gute Freunde sein. Scheitert auch dieser Versuch, ist jedoch eine professionelle (familien-)therapeutische Hilfeleistung angezeigt oder als ultima ratio ein juristisches Verfahren.

Die in diesem Beispiel krisenhaft gewordene spezifisch-rollenförmige Beziehungspraxis zwischen Autobesitzer und Automechaniker kann nicht, quasi rollenimmanent gelöst werden, weil die elementare diffus-familiale Beziehungspraxis der beiden Brüder die formale rationale Handlungslogik einer geschäftsmäßigen Beziehung verhindert. Die aus der Gleichzeitigkeit rollenförmigspezifischer und diffus-familialer Beziehungskomponenten resultierende Blockade der autonomen Handlungsfähigkeit kann nur durch kompetente professionelle Hilfe, die mit dieser Gleichzeitigkeit umzugehen versteht, aufgelöst werden.

Die bisherige Darstellung der Grundlagen der Beziehungspraxis im sog. Arbeitsbündnis hat gezeigt, dass sowohl die Pflegekraft als auch ihr Klient in ihrer jeweiligen Sozialisation den strukturell gleichen Entwicklungsgang durchlaufen haben. Als erwachsen gewordene handlungsfähige Personen gestalten sie deshalb auf prinzipiell gleiche Weise ihre autonome Lebenspraxis innerfamilial als diffuse Beziehungen zwischen ganzen Personen und auf die Gesellschaft bezogen als spezifische Beziehungen zwischen Rollenträgern. Erst in Folge altersbedingter Krisenerscheinungen kommt es im Kontext organisierter Hilfe zu einer Asymmetrie in der bis dato in diversen Alltagssituationen möglichen ‚normalen' Beziehungspraxis zwischen zwei autonomen Handlungssubjekten. Denn nun hat das eine Subjekt ein Autonomieproblem und das andere verfügt über die Potentiale möglicher Hilfeleistungen. Handelt es sich um eine ‚dramatische' altersbedingte Störung der autonomen Handlungsfähigkeit und ist eine Versorgung in einer stationären Pflegeeinrichtung u.U. nicht mehr vermeidbar, gerät der alte Mensch unversehens in die Rolle des Heimbewohners und das helfende Subjekt in die Rolle der Altenpflegekraft. So betrachtet ist es durchaus konsequent, wenn manche Trägereinrichtungen ihre zukünftigen Heimbewohner als ‚Kunden' umwerben. Ebenso konsequent erscheint es dann auch, der helfenden Pflegekraft eine funktionale Rolle in einer Organisation zuzuschreiben, die die

Erbringung ihrer Dienstleistungen primär nach allgemeinen Maximen betriebswirtschaftlicher Regelwerke auszurichten hat.
Wie die defizitäre Pflegepraxis zumindest in ihren z.t. skandalösen Auswirkungen zeigt, verfehlt jedoch die Reduktion der Beziehung zwischen hilfebedürftigen alten Menschen und hilfegewährender Pflegekraft auf ein funktionales Verhältnis zwischen Rollenträgern die grundlegende Problematik stellvertretender Bewältigung lebenspraktischer Krisen im Alter. Diese Reduktion auf ein funktionales Verhältnis zwischen Rollenträgern unterläuft a priori die grundsätzlich mögliche und im Sinne normativer Rahmenvorgaben der einschlägigen Gesetzgebung notwendige, menschenwürdige Gestaltung einer Beziehungspraxis im Rahmen eines Arbeitsbündnisses zwischen Pflegekraft und dem Heimbewohner als Klient insofern, als das der helfenden Interaktion zugrunde liegende Problem der autonomen Lebenspraxis ein nicht bloß technisches ist, dem – wie im Handwerk – mit technisch-ingenieurialen Wissen und Routinen genüge geleistet werden könnte. Vielmehr ist es unerlässlich, dass dieses Wissen in seiner Anwendung das bereits weiter oben angesprochene Fallverstehen voraussetzt. Erst dieses Verstehen des Falles in seiner Einzigartigkeit, seinem besonderen Gewordensein und seiner besonderen Zukunftsoffenheit bewahrt das altenpflegerische Versorgungshandeln davor, zu einem entwürdigenden, de-humanisierenden Aberkennungsprozess (s. Kapitel 2.3) zu verkommen.

Aus der Perspektive des hilfebedürftigen alten Menschen heißt dies – ohne, dass er sich dessen bewusst sein muss – er will als ganze Person, nicht nur mit seinen rollenförmig-spezifischen Personenanteilen, sondern auch mit seinen diffus-familialen, als Interaktionspartner anerkannt werden. So wie er in seiner frühen Biographie Hilfestellungen im krisenhaften Entwicklungsprozess seiner autonomen Persönlichkeit erfahren hat (von der einspringenden Fürsorge, über die vorausspringende Fürsorge hin zur autonomen Handlungsfähigkeit) bekommt dieses Erfahrungsmuster für ihn in seiner späten Biographie offensichtlich erneut eine existentielle Bedeutung, nur in umgekehrter Richtung (defizitär werdende Autonomie, vorausspringende Fürsorge, einspringende Fürsorge). Anders gesagt, Genese und Degeneration autonomer Lebenspraxis erfordern in ihrer je spezifischen Krisenhaftigkeit stellvertretende Erzeugung materialer Rationalität.

In beiden Fällen stellvertretender Bewältigung biographischer Krisen ist die Beziehungspraxis eines Arbeitsbündnisses grundlegend, dessen ‚innere' Logik der Durchführung von zwei komplementären Regeln bestimmt ist. Zum einen ist dies auf der Klientenseite die sog. Grundregel und auf der Seite des professionellen Helfers die sog. Abstinenzregel.

Die *Grundregel* gibt dem Klienten auf, „alles zu thematisieren, was ihm durch den Kopf geht und ihm einfällt, vor allem auch das, was er auch für ganz unwichtig hält und was ihm eher peinlich ist. Die Grundregel entspricht exakt der Struktur der diffusen Sozialbeziehung" (Oevermann 1996: 116). Für Kinder in ihrer (grundsätzlich nicht professionalisierungsbedürftigen) Beziehung zu den Eltern ist dies die Normalform, die m.E. für alte Menschen in ihrer von De-Autonomisierung geprägten Beziehung zur Pflegekraft, gleichsam den Prozess der Sozialisation zurückdrehend, erneut (nun aber unter professionalisierungsbedürftigen Bedingungen) praxisbestimmend wird. Indem alte Menschen im Schutzraum des Pflegeheims sehr häufig dazu tendieren, die ehedem für ihre Lebenspraxis im öffentlichen Raum des autonomen Erwachsenendaseins bestimmenden rollenförmig-spezifischen Beziehungskomponenten außer Kraft zu setzen, entsprechen sie quasi naturwüchsig der Grundregel einer ‚therapeutischen' Beziehung. Man könnte zugespitzt sagen, sie benehmen sich, ab einem bestimmten Grad ihrer Hilfebedürftigkeit, unbewusst nicht nur wieder wie Kinder, sondern auch ebenso anspruchsvoll. Dies ist für die Pflegekraft insofern eine anstrengende Herausforderung, als das naturwüchsige Befolgen der Grundregel bei ihnen Gegenübertragungsgefühle und -empfindungen hervorruft, die von ihr in professioneller Manier verarbeitet werden müssen. Sie darf nämlich diesen Gefühlen und Empfindungen nicht spontan und konkret – etwa wie Eltern gegenüber ihren Kindern – in ihren Reaktionen folgen, sondern sie darf „allein innerlich an der diffusen Sozialbeziehung" insoweit partizipieren, wie es „zum abgekürzten Sinnverständnis der Re-Inszenierung der Symptome" des Klienten notwendig ist. Mit anderen Worten gesagt, hat die Pflegekraft, der „die professionelle Kompetenz der fachgerechten Behandlung obliegt, dafür zu sorgen, dass die Gegenübertragungsgefühle, deren Schauplatz Subjektivität bzw. psychische Realität in der Praxis der Therapie ist, nicht tatsächlich als eine konkrete Praxis sich realisieren oder entäußern" (a.a.O.: 112).

Damit dies gelingt, bedarf es der Einhaltung der sog. *Abstinenzregel.* Ihr striktes Befolgen durch die Pflegekraft sichert einerseits „das Belassen der therapeutischen Beziehung im Modell der spezifischen Rollenbeziehungen" (ebd.), und es wird andererseits ermöglicht, dass „die Gegenübertragungsgefühle zu einem äußerst wirksamen abkürzenden Mechanismus eines szenischen Verstehens der latenten Sinnstruktur dessen [werden, U.R.], was in der aktuellen therapeutischen Übertragungs-Interaktion mit dem Patienten [bzw. Klienten, U.R.] sich objektiv konstelliert" (a.a.O.: 120).

Während weiter oben (Kap. 2.1) der Begriff des ‚Fallverstehens' zunächst auf eine von konkretem Handlungsdruck entlastete Rekonstruktion der Lebenspraxis verwies (diese wird notwendig, wenn es um eine grundlegende Diagnostik bzw. die Rekonstruktion besonders tief vom Leben in der Person festgeschriebener Krisenformationen bzw. Störungsmuster geht, die eine stellvertretende Krisenlösung nachhaltig behindern), ist mit dem hier angesprochenen „abkürzenden Mechanismus eines szenischen Verstehens der latenten Sinnstruktur" jenes

‚Fallverstehen' unter einem mehr oder minder ausgeprägten praktischen Handlungsdruck im Rahmen einer virulenten Krisenkonstellation eines konkreten Klienten angesprochen. Im letztgenannten Sinne von Fallverstehen geht es nicht um eine explizite, methodisch kontrollierte und sequenzanalytisch verfahrende Fallkonstruktion mit dem Ziel der Bestimmung der sog. Fallstrukturgesetzlichkeit, sondern um ein intuitiv gestaltrichtiges Erschließen von Fallstrukturen in ihrer situativen Krisenhaftigkeit. Gleichwohl ist das Potential für dieses unter Handlungsdruck notwendig verkürzte Fallverstehen nicht bei jeder Pflegekraft in hinreichendem Ausmaß vorauszusetzen, etwa weil dies ein expliziter Gegenstand ihrer Berufsausbildung gewesen wäre. Vielmehr wird dieses Vermögen – wenn überhaupt – in der seitherigen Ausbildungspraxis eher zufällig, qua naturwüchsiger Rekonstruktionsleistung erworben.[3]

Die vorangegangenen Ausführungen zur besonderen Beziehungspraxis zweier prinzipiell autonom handlungsfähiger Personen im Rahmen eines Arbeitsbündnisses haben zu zeigen versucht, dass es für eine professionelle Arbeit in der Altenpflege darauf ankommt, ihre Klienten als ‚ganze Personen' zu verstehen. Dies setzt voraus, dass sich die professionelle Pflegekraft der widersprüchlichen Einheit von Spezifität und Diffusität im Arbeitsbündnis zwischen ihr und dem hilfebedürftigen alten Menschen sowie der mit dieser einhergehenden besonderen Bedeutung der strikten Einhaltung der Abstinenzregel, bewusst ist. Diese ist letztlich der zentrale Schlüssel für eine dem jeweiligen Fall ‚angemessene Pflege' angesichts des konkreten Handlungsdrucks tag-täglicher Krisen der Lebenspraxis von Menschen im sog. vierten Alter. Kommt es – was unter den Bedingungen gegenwärtiger Ausbildung leider allzu häufig zu erwarten ist – nicht zur Entwicklung eines solchen Bewusstseins, ist ein Scheitern der Beziehungspraxis zwischen Klient und Pflegekraft mit allen Konsequenzen für die Lebenspraxis beider Beteiligten hochwahrscheinlich. Es sind dies Konsequenzen, die auf beiden Seiten zu Verletzungen der persönlichen Integrität und zu einer Verhinderung möglicher Formen ‚guten Lebens' führen.

---

[3] Um den in der noch relativ jungen pflegewissenschaftlichen Diskussion häufig auftauchenden Begriff des ‚Fallverstehens', im Hinblick auf seine theoretische und praktische Reichweite zu klären, ist es hilfreich, grundsätzlich zwischen explizitem (nicht abgekürztem) und implizitem (intuitiv-abgekürztem) Modus des Fallverstehens zu unterscheiden.
Explizites, nicht abgekürztes Fallverstehen basiert auf der Rekonstruktionsmethodologie der Objektiven Hermeneutik und ist „nicht für den Normalfall einer quasi routinisierten Intervention gedacht; sondern nur für den schwierigen Fall, in dem die abgekürzte Routinisierung versagt bzw. für den Supervisionsfall in dem (...) Abkürzungen überwacht und korrigiert werden sollen." (Oevermann 2000: 155)
Implizites, intuitiv-abgekürztes Fallverstehen entspricht hingegen zwei Formen auf das praktische Handeln gerichteter Erkenntnisleistungen.

Um die aus einem defizitären Arbeitsbündnis resultierenden Wirkungen und Konsequenzen in ihrer negativen Bedeutung speziell für die Lebenspraxis alter hilfebedürftiger Menschen, aber auch für die Lebenspraxis der professionellen Helfer selbst, transparent werden zu lassen, kann auf das Konzept der „moralischen Anerkennung" (Axel Honneth) bzw. in seiner Negativform der „moralischen Aberkennung" (Detlef Garz) zurückgegriffen werden.

3. Aberkennung – Ein Problem des Alter(n)s

Wie zuvor bereits angesprochen, ist ein Arbeitsbündnis zwischen altem Mensch und professioneller Pflegeperson als eine Umgangsform zu verstehen, in der zwei voll sozialisierte Subjekte mit je eigener biographisch gewachsener Identität miteinander interagieren. Obwohl diese Interaktion von einem spezifischen Kompetenzgefälle geprägt ist – beschädigte Handlungsautonomie gegenüber professioneller Handlungskompetenz – findet sie statt auf der Basis „von impliziten Regeln der wechselseitigen Anerkennung", die nur um den Preis sozialer Konflikte hintergangen werden können (vgl. Honneth 1994: 256 ff.). Es gibt also neben dem krisentheoretischen Begründungszusammenhang zur Gestaltung einer Beziehungspraxis zwischen der Pflegeperson und ihrer Klientel einen zweiten, anerkennungstheoretischen, indem der erstgenannte Zusammenhang quasi dialektisch aufgehoben zu sein scheint. Mit anderen Worten: Die Gestaltung einer Beziehungspraxis zwischen Pflegekraft und altem Mensch zur stellvertretenden Bewältigung beschädigter Lebenspraxis impliziert, wenn sie gelingt, eine Anerkennungsbeziehung. Diese Anerkennungsbeziehung – und dies scheint mir für das Berufsverständnis der Altenpflege von besonderer Bedeutung – ist dadurch charakterisiert, „dass ein Individuum [z.B. die Pflegekraft, U.R.], das seinen Interaktionspartner nicht als eine bestimmte Art von Person anerkennt, auch sich selbst nicht vollständig oder uneingeschränkt als eine solche Art von Person zu erfahren vermag" (a.a.O.: 64). Zugespitzt formuliert heißt dies, das Selbstwertgefühl der Pflegenden im Versorgungssystem für alte Menschen resultiert letztlich als reziproke Größe der Anerkennung und Wertschätzung, mit der diese ihrer Klientel begegnen.

Was aber ist nun genau unter „Anerkennung" und Wertschätzung bzw. „Aberkennung" und Missachtung zu verstehen?

3.1 Anerkennung und Wertschätzung

Nach Charles Taylor ist Anerkennung ein „menschliches Grundbedürfnis" und eine Verweigerung von Anerkennung kann „Leiden verursachen, kann eine Form von Unterdrückung sein, kann den anderen in ein falsches, deformiertes Dasein einschließen" (Taylor 1997: 14 f.). Im Anschluss an die Hegelsche Theorie des „Kampfes um Anerkennung" und unter Rückgriff auf die Sozialpsychologie Meads sowie die psychoanalytisch ausgerichtete Tradition der Erforschung frühkindlicher Entwicklung (Rene A. Spitz, John Bowlby und insbesondere Donald W. Winnicott) unterscheidet Axel Honneth (1994: 148 ff.) drei, in einer entwicklungsspezifischen Abfolge zu sehende Sphären sozialer Anerkennung, „die in ihren Verbunden- und Gesamtheit notwendig für eine fundamentale, also anthropologisch tief sitzende Identitätsbildung sind" (Garz 2007: 39).

Die ontogenetisch früheste Form reziproker Anerkennung – *die emotionale Zuwendung* – entspricht dem Prinzip der wechselseitigen Liebe, Zuneigung und Fürsorge (zunächst zwischen Mutter und Kind, später in allen Primärbeziehungen der Familie, Partnerschaft und Freundschaft). Die in diesen diffusen Sozialbeziehungen angelegte Form der emotionalen Anerkennung – sie ist ursächlich für Urvertrauen und sich daraus entwickelndes Selbstvertrauen – ist die Voraussetzung für eine Weiterentwicklung des kindlichen Subjekts zu einer Person mit einer autonomen Identität in der nachfolgenden Sphäre reziproker Anerkennung, die dem Prinzip der rechtlichen Gleichheit verpflichtet ist.

Während die emotionale Zuwendung der ersten Sphäre der Entwicklung und Sicherung der psycho-physischen Integrität dient, sorgt die rechtliche Anerkennung für die Entwicklung und Sicherung der sozialen Integrität. Indem das heranwachsende Subjekt neben diffusen Sozialbeziehungen nach und nach diverse rollenförmige Sozialbeziehungen kennen lernt, erfährt es sich auch als ein rechtlich anerkanntes Subjekt. Diese rechtliche Anerkennung ermöglicht dem Subjekt eine neue Form praktischer Selbstbeziehung. Aus in Primärbeziehungen erzeugtem Selbstvertrauen erwächst durch Zuschreibung von Rechtsverhältnissen Selbstachtung.

Die aus rechtlicher Anerkennung resultierende Selbstachtung sichert zwar dem Subjekt den Status einer sozial integren Person – es kann sich als gleichberechtigtes Subjekt unter Subjekten verstehen –, es kann sich aber noch nicht als Subjekt mit einer einzigartigen Identität begreifen. Hierfür bedarf es der auf dem Prinzip der Leistung (für die Gemeinschaft) beruhenden dritten Sphäre der Anerkennung, nämlich der *sozialen Wertschätzung* bzw. solidarischen Zustimmung. Wenn individuelle Leistungen den Zielen und ethischen Maximen eines arbeitsteilig organisierten Gemeinwesens entsprechen, erfährt dies i.d.R. eine mehr oder weniger explizite Form sozialer Bestätigung bzw. Würdigung, die es dem Individuum erlaubt, sich selbst wertzuschätzen. Aus dem Votum der Wertgemeinschaft resultiert die ‚Ehre' bzw. moderner formuliert, das soziale Prestige und die Würde eines Menschen. Es ist vor allem diese durch soziale Wertschätzung unmittelbar konstituierte Würde und nicht das Überbauphänomen, die aus der Anerkennung des universalistischen Rechtsprinzips zugeschriebene Menschenwürde, die in der Gestaltung stellvertretender Krisenbewältigung in der täglichen Altenpflegepraxis in Gefahr gerät. Hierin ist auch der tiefere Grund dafür zu sehen, dass es so wohlfeil ist, in Sonntagsreden über Menschenwürde im Alter zu raisonieren und so ungemein anspruchsvoll, diese in der Alltagspraxis konkret werden zu lassen.

Sozialisationstheoretisch gesprochen, setzt die ontogenetische Entwicklung eines mit Ich-Identität ausgestatteten Subjekts die sukzessive Erfahrung sozialer Anerkennung in den drei von Honneth differenzierten Sphären voraus. Ähnlich der in der strukturalen Sozialisationstheorie Ulrich Oevermanns angelegten Bewährungsdynamik, die für die Entstehung einer autonomen handlungsfähigen, mit einer einzigartigen Identität ausgestatteten Person die erfolgreiche Bewältigung zentraler Ablösekrisen voraussetzt (vgl. hierzu die sehr konzise Darstellung in Wagner 2004: 55 ff), ist auch in der Honnethschen Anerkennungskonzeption eine Entwicklungsdynamik angelegt, die die Möglichkeit eines Scheiterns der Identitätskonstitution impliziert. Honneth bringt diese Möglichkeit des Scheiterns auf den Begriff, indem er den drei Anerkennungsformen „Emotionale Anerkennung" (Liebe, Freundschaft), „rechtliche Anerkennung" (Rechtsverhältnisse, Recht) und „soziale Wertschätzung" (Wertegemeinschaft, Solidarität) drei Formen der Missachtung oder Nicht-Anerkennung gegenüberstellt. Sowohl „emotionale Nicht-Anerkennung" (Misshandlung, Vergewaltigung) als auch „rechtliche Nicht-Anerkennung" (Entrechtung, Ausschließung) und „soziale Nicht-Anerkennung" (Entwürdigung, Beleidigung) führen zu erheblichen Störungen und Pathologien der Identitätsentwicklung. Gewiss weisen fast alle Biographien Spuren solcher Missachtungserfahrungen auf, in massiver Form führen die Erfahrungen jedoch zur Verhinderung der Genese einer vollständigen, ‚gesunden' Identität.

An diese eher entwicklungstheoretisch ausgerichtete Argumentation knüpft nun die von Detlef Garz zur Diskussion gestellte biographietheoretisch motivierte Erweiterung der Honnethschen Anerkennungskonzeption an. Wie noch zu zeigen sein wird, ist es gerade diese von Garz mit dem Begriff „Aberkennung" belegte Erweiterung und Vertiefung der Honnethschen Konzeption, die für die unter ökonomischen Druck in Zukunft immer prekärer werdende Gestaltung eines der Problematik der Altenpflege gerecht werdenden Arbeitsbündnisses bedeutsam werden kann.

3.2 Aberkennung und Missachtung

Der zentrale Gedanke des Aberkennungskonzepts markiert die Differenz zwischen der für die Identitätsentwicklung relevanten *Nicht-Anerkennung, die etwas Noch-nicht-Vorhandenes verwehrt* und der *Nicht-Anerkennung, die etwas bereits Vorhandenes nimmt* und damit Identität zerstört. Dass es diese Differenz gibt, belegen empirische Ergebnisse von rekonstruktiven Analysen mehrerer autobiographischer Berichte jüdischer und nicht-jüdischer Emigranten (vgl. Garz 2004, 2006, 2007, 2007a, Garz/Lee 2003). Diese Studien legen nahe, dass der „sozialisatorisch vermittelte lebensgeschichtliche Prozess der Anerkennung (...) auch (s)eine Umkehrung erfahren [kann, U.R.] Aus Anerkennung wird Aberkennung, aus Anerkennungsprozessen werden Aberkennungsprozesse" (Garz 2007: 40). Idealtypisch lässt sich die Entstehung und Zerstörung personaler Identität in Anerkennungs- und Aberkennungsprozessen in der folgenden Übersicht darstellen.

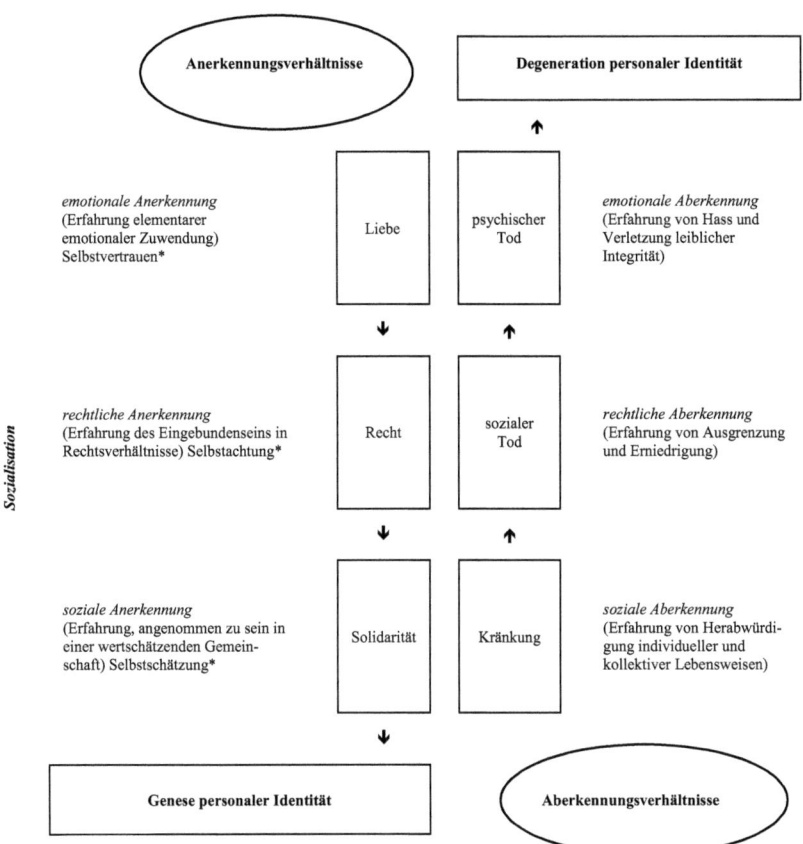

Abbildung 4: Genese und Degeneration personaler Identität durch Anerkennung- und Aberkennungsprozesse
(vgl. Honneth 1994: 212 ff.; Honneth 2007: 145, Garz 2006, 2007, 2007a)

* Modi praktischer Selbstbeziehungen, die Integrität bzw. Würde des Subjekts sichern

Ohne hier einer platten Analogisierung zwischen tatsächlichen Opfern des nationalsozialistischen Terrorsystems und potentiellen ‚Opfern' des zukünftig verstärkt unter dem Diktat der Ökonomie leidenden Versorgungssystems alter Menschen – speziell des ‚Vierten Lebensalters' – das Wort reden zu wollen, lassen sich gleichwohl gewisse strukturelle Parallelen begründet vermuten. Vor allem die in der Altenpflegeforschung noch immer virulente Diskussion um Autonomie im Alter, speziell unter den Bedingungen der Relevanz des Goffmanschen Konstrukts der „Totalen Institution", liefert hier schon hinreichend Anhaltspunkte (vgl. Huber et al. 2005, Heinzelmann 2004, Koch-Straube 2003). Vergegenwärtigt man sich darüber hinaus die lapidare Feststellung im 2. Bericht des MDS, dass das erreichte Qualitätsniveau der sozialen Betreuung in Pflegeeinrichtungen weiterhin nicht zufrieden stellend sei (vgl. MDS 2007: 75) und setzt diese Aussage in Beziehung zu der nachstehend pointiert zusammengefassten Konstruktbeschreibung, kann ohne Zweifel davon ausgegangen werden, dass Aberkennungsprozesse in der stationären Pflege alter Menschen eine gravierende Rolle spielen.

„Aberkennung kehrseitig zur Anerkennung verstanden bedeutet, dass ein (mit Macht ausgestattetes) X einem Y etwas, nämlich Z (z.B. Rechte, Ehre, Würde) nimmt. Dazu gehört in jedem Fall die Fähigkeit, gleich worauf diese beruht, dieses Verhalten durchzusetzen. Aberkennung führt somit zu einem Prozess der Desozialisation, d.h. als relevant verstandene Inhalte (z.B. Rechte, Ehre, Würde) werden einer Person entzogen, ohne dass die dadurch entstehende Leere durch etwas anderes aufgefüllt wird" (Garz 2004: 16).

Inwieweit nun tatsächliche Prozesse der Aberkennung im Pflegehandeln der stationären Versorgung alter Menschen stattfinden, muss – wie eingangs schon angedeutet – anhand rekonstruktiver Analysen konkreter Fälle des Pflegealltags überprüft werden. Unabhängig von diesen noch ausstehenden Analysen kann jedoch die in der voran stehenden Übersicht angedeutete grundsätzliche Frage nach der systematischen Beziehung zwischen Sozialisation und Desozialisation im Blick auf die Lebensphase ‚Alter' aufgeworfen werden.

3.3 Sozialisation und Desozialisation

Versteht man Sozialisation als Prozess der Genese einer personalen Identität, lässt sich dieser Prozess wie zuvor bereits angesprochen mit Oevermann als Bewältigung einer Abfolge von vier universellen ontogenetischen Ablösekrisen beschreiben (vgl. Oevermann 2004, Wagner 2004). Nach der Geburt, als Ablösung von der biologischen Symbiose in der Schwangerschaft, folgt das ebenso krisenhafte Geschehen um die Ablösung aus der Mutter-Kind-Symbiose. In beiden frühkindlichen Ablöseprozessen spielt das von Honneth so bezeichnete Anerkennungsverhältnis der Erfahrung elementarer emotionaler Zuwendung eine zentrale Rolle. Misslingt der „Kampf um Anerkennung" in diesen Krisenphasen, werden „struktureller Pessimismus" (Oevermann) und empfindliche Störungen der kognitiven und emotionalen Entwicklung zu strukturbestimmenden Determinanten der weiteren Identitätsgenese.

Die durch das Aufbrechen der Mutter-Kind-Symbiose und die damit verbundene Konstitution der ödipalen Triade entstandene Sozio-Psycho-Dynamik verschärft den Kampf um emotionale Anerkennung, eröffnet aber zugleich den Zugang zum späteren rechtlichen Anerkennungsverhältnis durch die Erfahrung der Zuordnung zu einer ersten sozialen Position (mit reglementierten Rechten und Pflichten) in einer von Diffusität geprägten sozialen Beziehungsstruktur. Mit dem Hineinwachsen in die Schülerrolle (rollenförmig-spezifische Beziehungsstruktur) beginnt dann die eigentliche Erfahrung des Eingebundenseins in Rechtsverhältnisse. Der Kampf um rechtliche Anerkennung gewinnt im Verlauf der Latenzphase zwischen Kindheit und Erwachsensein und der anschließenden Bewältigung der Adoleszenzkrise mehr und mehr an Bedeutung. Dies wird allein schon daran deutlich, dass ‚Strafmündigkeit' oder das ‚Wahlrecht' in diesem biographischen Zeitraum (zwischen 14 und 21 Jahren) ebenso anstehen wie der Erwerb von Zertifikaten (Abitur, Lehrabschluss etc.), die den weiteren Lebensweg der Person nach bewältigter Adoleszenzkrise maßgeblich bestimmen.

Obwohl bereits in der Latenzphase und während der Bewältigungsphase der Adoleszenzkrise soziale Anerkennungsprozesse stattfinden (Zugehörigkeit zu einer Peer-Group, Anerkennung von sportlichen und sozialen Leistungen in Vereinen und Öffentlichkeit etc.) beginnt der für die Herausbildung einer vollumfänglichen personalen Identität besonders bedeutsame Kampf um soziale Anerkennung nun erst in drei parallel laufenden Bewährungskarrieren. Sowohl die „Bewährung als Selbstverwirklichung in der Berufs- und Erwerbstätigkeit", als auch die „Bewährung durch Beteiligung an der sexuellen Reproduktion" sowie die „staatsbürgerliche Bewährung im Sinne der Erfüllung der Pflichten gegenüber dem Gemeinwohl" vermittelten Wertschätzung und soziale Anerkennung durch die Gemeinschaft.

Die hier mit den Oevermannschen und Honnethschen Kategorien knapp umrissene Genese personaler Identität vermittelt zunächst den Eindruck einer entwicklungstheoretischen Konstruktion, deren Erklärungskraft in dem Moment erschöpft zu sein scheint, in dem das autonom handlungsfähige mit sich selbst identische Subjekt in seine lebensgeschichtliche Position gebracht ist.

Nach einem relativ langen Intervall mehr oder weniger erfolgreich gestalteter Bewährungskarrieren mit entsprechend befriedigend erlebten Anerkennungsverhältnissen, zeichnen sich jedoch natürliche und soziale Wendepunkte ab, denen man sich im späten Erwachsenenalter zu stellen hat und deren vielfältige Krisenpotentiale die je gegebene Handlungsautonomie und Identität des Subjekts auf eine harte Probe stellen. So geht es jetzt nicht mehr um die Bewährung als Selbstverwirklichung in der Berufs- und Erwerbstätigkeit und die damit verbundene rechtliche und soziale Anerkennung, sondern um die Bewährung in der Krise des Ausscheidens aus dem sozialen und anerkennungsverleihenden Kontext des Erwerbslebens. Im Gegensatz zur sozialen Krise des Ausscheidens aus dem Erwerbsleben gerät die Möglichkeit zur Bewährung durch Beteiligung an der sexuellen Reproduktion in eine physiologisch bedingte Krise. In erster Linie leiden Frauen sehr häufig am Verlust ihrer Fertilität. Auch die staatsbürgerliche Bewährung gerät z.B. durch Ausscheiden aus gemeinwohlorientierten Ämtern und Positionen in Krisen und der damit einhergehende Verlust sozialer Anerkennung setzt mit Gewissheit die Identitätskonstruktion des Subjekts unter Druck.

Angesichts dieser letztendlich alterungsbedingten Krisensymptomatik liegt es nahe, der entwicklungstheoretischen Konzeption der Genese personaler Identität eine spiegelbildliche Konzeption der Degeneration personaler Identität zur Seite zu stellen. Den mit Aberkennungsverhältnissen einhergehenden Prozess der Degeneration personaler Identität belegt Garz – ebenso spiegelbildlich zur Sozialisation – mit dem Begriff der Desozialisation.

Auf den Kontext der Versorgung alter Menschen speziell in stationären Einrichtungen bezogen bedeutet eine ‚notwendige' Unterbringung im Heim per se nicht selten eine Form sozialer Aberkennung, denn allzu häufig geht diese Unterbringung mit der Erfahrung der Herabwürdigung der individuellen Lebensleistung bzw. -weise einher. Der alte Mensch erfährt Missachtung und Desinteresse an der Einzigartigkeit seiner Person. In der weiteren Logik des Prozesses führt dann die ‚negative Bewährungskarriere' des Alterns in der nächsten Stufe der Degeneration personaler Identität zur Aberkennung personaler Rechte, verbunden mit der Erfahrung von Ausgrenzung und Erniedrigung (Vormundschaft), kurz, zum ‚sozialen Tod' der Person, um schließlich in der letzten Stufe des Degenerationsprozesses mit dem Elend des ‚psychischen Todes' zu enden. Nach sozialer und rechtlicher Aberkennung erfahren vor allem sehr alte Menschen unter Umständen auch noch die Schrecken emotionaler Aberkennung in Form von Hass gegenüber ihrer Person und der Verletzung ihrer leiblichen Integrität (Gewalt, Fixierung, Dekubitus, Dehydrierung etc.).

In Vergegenwärtigung dieser ‚negativen Bewährungskarriere', die potentiell allen Mitgliedern der Gattung bevorsteht, ist m.E. zumindest die Frage aufgeworfen, ob es nicht sinnvoll wäre, von einer fünften Krise der ontogenetischen Entwicklung, der Krise des späten Erwachsenenalters – der ‚Seneszenzkrise'– zu sprechen, deren zentrale Aufgabenstellung es ist, „die Ablösung von der sozialen und physischen Realität zu vollziehen" (Honneth 2007: 149). Eine auf den Einzelfall bezogene Bereitstellung stellvertretender Krisenlösungspotentiale – in letzter Konsequenz, bis hin zu einer wie auch immer gearteten Sterbehilfe – wäre dann eine genuine Aufgabenstellung professionalisierter Altenhilfe/-pflege.

4. Schlussbemerkung

Die für das Handlungsfeld der Pflege alter Menschen und der dort geltenden normativen Grundlagen behauptete analytische Relevanz der beiden zuvor skizzierten theoretischen Ansätze, kann an dieser Stelle aus Platzgründen nicht nachgewiesen werden. Dazu bedarf es der Strukturrekonstruktion authentischer Fälle altenpflegerischer Praxis.[1] Gleichwohl vermittelt das nachstehend wiedergegebene, von einer Pflegeschülerin erstellte Protokoll einer Szene aus dem Nachdient einer Altenpflegeeinrichtung einen – zugegeben vorwissenschaftlichen – Eindruck davon, dass Aberkennungs- bzw. Desozialisationsprozesse sehr wohl und leider allzu häufig unentdeckt stattfinden. Schlimmer noch, diese Prozesse finden statt, ohne dass sie den daran beteiligten Pflegepersonen selbst in ihrer vollen Tragweite zu Bewusstsein kommen müssen.

Fallschilderung[2]
Schülerin: „Es ist ca. 4 Uhr. Wir sind zu dritt in der Nachtwache. Es war eine ruhige Nacht bisher und wir gehen die zweite Runde. Alles hat sein System. Wir beginnen auf Flur 1 und arbeiten uns in den 4. Stock hoch. Tür auf, Deckenlicht an, ans Bett der Bewohnerin. Hallo Frau X/Y, ich möchte ihre Einlage wechseln. Bettdecke weg, Nachthemd hoch, Attents auf, drehen, wenden, Gesäß hoch, kiloschwere Windel raus, neue rein, Bettdecke drüber, Gute Nacht, schlafen sie gut. Licht aus. Tür zu. Nicht überall liegen die Bewohner ruhig im Bett. Frau X hat sich die Einlage abgemacht und liegt in einem völlig durchnässten Bett. Pflegerin M ist entnervt.

---

[1] Solchen Strukturrekonstruktionen geht es – im Gegensatz zu einer um Verstehen bemühten ‚Nachvollzugshermeneutik' – um das Erkennen der Regeln und der Logik, die das Fallgeschehen hinter dem Rücken der beteiligen Subjekte bestimmen. In der Terminologie der von Ulrich Oevermann und seinen Mitarbeitern hierfür entwickelten Strukturalen bzw. Objektiven Hermeneutik (Oevermann 2000, 2004a) heißt dies, es geht darum, die Fallstrukturgesetzlichkeit, die die Selektion von Handlungsentscheidungen an einer Handlungssituation beteiligter Personen bestimmt, sequenzanalytisch herauszuarbeiten.
[2] (entnommen aus: Böhnke, Straß 2006: 201)

Pflegerin:	‚Guck mal, was Du da für eine Schweinerei gemacht hast. Komm steh auf, raus aus dem Bett!'
Bewohnerin:	‚Das ist mir noch nie passiert; ich weiß gar nicht, wie das kommt.'
Pflegerin:	‚Ha, noch nie passiert. Du reißt Dir die Einlage ab und pinkelst ins Bett, das weißt Du ganz genau.'
Bewohnerin:	‚Du bist sehr frech. Das ist mir noch nie passiert. Das muss ich mir nicht gefallen lassen.'
Pflegerin:	(lacht laut) ‚Dann hör auf, ins Bett zu pinkeln.'
Schülerin:	Die Bewohnerin steht während der ganzen Situation nackt oder dann im Nachthemd vorm Bett. Ich beziehe während dessen die Bettdecke und beobachte die Situation, mische mich aber nicht ein.
Bewohnerin:	‚Siehst, die Frau sagt gar nichts, sie weiß, dass das nicht richtig ist, deshalb schweigt sie.'"

Literatur

Andresen, Sabine/Pinhard, Inga/Weyers, Stefan (Hrsg.) (2007): Erziehung – Ethik – Erinnerung. Pädagogische Aufklärung als intellektuelle Herausforderung, Weinheim: Beltz

Bauer, Annemarie/Gröning, Katharina (Hrsg.) (2007): Die späte Familie. Intergenerationsbeziehungen im hohen Lebensalter, Gießen: Psychosozial-Verlag

Blömer, Ursula (2004): „Im Übrigen wurde es still um mich". Aberkennungsprozesse im nationalsozialistischen Deutschland, Oldenburg: BIS Verlag

Böhnke, Ulrike/Straß, Katharina (2006): Die Bedeutung der kritisch-rekonstruktiven Fallarbeit in der Lehrerbildung im Berufsfeld Pflege. In: PrInterNet Nr.4. 2006. 197-205

Brumlik, Micha (1992): Advokatorische Ethik. Zur Legitimation pädagogischer Eingriffe. Bielefeld: Philo & PhiloFineArts

Bucher, Anton (Hrsg.) (2007): Moral, Religion, Politik: Psychologisch-pädagogische Zugänge. Wien: Lit Verlag

Combe, Arno/Helsper, Werner (Hrsg.) (1997): Pädagogische Professionalität – Untersuchungen zum Typus pädagogischen Handelns, Frankfurt/M.: Suhrkamp

Drerup, Heiner/Fölling, Werner (Hrsg.) (2006): Gleichheit und Gerechtigkeit. Pädagogische Revisionen. Dresden: Tudpress Verlag

Fikfak, Jurij/Adam, Frane/Garz, Detlef (Hrsg.) (2004): Qualitative Research. Ljubljana: ZRC Publishing

Fritz Bauer Institut (Hrsg.) (2003): Im Labyrinth der Schuld. Jahrbuch 2003, Frankfurt/M.: Campus

Garz, Detlef (2007a): Wenn guten Menschen Böses widerfährt – Über einen Extremfall von Aberkennung. Aberkennungstrilogie, Teil III. In: Bucher (2007): 209-225

Garz, Detlef (2007): Wie wir zu dem werden, was wir sind. Über Anerkennungs- und Aberkennungsprozesse in der sozialisatorischen Interaktion. Aberkennungstrilogie, Teil II. In: Andresen et al. (2007): 34-50

Garz, Detlef (2006): Weder Solidarität noch Recht noch Liebe – Grundzüge einer Moral der Aberkennung. Aberkennungstrilogie, Teil I. In: Drerup/Fölling (Hrsg.) (2006): 51-69

Garz, Detlef (2004): Aberkennung – ein neues, empirisch gestütztes Konzept biographischer Forschung? In: Blömer, Ursula (2004): 11-18

Garz, Detlef., Lee, Hyo-Seon (2003): Mein Leben in Deutschland vor und nach dem 30. Januar 1933, in: Fritz Bauer Institut (Hrsg.) (2003): 333-357

Geulen, Dieter/Veith, Hermann (Hrsg.) (2004): Sozialisationstheorie interdisziplinär, Stuttgart: Lucius & Lucius

Heinzelmann, Martin (2004): Das Altenheim – immer noch eine „Totale Institution"? Eine Untersuchung des Binnenlebens zweier Altenheime (Diss.), Göttingen

Honneth, Axel (2007): Die Ghettoisierung der Alten – eine Herausforderung im Lichte der Anerkennungstheorie, in: Bauer/Gröning (Hrsg.) (2007): 139-151

Honneth, Axel (1994): Kampf um Anerkennung. Zur moralischen Grammatik sozialer Konflikte, Frankfurt/M.: Suhrkamp

Huber, Martin et al. (2005): Autonomie im Alter. Leben und Alt werden im Pflegeheim – Wie Pflegende die Autonomie von alten und pflegebedürftigen Menschen fördern, Hannover: Schlütersche Verlagsgesellschaft

Koch-Straube, Ursula (2003): Fremde Welt Pflegeheim: Eine ethnologische Studie: Bern u.a.: Huber

Kraimer, Klaus (Hrsg.) (2000): Die Fallrekonstruktion. Sinnverstehen in der sozialwissenschaftlichen Forschung. Frankfurt/M.: Suhrkamp

Kraul, Margret/Marotzki, Wilfried/Schweppe, Cornelia (Hrsg.)(2002): Biographie und Profession: Bad Heilbrunn/Obb.: Klinkhardt

Medizinischer Dienst der Spitzenverbände der Krankenkassen (MDS) (Hrsg.) (2007): Qualität in der ambulanten und stationären Pflege – 2. Bericht des MDS nach § 118 Abs. 4 SGB XI, Essen

Oevermann, Ulrich (2004a): Manifest der objektiv hermeneutischen Sozialforschung. In: Fikfak, et al. (Hrsg.) (2004): 101-133

Oevermann, Ulrich (2004): Sozialisation als Prozess der Krisenbewältigung. In: Geulen/Veith (Hrsg.) (2004): 155-181

Oevermann, Ulrich (2002): Professionalisierungsbedürftigkeit und Professionalisiertheit pädagogischen Handelns, in: Kraul et al. (Hrsg) (2002): 19-63

Oevermann, Ulrich (2000): Die Methode der Fallrekonstruktion in der Grundlagenforschung sowie der klinischen und pädagogischen Praxis. In: Kraimer (Hrsg) (2000): Die Fallrekonstruktion. Frankfurt/M.: 58-156

Oevermann, Ulrich (1999): Der professionstheoretische Ansatz des Teilprojekts „Struktur und Genese professionalisierter Praxis als Ortes der stellvertretenden Krisenbewältigung", seine Stellung im Rahmenthema des Forschungskollegs und sein Verhältnis zur historischen Forschung über die Entstehung der Professionen im 19. und 20.

Jahrhundert" (Teilprojekt C3 im SFB/FK 435 'Wissenskultur und gesellschaftlicher Wandel' der Johann Wolfgang Goethe-Universität Frankfurt am Main), unveröffentlichtes Manuskript, Frankfurt/M., 102 S.

Oevermann, Ulrich (1996): Theoretische Skizze einer revidierten Theorie professionalisierten Handelns. In: Combe/Helsper (Hrsg.) (1997): 70-182

Raven, Uwe (2007): Zur Entwicklung eines „professional point of view" in der Pflege – Auf dem Weg zu einer strukturalen Theorie pflegerischen Handelns. In: PrInterNet Nr.3 2007: 196-209

Raven, Uwe (2006): Pflegerische Handlungskompetenz – Konsequenzen einer Begriffsklärung. In: PrInterNet Nr. 1 2006: 22-27

Raven, Uwe (1995): Handlungskompetenz in der Pflege und ihre Bedeutung für die Professionalisierung des Berufsfeldes. In: Pflege, Bd. 8, Heft 4: 347-355

Remmers, Hartmuth (2000): Pflegerisches Handeln. Wissenschafts- und Ethikdiskurse zur Konturierung der Pflegewissenschaft, Bern u.a.: Huber

Taylor, Charles (1997): Multikulturalismus und die Politik der Anerkennung, Frankfurt/M.: Suhrkamp

Wagner, Hans-Josef (2004): Krise und Sozialisation. Strukturale Sozialisationstheorie II, Frankfurt/M.: Humanities Online

Autorinnen und Autoren

Wolfgang Althof, Dr. phil. habil., Teresa M. Fischer Professor of Citizenship Education, Co-Director des Center for Character and Citizenship, University of Missouri – St. Louis. Schwerpunkte: Demokratieerziehung, politische Bildung, moralische Entwicklung und Erziehung.
althofw@umsl.edu

Sylke Bartmann, Dr. phil., Verwaltungsprofessorin für Soziale Arbeit mit dem Schwerpunkt Sozialisation und soziokulturelle Partizipation an der Fachhochschule Oldenburg/Ostfriesland/Wilhelmshaven. Arbeitsschwerpunkte: Rekonstruktive Sozialforschung (Praxisrelevanz rekonstruktiver Methoden), Biographie- und Migrationsforschung, Interkulturelle Pädagogik.
sylke.bartmann@fh-oow.de<mailto:sylke.bartmann@fh-oow.de

Micha Brumlik, Dr. phil. habil., Professur für Theorien der Bildung und Erziehung an der Johann Wolfgang Goethe Universität Frankfurt/Main. Bis 2005 Direktor des Fritz Bauer Instituts – Studien- und Dokumentationszentrum zur Geschichte des Holocaust und seiner Wirkung. Schwerpunkte: moralische Sozialisation, Erziehungs- und Bildungsphilosophie, sowie die jüdische Kultur- und Religionsphilosophie.

Hauke Brunkhorst, Dr. phil. habil., Professur für Soziologie an der Universität Flensburg, Head of Studies der internationalen MA-Studiengangs European Studies der Universitäten Flensburg und Süd-Dänemark. Im akademischen Jahr 2009/2010 Theodor-Heuss-Professor an der New School for Social Research in New York. Schwerpunkte: Weltgesellschaft, Globalisierung und Demokratie, Rechtsphilosophie.

Axel Fehlhaber, Dr. phil., wissenschaftlicher Mitarbeiter am Institut für Erziehungswissenschaft der Johannes Gutenberg-Universität Mainz. Schwerpunkte: rekonstruktive Methoden in der Erziehungswissenschaft, Biographieforschung, historische Sozialisationsforschung.

Franz Hamburger, Dr. phil., M.A., Professor für Sozialpädagogik an der Johannes Gutenberg-Universität Mainz. Arbeitsschwerpunkte: Jugendhilfe, Migration und Minderheiten, Europa, Bildungsforschung.
franz.hamburger@uni-mainz.de

Sandra Kirsch, Dr. phil., wissenschaftliche Mitarbeiterin an der Johannes Gutenberg-Universität Mainz. Schwerpunkte: Biographieforschung, Methoden rekonstruktiver Sozialforschung, (historische) Migrations- und Sozialisationsforschung, Theorien zur frühkindlichen Entwicklung und Bildung.

Klaus Kraimer, Dr. phil. habil., Professor für Theorie, Praxis und Empirie der Sozialen Arbeit an der Hochschule für Technik und Wirtschaft des Saarlandes. Schwerpunkte: Professionalisierung in der Sozialen Arbeit, Devianzpädagogik, Methodenentwicklung, Fallrekonstruktion.
klaus.kraimer@htw-saarland.de

Wiebke Lohfeld, Dr. phil., Vertretung einer Professur für Erziehungswissenschaft an der Johannes Gutenberg-Universität Mainz, Spiel- und Theaterpädagogin (AGS). Schwerpunkte: Rekonstruktive Sozialforschung, Biografie- und Bildungsforschung, (E)migrationsforschung, Aberkennung.
lohfeld@uni-mainz.de

Stefan Müller-Doohm, lehrte von 1974 bis 2008 an der Carl von Ossietzky-Universität Soziologie. Forschungsschwerpunkte: Gesellschaftstheorie, Interaktions- und Kommunikationstheorie, Kultursoziologie.
stefan.mueller.doohm@uni-oldenburg.de

Ulrich Oevermann, Dr. phil., Professor em. für Soziologie und Sozialpsychologie an der Johann Wolfgang Goethe-Universität Frankfurt a.M.. Schwerpunkte: klinische Soziologie auf der Grundlage der objektiven Hermeneutik, Sozial-, Bildungs- und Kulturforschung (z.B. Soziologie der Religiosität, Professionalisierungstheorie).

Fritz Oser, Prof. Dr. Dr. h.c. mult. em. Lehrstuhl für Pädagogik und Pädagogische Psychologie Arbeitsschwerpunkte: Kompetenzen und Standards für Lehrpersonen, Choreographien des Unterrichts, Professionsmoral von Ausbildenden, emotionale Aspekte der moralischen Entwicklung und Erziehung, über den Aufbau von negativem Wissen durch Fehlerkultur und Pädagogik als Praxis der Zumutung.

Uwe Raven, Dr. phil., Dipl.-Päd., ehem. Angestellter beim Wissenschaftlichen Institut der Ärzte Deutschlands (WIAD gem.e.V.), Bonn. Arbeitsschwerpunkte: Versorgungsforschung im Gesundheitswesen, Altenhilfestrukturen, (Alten)-Pflegeausbildung, Evaluation von Modellprogrammen), zur Zeit Lehrbeauftragter am Institut für Erziehungswissenschaft der Johannes Gutenberg Universität-Mainz.
raven@uni-mainz.de

Mark Tappan, Ed.D., M.A., Professor of Education and Human Development and Chair of the Education Program at Colby College in Waterville, Maine/USA. Schwerpunkte: Moral development and moral education, Identity development, Boys' development and education, Risk and resilience in childhood and adolescence, social justice.

Grundlagen Erziehungswissenschaft

Isabell van Ackeren / Klaus Klemm
Entstehung, Struktur und Steuerung des deutschen Schulsystems
Eine Einführung
2009. ca. 150 S. Br. ca. EUR 14,90
ISBN 978-3-531-16469-4

Ben Bachmair
Medienwissen für Pädagogen
Medienbildung in riskanten Erlebniswelten
2009. 375 S. Br. EUR 24,90
ISBN 978-3-531-16305-5

Helmut Fend
Entwicklungspsychologie des Jugendalters
Ein Lehrbuch für pädagogische und psychologische Berufe
3., durchges. Aufl. 2003. 520 S. Br. EUR 24,90
ISBN 978-3-8100-3904-0

Detlef Garz
Sozialpsychologische Entwicklungstheorien
Von Mead, Piaget und Kohlberg bis zur Gegenwart
4. Aufl. 2008. 189 S. Br. EUR 22,90
ISBN 978-3-531-16321-5

Erhältlich im Buchhandel oder beim Verlag.
Änderungen vorbehalten. Stand: Januar 2009.

Jürgen Raithel / Bernd Dollinger / Georg Hörmann
Einführung Pädagogik
Begriffe – Strömungen – Klassiker – Fachrichtungen
3., durchges. Aufl. 2009. 357 S. Br. EUR 16,90
ISBN 978-3-531-16320-8

Christiane Schiersmann
Berufliche Weiterbildung
2007. 272 S. Br. EUR 19,90
ISBN 978-3-8100-3891-3

Bernhard Schlag
Lern- und Leistungsmotivation
3. Aufl. 2009. 173 S. Br. EUR 19,90
ISBN 978-3-531-16511-0

Agi Schründer-Lenzen
Schriftspracherwerb und Unterricht
Bausteine professionellen Handlungswissens
3. Aufl. 2008. 252 S. Br. EUR 19,90
ISBN 978-3-531-16168-6

Peter Zimmermann
Grundwissen Sozialisation
Einführung zur Sozialisation im Kindes- und Jugendalter
3., überarb. u. erw. Aufl. 2006. 232 S. Br. EUR 18,90
ISBN 978-3-531-15151-9

www.vs-verlag.de

Abraham-Lincoln-Straße 46
65189 Wiesbaden
Tel. 0611.7878-722
Fax 0611.7878-400

VS VERLAG FÜR SOZIALWISSENSCHAFTEN

Handbücher Erziehungswissenschaft

Jutta Ecarius (Hrsg.)
Handbuch Familie
2007. 701 S. Br. EUR 59,90
ISBN 978-3-8100-3984-2

Rudolf Tippelt / Bernhard Schmidt (Hrsg.)
Handbuch Bildungsforschung
2., überarb. u. erw. Aufl. 2009. 1058 S.
Br. EUR 79,90
ISBN 978-3-531-15481-7

Als umfassendes Nachschlagewerk zum Thema Bildungsforschung vermittelt das Handbuch einen zuverlässigen und systematischen Überblick über das gesamte Diskussions- und Erkenntnisspektrum eines der elementaren Forschungsbereiche der Erziehungswissenschaft. Die einzelnen Beiträge führen in Bezugsdisziplinen, Institutionen, Methoden und Handlungsfelder ein und bieten eine grundlegende Information für eine vertiefende Beschäftigung mit den Themenfeldern von A wie Acceleration bis Z wie Zielgruppen.

Rudolf Tippelt / Agia von Hippel (Hrsg.)
Handbuch Erwachsenenbildung/ Weiterbildung
3., überarb. u. erw. Aufl. 2009. 1105 S.
Br. EUR 79,90
ISBN 978-3-531-15506-7

Als Grundlagenwerk zu Geschichte, Theorien, Forschungsmethoden und Institutionen vermittelt das Handbuch einen systematischen Überblick über den vielfältigen Themenbereich. Die zahlreichen Zielgruppen der Erwachsenenbildung und Weiterbildung wie auch die verschiedenen Methoden des Lehrens und Lernens werden zugleich einführend und umfassend dargestellt. Diese neue Auflage ist grundlegend überarbeitet und erweitert.

Heiner Barz (Hrsg.)
Handbuch Bildungsfinanzierung
2009. ca. 400 S. Br. ca. EUR 49,90
ISBN 978-3-531-16185-3

Rolf Arnold / Antonius Lipsmeier (Hrsg.)
Handbuch der Berufsbildung
2., überarb. u. akt. Aufl. 2006. 643 S.
Br. EUR 59,90
ISBN 978-3-531-15162-5

Heinz-Hermann Krüger / Winfried Marotzki (Hrsg.)
Handbuch erziehungswissenschaftliche Biographieforschung
2., überarb. und akt. Aufl. 2006. 529 S.
Br. EUR 49,90
ISBN 978-3-531-14839-7

Werner Helsper / Jeanette Böhme (Hrsg.)
Handbuch der Schulforschung
2., durchges. u. erw. Aufl. 2008. 1037 S.
Geb. EUR 79,90
ISBN 978-3-531-15254-7

www.vs-verlag.de

Erhältlich im Buchhandel oder beim Verlag.
Änderungen vorbehalten. Stand: Januar 2009.

VS VERLAG FÜR SOZIALWISSENSCHAFTEN

Abraham-Lincoln-Straße 46
65189 Wiesbaden
Tel. 0611.7878 - 722
Fax 0611.7878 - 400

MIX
Papier aus verantwortungsvollen Quellen
Paper from responsible sources
FSC® C105338

If you have any concerns about our products,
you can contact us on
ProductSafety@springernature.com

In case Publisher is established outside the EU,
the EU authorized representative is:
**Springer Nature Customer Service Center GmbH
Europaplatz 3, 69115 Heidelberg, Germany**

Printed by Libri Plureos GmbH
in Hamburg, Germany